教育部人文社会科学研究一般项目资助
项目名称：县域内义务教育城乡一体化研究——基于质量提升的视角
项目批准号：12YJA880107

县域内义务教育城乡一体化发展研究

——基于河北省的调查

田宝军　著

人民出版社

责任编辑:邓创业
封面设计:胡欣欣
责任校对:吕　飞

图书在版编目(CIP)数据

县域内义务教育城乡一体化发展研究:基于河北省的调查/田宝军 著. —北京:
人民出版社,2017.6
ISBN 978-7-01-017657-4

Ⅰ.①县…　Ⅱ.①田…　Ⅲ.①义务教育-城乡一体化-发展-研究-中国
Ⅳ.①G522.3

中国版本图书馆 CIP 数据核字(2017)第 095027 号

县域内义务教育城乡一体化发展研究
XIANYU NEI YIWU JIAOYU CHENGXIANG YITIHUA FAZHAN YANJIU
——基于河北省的调查

田宝军　著

人民出版社 出版发行
(100706　北京市东城区隆福寺街 99 号)

北京盛通印刷股份有限公司印刷　新华书店经销

2017 年 6 月第 1 版　2017 年 6 月北京第 1 次印刷
开本:710 毫米×1000 毫米 1/16　印张:16.25
字数:280 千字

ISBN 978-7-01-017657-4　定价:48.00 元

邮购地址 100706　北京市东城区隆福寺街 99 号
人民东方图书销售中心　电话 (010)65250042　65289539

目　录

前言

城乡教育一体化是城乡经济社会一体化的重要组成部分。新中国成立之初，国家为了快速实现工业化尤其是重工业化，集中有限的人力、物力、财力搞重点建设，实施了重城市、轻农村的非均衡经济发展战略，由此形成了城乡二元分割的经济社会结构。客观地讲，城乡二元分割的经济社会结构，在新中国特定时期特定国情的条件下，既是无奈之举，也是必由之路，为新中国夯实国力基础，提高国际地位起到了重要作用。[①]

改革开放以后，历史上长期形成的城乡二元结构，越来越不适应经济发展、社会变迁的需要，各种矛盾愈发突出，经济社会协调发展也就逐渐成为我国的基本发展战略。2007年党的十七大报告提出“建立以工促农、以城带乡长效机制，形成城乡经济社会发展一体化新格局”。这是在党的重要文献中第一次提出推进“城乡一体化”。2008 年，党的十七届三中全会通过的《中共中央关于推进农村改革发展若干重大问题的决定》，进一步系统阐述了“城乡一体化”的观点，提出“要建立促进城乡经济社会发展一体化制度”。自此，“城乡一体化”成为我国经济社会发展的新战略。

---

① 吴凯之：《论中国农村改革的政治与经济起源》，《社会科学论坛》2012 年第 9 期。

在传统的城乡二元分割的经济社会背景、精英教育价值取向以及落后的管理体制机制下，城乡二元的教育结构应运而生，使得城乡教育机会和教育质量产生了巨大差异，已经成为制约教育发展，乃至影响构建和谐社会、促进社会公平的重要桎梏。因此，推进教育均衡，提高教育质量，促进教育公平，成为新时期义务教育改革与发展的时代主题。城乡教育一体化也正式进入政策研究和教育实践的视野。

2010 年 7 月，《国家中长期教育改革和发展规划纲要（2010—2020 年)》中正式提出“加快缩小城乡差距，建立城乡一体化义务教育发展机制”。由此，“城乡教育一体化”正式成为国家义务教育改革与发展的新战略，成为我国义务教育改革与发展的重要路径与实现目标。2016 年 7 月，《国务院关于统筹推进县域内城乡义务教育一体化改革发展的若干意见》第一次从国家政策层面全面系统地提出了县域内城乡义务教育一体化发展的总体目标和发展举措。至此，中国县域内城乡义务教育一体化进程进入了一个新的阶段。

城乡教育一体化是义务教育改革与发展的必然趋势。义务教育是国家统一实施的所有适龄儿童、少年必须接受的教育，是国家必须予以保障的公益性事业。各级政府必须保障所有适龄少年儿童依法平等享受义务教育的基本权利。教育公平是义务教育的核心价值追求。

新中国成立之初，我国教育无论是规模，还是质量，都处于非常低的发展水平。人民政府为摆脱落后的文化教育状态，采取措施，创立了新型教育制度，使教育事业有了长足的发展。改革开放以后，普及小学教育，成为我国全面普及义务教育的新起点。1984 年，我国基本普及了小学阶段教育。1986 年 4 月 12 日，我国首部《义务教育法》获得通过并于当年 7 月正式实施，明确提出国家实行九年制义务教育，开创了我国教育发展史的新纪元。到 2000 年，我国基本普及九年义务教育目标的实现，成为中国教育发展史上的一个重要转折点。

但是，这个阶段我国义务教育形成的基本格局是城市优先发展、城市教育国家办、乡村自给自足，城乡义务教育的办学条件、教师队伍和办学质量存在很大的差异，且有越来越大的趋势。此后，我国义务教育工作的重点由全面普及转到提高质量、促进均衡发展上来。2005 年 5 月，教育部发出《关于进一步推进义务教育均衡发展的若干意见》，正式将“教育均衡发展”上升到国家政策层面。2006 年 6 月，全国人大常委会通过新修改的《中华人民共和国义务教育法》，明确了促进义务教育“均衡发展”的方针，这标志着“教育均衡”在国家法律层面上得到了确认。

此后，“城乡教育一体化”目标的提出，是对过去几十年国家教育改革与发展的总结与升华，是教育均衡发展、实现教育公平这一核心价值诉求的必然趋势。它包含而且超越了城乡教育均衡发展的目标，是在“城乡教育均衡”的基础上建立新的体制机制和发展模式。

伴随着经济社会的历史变迁和教育事业的发展变革，城乡教育一体化也逐渐成为学术界探讨的核心问题。1995 年，王克勤最早在他的论文《论城乡教育一体化》中提出“城乡教育一体化”的概念。此后，众多学者，或是久负盛名的教育前辈，或是颇具建树的年轻后生，都进行了大量的研究，从概念内涵、发展愿景、实现目标、主要任务到价值取向、实现途径、体制机制改革与制度重构，取得了大量有价值的学术成果，为政策制定和改革实践提供了较为坚实的理论支撑。

同时，也应该看到，城乡教育一体化是一个复杂的社会工程、系统工程，受教育自身发展特点和政治、经济、社会、文化、自然条件等多种因素的影响，必将经历一个比较长的历史时期，而且会表现出非常复杂的区域特点。从这个角度讲，无论是学术研究，还是实践探索，都尚处于起步阶段，还留有巨大的探究空间。一方面，城乡差异本身就是一个多层次的概念，既包括广义的大中城市与传统县域之间的差异，也包括县域之内城镇与乡村的差异，也包括城市内部主城区与边缘城郊的差异。另一方面，我国幅员辽阔，经济社会发展极不平衡，区域之间、城乡之间，特别是各地农村之间的情况差异极大。因此针对特定层级、特定区域展开研究就显得尤为重要。

正是基于国家经济社会发展和教育改革实践宏观背景，基于已有的丰富的理论研究成果和我国城乡教育一体化的复杂性的思考，本书选择以河北省为范围，以河北省县域内城乡义务教育一体化为重点，以政策变革和实践探索为视角，在充分调查的基础上，对城乡义务教育一体化的理论发展、政策变迁、实践探索、问题难点、背景原因展开研究，并提出进一步推进县域内城乡义务教育一体化的理念与建议，以期为我国的教育改革实践和理论研究提供借鉴。

本书共分五章：

第一章：理论研究与政策演进。在系统概括国内外城乡经济社会一体化的理论发展脉络的基础上，探讨了城乡教育一体化思想与理论的发展路径，对已有文献中关于城乡教育一体化概念内涵、实现目标、价值取向、达成路径、体制机制改革与制度设计等方面的研究成果进行了梳理，并对我国城乡义务教育发展的政策演进和实践探索进行了简单的总结。

第二章：实践探索与主要进展。总结概括了河北省近年来推进城乡义务教育均衡发展，促进教育公平的进程中，在体制改革、制度建设、加大资金投入、改善办学条件、优化师资队伍、扶持弱势群体、注重内涵发展等方面所做的实践探索和取得的主要成绩与经验。

第三章：现实问题与主要困境。以城乡教育一体化的基本理念为价值尺度，从学校布局结构、基本办学条件、师资队伍建设、学校内涵发展四个方面，分析了河北省在推进县域内城乡义务教育一体化进程中所存在的主要问题与困境，并重点提出了城镇学校大班化，农村学校小微化、边缘化，寄宿制学校管理混乱，学校发展形式化、同质化，内涵发展乏力等问题。

第四章：问题原因与困境节点。从历史上的城乡二元经济社会结构、落后的教育理念与管理思想、僵化的体制机制与权力结构到现实的教育投入总量与结构、新型城镇化两个方面，分析了影响和制约县域内城乡教育一体化的深层次原因与现实挑战。

第五章：发展理念与对策建议。首先提出了县域内城乡教育一体化发展所应坚持的基本理念，在此基础上，分别从体制机制、投资方式、人事制度、内涵发展四个方面提出了具体的改革建议。

本书力图体现以下特点：

第一，系统性。国内外对于城乡一体化和城乡教育一体化的理论研究由来已久，成果颇丰，理论流派众多且多有不同的认识与争议。本书对国内外城乡经济社会一体化理论到城乡教育一体化理论，从城乡教育一体化的概念内涵到实现目标、路径与制度建构，从理论的发展脉络到实践的演进变迁，进行了一个系统的梳理，以澄清相关概念及其关系，展现不同观点与争议，以使读者能够对城乡义务教育一体化的理论与实践有一个全面而深刻的认识，并进一步丰富我国城乡义务教育一体化理论体系。

第二，现实性。现实是历史的，也是具体的。立足现实、正视差距、实事求是、因地制宜是本书力图体现的另一个特点。本书探讨的重点在于近年来河北省各地在推进城乡义务教育一体化过程中的政策与实践，尽量做到不遗漏先进经验，不掩饰现实问题，不回避深层矛盾，所提政策建议也建立在各地经济社会发展以及自然条件极不平衡这一基本现实基础之上。

第三，实践性。城乡教育一体化归根结底是一个实践的过程，是在实践过程中不断地出现新问题又不断地解决新问题的过程。本书的主要着眼点没有放在系统理论的建构上，而是在梳理理论成果的基础上，总结实践中的经验，分析实践中的问题，并力求在具体的政策制定和实践措施上提出一些可供借鉴的建议。

本书在写作过程中，所参考的文献研究视角多元，也造成了概念内涵上很多混淆。同时，受研究条件所限，数据来源渠道也比较复杂。在此，对本书写作过程中的一些基本概念、数据来源以及表述形式做一简要说明。

一、“城乡”概念

“城乡”是本书的核心概念，但在本书中，并不具有一致的内涵。在此做出解释，请读者谅解。

国家统计局关于统计上划分城乡的规定（国务院于 2008 年 7 月 12 日国函［2008］60 号批复）中将城乡界定为三个层次：

1. 城区。指在市辖区和不设区的市中，经本规定划定的区域。城区包括：街道办事处所辖的居民委员会地域；城市公共设施、居住设施等连接到的其他居民委员会地域和村民委员会地域。

2. 镇区。指在城区以外的镇和其他区域中，经本规定划定的区域。镇区包括：（1）镇所辖的居民委员会地域；（2）镇的公共设施、居住设施等连接到的村民委员会地域；（3）常住人口在3000人以上独立的工矿区、开发区、科研单位、大专院校、农场、林场等特殊区域。

3. 乡村。指本规定划定的城镇以外的其他区域。

本书的研究重点是县域，书中使用的城乡概念中的“城”大部分是指县域范围内的县政府所在的县城和镇政府所在的镇区，“乡”指的是县级以下乡政府所在地及其所属村级单位和镇政府所属镇政府所在地以外的村级单位。同时，在涉及市辖区这一县级行政区域的时候，“城”指的是大中城市的城区，而“乡”指的是与城区相对应的以乡、镇、村命名的行政区域。但是，在运用到省、市（地级以上市）范围的“城乡”概念时，受原始资料的限制，只能按照原始资料中的概念内涵来表述。

另外，在已有的研究成果中，诸多文献对“城乡”的概念并未做严格界定，其内涵也是多种多样，较多的是指宏观的城市与乡村的概念。本书对已有成果进行梳理时，没有也不可能做出严格的区分，而是保留了原有的意蕴。

二、数据来源

本书引用的各种数据，除已注明数据来源者外，其余数据主要来源于以下渠道：

1. 河北省教育厅提供的2013年至2015年《河北省基础教育综合数据年度报表》、2009年至2014年《河北省教育经费支出的相关报表》、2014年至2015年《河北省义务教育均衡发展情况汇报》和2013年至2015年《国家教育督导检查组对河北省申报的26个全国义务教育发展基本均衡县（市、区）督导检查反馈意见》。

2. 河北省政协“城乡教育公平问题”课题组对河北省5市18个县（市、区）调研过程中，相关县市提供的汇报材料、各种报表以及在座谈和实地考察过程中了解的相关信息。

3. 笔者本人及课题组成员在调研过程中获得的资料，包括教育行政部门提供的总结材料和报表，对教育行政干部、校长、教师访谈过程中口述的事实等。

正是由于数据来源的多渠道，在统计口径上就出现了一些偏差。如省教育厅提供的统计报表，是按照国家统计局的规定，数据分为城区、镇区和乡村三个层级。而各种总结汇报材料中并未做严格区分。

同时，由于数据来源不同，同类数据中有时存在冲突，例如教育行政部门提供的数据与访谈中了解的数据不一致、不同报表中的同类数据不一致等。在使用过程中，尽量根据其他相关资料判断数据的准确性，同时，一般尊重调查访谈过程中搜集到的第一手资料。

三、表述形式

对于书中相关数据和具体事实的表述，都是第一手资料，具有较强的可靠性。但是，为了既能够说明问题，同时也避免给数据提供者和被访谈者带来不必要的麻烦，在第三、四、五章中，没有注明具体区域和地点的名称，而以笔者自己设定的字母替代。对于某些具体人，也只是以笔者设定的姓氏替代。

第一章　理论研究与政策演进

第一节　城乡经济社会一体化的理论流派

城乡教育一体化理论的发展是有其历史沿革的。关于一体化发展战略的研究，首先是从城乡经济一体化研究开始的，后来过渡到城乡社会一体化的研究。城乡教育一体化是城乡社会一体化的重要组成部分，但又有其独特的发展和研究脉络。从最早提出经济一体化发展的经济学家亚当·斯密，到最早体现社会一体化发展思想的空想社会主义的乌托邦，最后城乡教育一体化发展的思想才应运而生。

就目前已有的理论体系来看，城乡一体化作为一个概念并未见于国外的研究资料中，应该是我国学者根据中国的发展实际提出的。国外学者一般是把城市与乡村看成两个独立的系统分开研究，更多的是从经济学、社会学的角度研究城乡发展及其内在联系。而城乡教育一体化理论是在城乡经济社会一体化理论的基础之上，作为社会事业发展的一部分而逐步分化发展起来的。

一、经济学视角的城乡一体化理论

在诸多城乡一体化理论的演进过程中，最早是从经济学视角的城乡一体化研究开始的。最早提出城乡一体化发展思想的是——亚当·斯密（Adam Smith），他在其名著《国富论》中指出："乡村向城市供应生活资料和制造业所用的原料，城市向乡村居民送回一部分制成品作为回报”，“两者的利得是共同的和相互的”，“而且遵循自然进程并保持一定比例的城乡关系才是良性的合理的”。[①] 但是，最早提出城市和乡村应该作为一体发展的则是约翰·杜能（Johann Heinrich von Thünen）。他假设了一个“孤立国”，这个国家的发展以工业和农业互相交换为基础，通过一种理想化的产业布局结构将城市和乡村融为一体。虽然有些过于理想，但却是第一次比较系统地提出了城乡一体化理论。应该说亚当·斯密和约翰·杜能从经济学角度为城乡一体化理论体系发展作出了开创性基础贡献。此后，经济学视角城乡一体化理论则出现了诸多流派。比较有代表性的主要有以下四种：

（一）刘易斯的“二元结构”理论

美国学者阿瑟·刘易斯（William Arthur Lewis）最早分析了经济发展过程中的城乡二元结构的关系。1954 年，刘易斯出版《劳动力无限供给下的经济发展》一书。书中分析道，经济领域一般存在着两类不同的经济部门，即现代工业部门和传统农业部门。经济的发展就是从以传统农业为主体转向以现代工业为主体的经济结构。刘易斯以劳动边际生产率为基点分析了两大类经济部门的差异，认为现代工业部门的劳动边际生产率较高，而农业部门的边际生产率较低；工业部门是现代经济和社会发展与进步的引擎，而农业部门则是发展中国家传统经济方式的主体。现代工业部门劳动者的收入较高，而传统农业部门劳动者的收入就很低，只能保持最基本的生活水平。但是，传统农业部门的劳动力很丰富，他们随时可能向城市的工业部门转移。为了保持一定程度的平衡，城市中现代工业部门劳动者的工资只能是略高于农业劳动者的收入水平，不能过高。

发展中国家一般以农业经济为主，同时人口较多，劳动力充裕，这就决定了发展中国家的边际生产率递减，传统农业的边际生产率越来越低，直至零增长或负增长，这就是导致发展中国家经济落后的根本原因。因此，

---

① ［英］亚当·斯密：《国富论》，陈敬年译，陕西人民出版社 1999 年版。转引自李瑞光：《国外城乡一体化理论研究综述》，《现代农业科技》2011 年第 17 期。

促进发展中国家经济发展的根本途径在于促进农业（农村）剩余劳动力向工业（城市）转移，消除城乡二元结构，实现城乡一体。

刘易斯的二元经济结构理论，从边际生产率和城乡二元结构的视角，动态地研究了经济增长和社会进步与工农生产和劳动力转移的关系，提出了解决发展中国家经济增长和社会进步过程中问题的新的思路。但是，他的理论，后来被人们理解为城市代表现代与文明，乡村代表传统与落后，乡村从属于城市，从而导致了重视城市与工业、忽视乡村与农业的偏向发展观。①

（二）费景汉—拉尼斯的二元经济论

美国经济学家费景汉（John C. H. Fei）和古斯塔夫·拉尼斯（Gustav Ranis）于1961年共同发表《经济发展的一种理论》一文，1963年又出版了《劳动过剩经济的发展：理论和政策》一书。他们认同刘易斯农业剩余劳动力向现代工业部门转移的城乡二元经济结构转型的观点，但是他们认为刘易斯忽视了农业在经济发展中的重要作用，没有注意到农业劳动生产率的提高也是促进农村劳动力向工业转移的重要因素。因此，他们提出了促进农业技术进步，实现农业与工业均衡增长的观点和路径，被人们称为"费—拉模型"（Ranis - Fei Model）。"费—拉模型"把这一过程分为三个阶段：首先是劳动边际生产率低于或等于零的那部分农业劳动者转移。这部分劳动者收入低下，是最容易流出的部分；其次，是农业劳动边际生产率大于零但小于一般工业部门的劳动边际生产率。这部分农业劳动者收入高于前面那一部分人，但是低于一般工业劳动者的水平。这部分人的大量流出，会导致农业生产下降，粮食价格水平上升，进而带动普遍的工资水平出现上升。最后是工农业平衡发展阶段。这一阶段，两大类经济部门的工资水平由劳动边际生产率决定，劳动力受工资水平变化的影响而形成竞争性流动，从而实现工农业劳动者的融合，传统农业转变为现代农业，并与现代工业融合，实现二元经济向现代化一元经济的转型。

---

① 薛晴、霍有光：《城乡一体化的理论渊源及其嬗变轨迹考察》，《经济地理》2010年第11期。

"费—拉模型"重视农业经济本身的发展对城乡二元经济融合以及均衡发展的重要作用，弥补了刘易斯二元经济结构模型的不足，成为二元经济结构转换理论研究的经典模型。

（三）哈里斯—托达罗模型

20世纪六七十年代，发展中国家出现了一种新的人口流动的现象，即城市就业率低，工人普遍失业，但农村劳动力却依然大量地流入城市。1969年，托达罗（M. P. Todaro）出版了《发展中国家的劳动力迁移和产生发展模型》一书，提出了农村——城市人口转移的"托达罗模型"，解释了这一现象。

1. 决定农业人口从乡村向城市转移的主要因素不是现实的工资差异，而是人们预期的工资差异，也就是人们对将来可能的工资差异的预测。这种对工资差异的预期取决于对工资水平和就业概率的预期。

2. 农业人口在城市就业的概率与城市人口在城市失业的概率成反比。农村涌入城市的人口越多，城市人口的失业率就会越高，就业率就会越低，这是比较容易理解的。

3. 流入城市的农村劳动力人数远比城市可能提供给这些人的就业岗位要多。特别是人们预期城市工资收入高于农业收入很多的时候，对农村人口向城市的流动就更具吸引力。而农业人口涌入得越多，城市的失业率就会越高，城市高失业率是城乡经济发展和就业机会不平衡的必然结果。因此，问题解决的关键是重视农业，大力促进农村的经济社会发展，进行农业综合开发，创造条件，让大量的农村剩余劳动力在农村就业，而不是涌入城市。同时，加大对农村地区的投入，加强基础设施建设，提高农村的物质文化生活水平，缩小城乡差距，从而实现人口的均衡流动，促进城乡均衡发展。

哈里斯—托达罗模型（Harris – Todaro Model，1970）是对托达罗模型的修正。该模型保留了预期工资差异决定人口流动的观点。人们在流动时，主要考虑两个因素：一是城市现实的工资水平与目前本身收入水平的差异，即城乡现实工资差异；二是流入城市后，可能的就业概率。二者相乘即为城市的预期工资。只要预期的城市就业工资水平高于他们在农村就业的工资，农村人口就会持续向城市流动。但是，在城市已经就业困难，存在严重失业的情况下，尽管城市的预期工资高于农村，由于城市就业风险加大，就业概率低，也会促进人们重新考虑自己的流动倾向。经过就业市场这双无形之手的不断的调整，城乡就业的工资最终会达到一种相对平衡。这一观点意味着城市的工资越高，就越会刺激农村人口向城市流动，就会导致更多的城市失业。如果不提高农业人口的工资收入水平，只在城市采取扩大就业的措施，那只能使得城乡预期收入差距继续扩大，只能创造更多的就业机会吸引更多的农村人口向城市转移。

（四）缪尔达尔的地理二元结构理论

1957 年，瑞典著名经济学家冈纳·缪尔达尔（Karl Gunnar Myrdal）在其代表作《经济理论和不发达地区》中提出，不发达国家的经济中存在着一种“地理上的二元经济”，即经济发达地区和不发达地区并存，进而提出了“回波效应”和“扩散效应”两个概念。所谓“回波效应”也被称为“极化效应”，就是由于各地区经济发展不平衡，各生产要素的收益率也存在着巨大差异。这种差异会导致生产要素由收益率低的地方向收益率高的地方流动，进而导致落后地区更加落后，而发达地区更加发达，差距进一步扩大。“扩散效应”也被称为“涓流效应”或“离心效应”，即发达地区利用其先进的技术与管理优势以及较高的消费水平，向周围不发达地区辐射，进而带动不发达地区经济快速发展，达到缩小差距的目的。这两种效应类似于我国当前的环京津地区和长三角地区的发展态势，即一个是“大树底下不长草”，另一个是“大树底下好乘凉”。

缪尔达尔的地理二元结构理论和“回波效应”与“扩散效应”的观点，解释了经济发展过程中的两种不同的发展趋势，阐述了发达地区率先发展对不发达地区的正反两方面的作用，对如何既能发挥发达地区的示范、辐射和带动作用，刺激不发达地区的发展，又能够尽量避免发达地区对不发达地区的“虹吸”效应，促进生产要素的合理流动，最终实现均衡发展具有重要的借鉴意义。

二、社会学视角的城乡一体化理论

城乡一体化不应当仅仅局限于经济层面，其范围之广应涉及社会的各个层面。社会学界从城乡关系的角度出发，认为城乡一体化的实质是城市与乡村在社会生产力达到一定的发展程度后，发达的城市与相对落后的农村之间的壁垒成为阻碍社会发展的桎梏，而社会经济文化各个方面都有呼声要求打破这种互相分割的现状，进而促进全方位融合，在一定的框架下进行统筹安排，统一规划，促进城乡健康、协调、符合生态规律的发展。

由单纯的经济学视角的一体化理论探讨转向社会学视角的一体化理论探讨是以空想社会主义者为开拓者走出第一步的。无论是托马斯·莫尔（Thomas More）的“乌托邦”社会方案，还是后来的康柏内拉（Tommaso Campanella）的“太阳城”，抑或巴贝夫（Gracchus Babeuf）提出的“普遍幸福的”“人人平等的社会”和圣西门提出从事农业劳动人与受雇于工厂主和国家的人是社会组织体系中的平等成员，直到最后傅立叶进行的城乡差别逐渐消失，城市和乡村平等、和谐地发展的名为“法郎吉”的理想社会单元和欧文建立“新协和村”，组织社会化程度较高的工农业结合社会化大生产，[①] 以解决生产私有化与消费社会性矛盾的城乡一体化实践，归根结底都是希望实现社会学角度上的一体化。这些构想和实践，体现了人们要建立一个城乡一体、工农一体、脑体一体的理想社会的美好愿望，虽然在当时的历史条件下，是一种无法实现的理想，并被人称之为“乌托邦”，但其中的创造性与前瞻性是值得我们敬仰的，而且本身也为后来的一体化发展提供了开拓性的创见，为后期社会学角度的城乡一体化理论，特别是唯物主义者对于城乡一体化的思考打下了基础。

（一）马克思主义的“城乡融合”理论

以马克思、恩格斯为代表的马克思主义者在空想社会主义者关于城乡

① 参见薛晴、霍有光：《城乡一体化的理论渊源及其嬗变轨迹考察》，《经济地理》2010 年第11 期。

一体化思想的基础上，批判性地接受其合理成分，提出了具有全新高度的城乡融合理论。马克思主义认为，在人类历史发展过程中，伴随着生产力的不断发展，城乡关系要经历城乡相互依存——城乡分离与对立——城乡融合一体三个发展阶段，最终消灭城乡差别，实现一体化发展。

恩格斯最早提出了"城乡融合"概念。1847 年，他在《共产主义原理》中说："在未来的共产主义社会中，随着阶级和阶级差别的消失，城市和乡村之间的对立也将消失，从事农业和工业的将是同一些人，而不再是两个不同的阶级。"恩格斯不仅指出了未来共产主义社会城乡融合的理想状态，还指出了实现城乡融合的必要途径，那就是"通过消除旧的分工，进行生产教育、变换工种、共同享受大家创造出来的福利，以及城乡的融合，使社会全体成员的才能得到全面的发展"。①

历史唯物主义者的观点中，城市和乡村的关系要经过从融合到分离，再由分离到融合的必然阶段。在社会生产力发展的初期，由于社会生产力的低下，城市集中优势资源发展社会生产力。而随着社会生产力的发展，城乡分离甚至对立的状态造成城乡差距过大、社会对立，社会矛盾突出，进而阻碍了社会的协调发展。所以，未来社会的进一步发展，就应该是没有了旧的分工，通过生产教育、工作变换、共同创造、共同享受的城乡融合的发展。

但是后来斯大林在恩格斯的基础上，提出了与恩格斯不完全一致的观点。恩格斯认为，随着城乡对立的消灭，大城市会趋向毁灭；而斯大林则认为，城乡对立消灭以后，不仅大城市不会毁灭，并且还要出现新的大城市，它们是文化最发达的中心，不仅是大工业的发展中心，而且是农产品加工和一切食品工业部门强大发展的中心。从目前的科学技术水平来看，斯大林的看法可能更符合实际，因为斯大林显然已把城市和乡村有同等的生活条件作为实现城乡一体化的一个标志。②

① 《马克思恩格斯全集》第四卷，人民出版社 1958 年版，第 371 页。
② 参见李瑞光：《国外城乡一体化理论研究综述》，《现代农业科技》2011 年第 17 期。

（二）霍华德的“田园城市”理论

英国城市学家埃比尼泽·霍华德（Ebenezer Howard）在其1898年出版的《明日：一条通向真正改革的和平道路》（1902年更名为《明日的田园城市》）一书中，提出了“田园城市”（Garden City）的设想和“城乡磁体”（Towncountry Magnet）概念。他在书中提出“用城乡一体的新社会结构形态来取代城乡对立的旧社会结构形态”。“城市和乡村都各有其优点和相应缺点，而‘城市—乡村’结合体则避免了二者的缺点”，能够吸收彼此的长处，使城市生活和乡村生活像磁体一样相互吸引、共同结合，这个城乡结合体就是田园城市。“城市和乡村必须成婚，这种愉快地结合将迸发出新的希望、新的生活、新的文明。本书的目的就在于构成一个‘城市—乡村’的磁铁，以表明在这方面是如何迈出第一步的。”① 作者在书中还提出了城乡建设的目的的问题。即“城市”“乡村”和“城市—乡村”为三块磁铁，但是它们都要同时作用于人民，反映了他回归于人本的城乡一体化的观点。

（三）芒福德的“以城带乡”和利普顿的“以乡促城”理论

美国城市地理学家刘易斯·芒福德（Lewis Mumford）在其著作《城市发展史：起源、演变与前景》中指出：“城与乡，不能截然分开；城与乡，同等重要；城与乡，应当有机地结合在一起。对于城市与乡村哪一个更重要，应当说自然环境比人工环境更重要。”② 芒福德主张建立一个大的区域统一体。在这个统一体中建有许多个“城市中心”，并结合这些中心，将城市和乡村两者的各种要素都统一进来，实现这个区域内部的整体协调发展，城乡之间达到一种新的平衡，而这个区域统一体内的所有居民都享受着同等质量的生活。实际上，就是指出了一条城乡一体化发展的道路，通过多个城市中心，整合城乡要素，带动乡村并最终实现城乡协调发展的

① ［英］埃比尼泽·霍华德：《明日的田园城市》，金经元译，商务印书馆2010年版，第158页。

② 康少邦、张宁：《城市社会学》，浙江人民出版社1985年版，第216页。

“田园城市”。

20世纪70年代，利普顿与已有城乡发展理论有不同的观点。他认为传统的城乡关系理论具有很强的“城市偏向”倾向，而这些对城市的偏向（各个方面的偏向）最终导致了乡村的贫穷。本国城乡之间的矛盾冲突是贫穷国家内部最主要的矛盾冲突。他认为，发展中国家城乡关系的实质就在于城市人利用自己的政治权力，通过“城市偏向”政策使社会资源不合理地流入自己利益所在地区，而资源的这种流向极其不利于乡村的发展，其结果不仅使穷人更穷，而且还引起农村地区内部的不平等。[①] 因此，国家应该重点支持乡村的发展，在政策上给予乡村更大的倾斜，加强基础设施建设，提高乡村自我生产的能力，逐步形成小城镇，实现农业的产业化，提高农业产品的产量和效益，从而促进乡村地区的有序发展。

（四）麦基的 Desakota 理论和道格拉斯的“区域网络发展”理论

传统的城乡发展理论认为城市和乡村之间存在着明显的界限与差别，是清晰的二元结构，而且这种差别会永久存在。但是，加拿大学者麦基（T. G. McGee）提出了不同的观点。他通过对包括中国的长江三角洲、珠江三角洲在内的一些亚洲区域的研究，认为城乡之间存在着一个特殊区域。在这个区域中，传统的城乡界限与差别并不清晰，农业与非农业活动并存，城乡趋向融合。他将这一种区域组织结构称之为 Desakota（在印尼语中，desa 为乡村，kota 即城镇，Desakota 为城乡融合区的意思）。Desakota 理论描述的是在同一地域上同时发生的城市性和农村性的双重行为的产物：城市没有制度上的堡垒，乡村没有政策上的栅栏，是“一种区域生态经济良性平衡系统的高境界”。这种独特的地域组织结构“以城乡一体化为特征，但又处于不断变化之中，尚未定型，它实际上是城乡融合的中间地带，是城乡一体化推进过程中的必然现象，其发展前景就是更广空间范围的城乡一体化”，[②] 这种特殊区域的发展形式，不同于以往经济学理论所讲的以城

① 参见李瑞光：《国外城乡一体化理论研究综述》，《现代农业科技》2011年第17期。

② 转引自薛晴、霍有光：《城乡一体化的理论渊源及其嬗变轨迹考察》，《经济地理》2010年第11期。

市为主导的忽视农村作用的偏向的城市化发展模式，而是一种城乡一体、互融互补、协调发展的模式。他的这一理论，对西方城乡发展理论的研究产生了很大的影响。

麦基的城乡融合区（Desakota）理论，使传统的城乡分割的发展理论发展成为城乡联系的发展理论。在这一背景下，又产生了比较有代表性的道格拉斯（Douglass）的区域网络发展理论。他认为乡村的内在推动力形成了五种由乡村向城市的“流”，即人、生产、商品、资金和信息。每一种“流”都有自己的成分与特点，都有自己的联系模式和利益取向。这种“流”与城市本身向外辐射的力量交汇融合，进而形成一种“城乡联系的良性循环”。在一个区域内，这些“流”会形成多个聚集的“簇群”（clustering），他们都有自己的特征和内部联系，而不是在某一个巨大的区域内，都选定某一个大城市作为自己的中心。道格拉斯据此提出了“区域网络发展”理论，即一个大的区域是基于多个“簇群”的巨大网络，在这个网络中，城乡相互依赖，多个“簇群”有序地、独立地产生相互关联并系统化，且能够获取多“簇群”形成的巨大的网络功能效应，从而最终实现城乡一体化。他强调改善区域内人们的日常生活质量，加强基础设施建设，特别是网络连接度，促进城乡“簇群”流动与融合。这一理论将以前的城乡关系的静态分析，推向了在复杂的区域背景下动态思考城乡关系的视角。

综合上述国外相关研究成果，可以看出，关于城乡经济社会发展的研究应该从最初静态的城乡二元分离的研究向动态的注重城乡有机联系的互动发展的研究，从片面强调城市或农村的发展观向注重互动互融的城乡一体化发展观转变。城乡一体化已经成为人类经济社会发展的趋势、目标和方向。

改革开放以后，历史上长期形成的城乡二元结构，越来越不适应经济发展、社会变迁的需要，各种矛盾愈发突出，学术界也开始从城乡经济一体化的角度探寻城乡关系，希望通过一体化的手段，优化生产要素配置，保证城乡协调发展。由此派生出相关的管理、规划、市场等一体化的研究。后来，经济社会协调发展成为我国的基本发展战略，由此，对城乡一体化的研究也由初期的经济领域延伸拓展到人口、户籍、医疗、养老、住房、教育、社会管理等更加广泛的社会制度领域。试图通过进行体制与机制的改革，缩小城乡差别，消除制度瓶颈，减少社会矛盾，协调城乡发展。还有的学者将城乡融合发展扩展至政治、经济、生态环境、文化、空间等各个方面，将城乡一体化视为经济社会发展的必然结果，认为城市和乡村最终将成为一个互相依托、互相促进的统一体。① 在这一过程中，研究的理论化程度越来越深，研究内容也越来越具体，越来越系统，对城乡一体化的概念、目标、内容、路径、模式、措施等某一特定内容或经济社会中的某一具体领域，从不同的理论视角展开深入系统研究。

社会学和人类学者从城乡关系的角度出发，认为城乡一体化是指发达的城市和相对落后的农村打破相互分割的壁垒，城乡经济和社会生活紧密结合与协调发展，逐步缩小至消灭城乡之间的基本差别，从而使城市和乡村融为一体。经济学者认为其核心是要消除城乡分割的弊端，改变城乡二元经济结构，实现一体化发展。规划学者从空间的角度对城乡发展做出统一规划，在具有一定内在关联的城乡交融地域，对物质与精神要素进行系统安排。生态、环境学者则是从生态环境的角度，认为城乡一体化是对城乡生态环境的有机结合，保证自然生态过程畅通有序，促进城乡健康、协调发展。②

综合各方面观点，城乡一体化应是在某一特定区域内，城市与农村在政治、经济、文化、社会、生态等方面广泛融合，合理配置优势资源，最终实现高质量的优势互补，共同发展。它是一个地域社会经济过程，涉及自然、社会、经济复合生态系统的方方面面，故可称为社会—经济—生态复合生态系统演替的顶级状态，体现城乡之间的经济联系和社会进步的要求。③

---

① 参见石忆邵：《城乡一体化理论与实践回眸与评析》，《城市规划汇刊》2003 年第 1 期。

② 参见余茂辉、吴义达：《国内城乡一体化的理论探索与实践经验》，《乡镇经济》2009 年第 7 期。

③ 参见沈红、陈腊娇、李凤全：《城乡一体化研究现状与展望》，《国土与自然资源研究》2005 年第 4 期。

城乡一体化是人类历史发展的必然趋势。虽然各个国家和区域的自然条件、历史进程和社会背景差异悬殊，但总体来讲，从城乡分化到城乡一体化是大势所趋。就其目标而言，城乡一体化就是要充分发挥各自优势，整合区域内各种资源，实现效益最大化，促进经济、社会、生态和人的全面协调可持续发展。在这个过程中，要协调各方面利益，建立公正、合理、和谐的社会秩序，以人为本，激发人的创造潜能，使各个方面的一体化最终统一到人的全面自由的发展中。城乡一体化不是同质化、平均化，不是简单的削峰填谷，更不是低水平上的整齐统一，而是不断优化配置各种要素，促进社会生产力的发展和社会的进步，实现人类自由和幸福的共同理想。从其现实路径上来看，要摒弃城市先进、农村落后的传统观念，摒弃重工业轻农业的落后思想，摒弃先城市，后农村，城市再引领农村、反哺农村的传统老路，将城乡视为同等重要的主体，尊重区域之间和区域内部的差异性，发挥彼此优势，互补互融，和谐共生，最终融为一体，实现共同的繁荣与进步。

第二节　城乡教育一体化的缘起与概念辨析

一、城乡教育一体化思想的提出

城乡一体化是涉及政治、经济、社会、生态等多个方面的一体化，教育作为社会建设领域的重要组成部分，而且是重要的基础性、先导性的事业，随着城乡一体化研究和实践的深入，城乡教育一体化也逐渐进入人们的视野。整合教育资源，优化教育结构，促进教育公平、提高教育质量，实现城乡教育一体化发展，逐渐成为国家发展的重要战略之一。

2007 年党的十七大报告提出“要加强农业基础地位，走中国特色农业现代化道路，建立以工促农、以城带乡长效机制，形成城乡经济社会发展一体化新格局”。这是在党的重要文献中第一次提出推进“城乡一体化”。

2008年，党的十七届三中全会通过的《中共中央关于推进农村改革发展若干重大问题的决定》，进一步系统阐述了“城乡一体化”的观点，即“我国总体上已进入以工促农、以城带乡的发展阶段，进入着力破除城乡二元结构、形成城乡经济社会发展一体化新格局的重要时期。要建立促进城乡经济社会发展一体化制度”。[①] 自此，“城乡一体化”成为我国经济社会发展的新战略。

改革开放以来，我国教育也取得了长足的发展。到本世纪初，我国已经普及了九年义务教育，这是我国教育发展史上的重要里程碑，从此，中国的义务教育进入了一个新的发展阶段。然而，传统的城乡二元分割的经济社会背景、精英教育价值取向以及落后的管理体制机制下形成的城乡教育的二元结构，使得城乡教育机会和教育质量产生了巨大差异，已经成为制约教育发展，乃至影响构建和谐社会、促进社会公平的重要桎梏。因此，推进教育均衡，提高教育质量，促进教育公平，让所有适龄儿童“从有学上过渡到上好学”成为新时期义务教育改革与发展的主题。城乡教育一体化也正式进入政策研究和教育实践的视野。2010年颁布的《国家中长期教育改革和发展规划纲要（2010—2020年）》，正式提出将“构建城乡一体化的教育发展机制”。[②] 至此，“城乡教育一体化”正式成为国家的发展战略，成为我国教育改革与发展，特别是义务教育改革与发展的重要路径与实现目标。

我国学术界对于城乡教育一体化的研究最早可以追溯到20世纪80、90年代。如研究者所提出的：“科技是搞好城乡一体化的基础，而教育则是科技的基础。”[③] “教育是加快城乡一体化步伐的重要促进因素。”[④] “加大政府统筹的力度，不断推进农科教结合向更高的阶段和层次发展，是城郊农

---

① 《中共中央关于推进农村改革发展若干重大问题的决定》，中国网，http：//www.china.com.cn/policy/txt/2008-10/20/content_16635093.htm，2008年10月20日访问。

② 《国家中长期教育改革和发展规划纲要（2010—2020年）》，中央政府门户网站，http：//www.gov.cn/jrzg/2010-07/29/content_1667143.htm，2010年7月29日访问。

③ 张寄文：《从城乡一体化的要求看户口政策对上海农村教育的影响》，《上海教育科研》1989年第4期。

④ 梁永丰：《珠江三角洲城乡一体化与教育发展模式的构建》，《现代教育论丛》2001年第5期。

村实现城乡一体化的必由之路。”[①] 这些论述都对城乡教育一体化的发展有了前瞻性的研究。而早期的国家级研究课题“淄博市城乡一体化教育发展研究”也为教育如何在城乡一体化的大背景下适应经济社会的发展，跟上时代的步伐，提供了重要的参考。

我国这些早期的研究与实践，提出了城乡教育一体化的基本思想，从历史的视角看，对于建立公平合理的教育结构，提高农村教育质量，促进基础教育的改革与发展，无疑具有很大的积极意义。但是，由于当时经济社会的历史条件，我国刚刚开始建立社会主义市场经济，城乡分割的格局刚刚松动，城乡统一市场尚未建立，教育的城乡联合尚处于萌芽状态，特别是社会管理仍维持二元分割，国家对教育，特别是农村教育的投入还明显不足，这时，城乡一体化概念的提出，无疑具有较强的超前性。同时，学术界对这一概念的理论研究还比较初级，国家也未出台相关的政策，因此，这一阶段的研究还较为零散，研究的深度也只是停留在一种理想化的设想之中。进入21世纪，我国城市化进程加快，城乡一体化发展已成为国家的重大发展战略，城乡教育的统筹协调发展在实践中也已经取得了比较丰富的成果，城乡一体化的学术研究成果逐渐丰富，至此背景下，城乡教育一体化的研究与实践也就逐渐成为学术界关注的热点领域。

对于城乡教育一体化的早期研究主要集中于对其概念内涵的探讨和理想状态的设想，而对于城乡教育一体化的体制与机制的思考与引入仍然是一个空白，其重要性被有意无意地忽略了。“在我国城乡一体化体制改革与机制创新的探讨中，什么是教育体制、教育机制及其关系仍然是一个没有解决而又值得认真探讨的重大理论和实践问题。”[②] 孙绵涛首先发现这一问题并对城乡教育一体化的体制与机制进行了概念上的界定。孙绵涛教授认为：“教育体制是教育机构和教育规范两个要素的结合体。教育机构包括教育实施机构和教育管理机构。教育规范指的是建立并维持教育机构正常运转的制度”。[③] “教育机制是指教育现象各部分之间的相互关系及其运行方

---

① 郭福昌：《深化城郊农村教育综合改革　推进城乡一体化建设》，《人民教育》1994年第2期。

② 孙绵涛：《我国城乡教育一体化体制改革与机制创新研究》，《教育理论与实践》2011年第8期。

③ 孙绵涛：《教育体制理论的新诠释》，《教育研究》2004年第12期。

式。这些方式即机制主要有如下三种基本类型和九种子类型：一是教育的层次机制，包括宏观、中观和微观三种机制；二是教育的形式机制，包括行政计划式、指导服务式和监督服务式三种机制；三是教育的功能机制，包括激励、制约和保障三种机制。”①

随着越来越多的学者将注意力集中在城乡教育一体化体制与机制上，其重要性也变得愈发凸显。城乡教育一体化是一个复杂而完整的整体，其研究领域是广阔的，其研究视角是多元的，其研究问题是深刻的。但现在的研究重点和热点依旧集中在体制和机制方面。褚宏启认为：“城乡二元结构问题本身就是制度问题，破解城乡教育二元结构，推进和实现城乡教育一体化必须从改革制度入手。”② 毕德旭、李玲阐述为：“教育体制改革内在的核心价值是教育公平，形成城乡一体化的教育体制是国家教育体制改革的核心指标之一，在落实办人民满意的教育宗旨的同时也有利于实现社会主义社会共同富裕的目标。”③ 刘海峰认为：“我国城乡教育一体化改革的实质是打破城乡二元教育结构，推进城乡教育公平，提高城乡教育质量，而构建城乡教育新体制、新机制则是现阶段城乡教育一体化改革的核心任务。”④

综合近年来我国学者关于城乡教育一体化的研究成果，可以发现其话题讨论主要围绕着城乡教育一体化的概念内涵、价值取向与目标达成路径三个主要问题展开，而每一个问题上几乎都存在着两种甚至两种以上的声音的激烈交锋。

二、城乡教育一体化概念与内涵

“一体化”的英文为 integration，其源于拉丁文 integratio，原意为“更新”，直到 17 世纪，它才被用于表示“将各部分结合为一个整体”这样一

① 孙绵涛、康翠萍：《教育机制理论的新诠释》，《教育研究》2006 年第 12 期。

② 褚宏启：《城乡教育一体化：体系重构与制度创新——中国教育二元结构及其破解》，《教育研究》2009 年第 11 期。

③ 毕德旭、李玲：《城乡一体化背景下的国家教育体制改革：原因、思路、方法》，《教育导刊》2011 年第 6 期。

④ 刘海峰：《我国城乡教育一体化改革的若干理论问题》，《教育理论与实践》2011 年第11 期。

种现象，这也是迄今各种英文词典对该词词意的基本解释。[①] 有学者考证，“一体化”（integration）这个概念首次出现在国外经济领域的研究中。1951年，荷兰经济学家丁伯根在其《国际经济一体化》一书中指出：“经济一体化就是将有关障碍经济最有效运行的人为因素加以清除，通过相互协调和统一，创造最适宜的国际经济结构。”[②] 这是目前学界认为是一体化概念的最早的提出。

1962年，经济学家巴拉萨（B. Balassa）在其《经济一体化理论》中对经济一体化则作了更广泛和深入的分析，认为“一体化既是一种进程，又是一种状态”，“经济一体化就是指产品和生产要素的流动不受政府的任何限制”。[③]

1992年，美国国际问题专家卡尔·多伊奇提出，“一体化通常意味着由部分组成整体，即将原来相互分离的单位转变成为一个紧密系统的复合体”。“一体化既可以指原来同一个单位之间的一种关系”，也可以“被用来描述原先相互分离的单位达到这种关系或状态的一体化过程”。[④] 多伊奇的这个解释，强调了“一体化”既是一种关系或状态，也是达到这种关系或状态的过程。

由此可见，“一体化”概念的实质就是将两个或两个以上相互分离的单位或部分整合为一个范围更大的单位或整体的状态和过程。城乡教育一体化就是整合城市、乡村相互分离的教育系统，使之融为一个新的更大的系统的状态和过程。这个系统将具有新的结构和功能，能够整合城乡各种优势资源，互补互融，使其实现最大化效益的系统。

我国学者从不同的视角，对城乡教育一体化的内涵进行了解读。1995年，王克勤最早在他的论文《论城乡教育一体化》中提出，“城乡教育一体化是指在教育发展中把城乡教育置于由城乡所构成的同一个大系统之中，

① 参见周茂荣：《论80年代中期以来的国际经济一体化趋势》，《世界经济》1995年第8期。

② 转引自文军：《西方多学科视野中的全球化概念考评》，《国外社会科学》2001年第3期。

③ 陈军亚：《西方区域经济一体化理论的起源及发展》，《华中师范大学学报（人文社会科学版）》2008年第11期。

④ ［美］卡尔·多伊奇：《国际关系分析》，周启朋等译，世界知识出版社1992年版，第276页。

以系统思维方式推动城乡教育协调发展”。[①] 2009 年，褚宏启从实现途径、发展任务、实现目标、发展愿景等方面对城乡教育一体化的概念做了解读：城乡教育一体化是指统筹城乡教育发展，整合城乡教育资源，打破城乡二元经济结构和社会结构的束缚，构建动态均衡、双向沟通、良性互动的教育体系和机制，促进城乡教育资源共享、优势互补，推动城乡教育相互支持、相互促进，缩小城乡之间的教育差距，有效消除地域、经济等原因导致的教育不公平，改变农村地区教育的落后状况，使均衡化的公共教育服务覆盖城乡全体居民，实现城乡教育均衡发展、协调发展、共同发展。[②] 2010 年，郭彩琴、顾志平从城乡教育一体化的内容入手，将一体化视为由几大战略组成的系统，提出“城乡教育一体化发展战略是由城乡学校空间布局的城乡一体化战略、办学条件城乡一体化战略、公用经费城乡一体化使用战略、师资配置城乡一体化战略、教育管理城乡一体化战略等教育内外部各子系统发展战略所组成的战略体系”。[③] 邵泽斌则从目标、资源、对象的角度提出“城乡教育一体化具有教育目标的城乡共生、教育资源的城乡互动、教育对象的城乡交融等三个方面的政策意蕴”。[④] 刘秀峰指出城乡教育一体化应当包含三个层次的一体化：首先是物质和硬件层面的一体化，包括校舍、设备、师资的均衡配等；其次是制度层面的一体化，包括一体化的城乡教育发展体制、机制等；最后是最重要的文化层面的一体化。

刘明成等人在遵循构建指标体系一般原则的基础上，构建了包括城乡受教育机会、城乡教育投入、城乡教育环境、城乡教育成就等城乡教育一体化评价指标体系。[⑤] 李玲、宋乃庆等在剖析城乡教育一体化的内涵与理论的基础上，系统构建了一套科学的、可操作的能够测量城乡教育一体化动

① 王克勤：《论城乡教育一体化》，《普教研究》1995 年第 1 期。

② 参见褚宏启：《城乡教育一体化：体系重构与制度创新——中国教育二元结构及其破解》，《教育研究》2009 年第 11 期。

③ 郭彩琴、顾志平：《城乡教育一体化的困境与应对措施》，《人民教育》2010 年第 20 期。

④ 邵泽斌：《理念变革与制度创新：从城乡教育均衡到城乡教育一体化》，《复旦教育论坛》2010 年第 5 期。

⑤ 参见刘明成、李娜、金浩：《城乡教育一体化的评价体系研究》，《教育探索》2012 年第 4 期。

态过程的系列指标体系，量化了城乡一体化的内涵。①

综合众多学者的观点，笔者认为，城乡教育一体化的本质就是充分发挥城乡优势，整合、优化教育资源，实现共同繁荣，使所有人都能够平等地接受适合自己发展的教育。这是城乡教育发展的目标，也是政府必须履行的职责，既是一种教育发展的愿景状态，也是实现这个愿景的过程，是教育发展过程与目标状态的统一。它是在某一特定区域内，城市、乡村等不同地域空间教育的互动融合，有机整体的状态与过程；无论城市，还是乡村，无论发达地区，还是欠发达地区，所有学生都有平等地接受教育的权利和机会，消除教育不平等，实现教育公平；它不是一种低层次、低水平的均衡与平均，而是一种人人都能享受的较高水平的教育形态，不是一样化或同质化，而是在完成国家规定的教育任务基础上的和而不同、特色发展，它更不是盲目地向城市看齐，消灭农村教育，实现教育城市化，而是充分发挥各自的资源特点与优势，互相补充，互相支持，优化配置，最终促进区域内整体教育质量全方位地提高。同时，城乡教育一体化是一个复杂的社会工程、系统工程，受教育自身发展特点和政治、经济、社会、自然条件等多种因素的影响，需要全社会共同推动，其核心是制度建设。

三、城乡教育公平、教育均衡与教育一体化

（一）城乡教育公平

对于公平这个概念，我国学者也从多个角度进行了解释。周庆国撰文指出：“公平是在特定的社会历史条件下，人们按照一定的社会评价标准，对于以利益分配对称为核心的、人与人之间的社会关系的现实状态做出的应当、合理的规范要求和价值评判。”② “公平一般是指对于以利益分配对

① 参见李玲、宋乃庆等：《城乡教育一体化：理论、指标与测算》，《教育研究》2012 年第 2 期。

② 周庆国：《试论公平、公正、正义的基本含义》，《学术问题研究（综合版）》2009 年第 1 期。

称为核心的人与人之间的社会关系做出的价值评判，合理划分利益是公平的深层本质。”[①] 石中英认为，“公平作为一种价值范畴反映了人们从某种特定的标准出发在主观上对‘应得’与‘实得’是否相符的一种评价与体验”。[②] 也就是说，我国“在使用‘公平或不公平’概念时，通常是想表达一种明确的价值判断”。[③] 总体来讲，公平在很大程度上是一种主观的价值判断或者是一种主观的感受，不同的价值观念指导下，就会形成不同的公平观，不同的人对公平的理解与感受也就不尽相同。

公平具有相对性、历史性等特征。公平永远是相对而言的，没有绝对的标准。不同的时代产生不同的公平观念的评价标准并随时代的发展而变化。但是，无论什么时代，它总是反映着那个时代的伦理意蕴和道德追求。公平不同于无差别的平均，公平应是普惠性与差异性相结合，对相同的事物平等对待，对不同的事物差别对待，对弱势群体给予关照与补偿。

教育公平理论在学术界的研究由来已久，在中国教育史中其诞生可以追溯到两千多年前孔子所提出的“有教无类”，西方教育史中教育公平理论最早体现在柏拉图的教育公平思想。在教育的发展历史中，对教育公平的呼吁与渴求从未停歇。

随着时代的进步和教育的发展，“教育公平被赋予一种超越传统的教育平等的新的含义，即接受符合个性的教育意义的平等。教育不仅包括教育机会均等、教育平等，还包括伦理学上的正义的平等”。[④] 教育公平是“公民能够自由地分享当下公共教育资源的状态”，其实质是在教育领域人们之间利益的分配。

一般来讲，学术界将教育公平分为三个层次。首先是教育的机会公平。人人都有平等地接受教育的机会。不应该受地域、民族、贫富等外在环境以及个人身体条件的影响。其次是教育过程公平。所有接受教育的人都能

---

① 周庆国：《试论公平、公正、正义的基本含义》，《学术问题研究（综合版）》2009 年第 1 期。

② 石中英：《教育机会均等的内涵及其政策意义》，《北京大学教育评论》2007 年第 4 期。

③ 李强：《社会分层十讲》，社会科学文献出版社 2008 年版，第 3 页。

④ 游永恒：《深刻反省我国的教育“重点制”》，《新华文摘》2006 年第 14 期。

够享受同等质量的教育，都能够享受同等质量的资源，都能够得到同等质量的对待。最高层次是教育结果的公平。教育结果公平并不是说接受教育后，人人素质都一样，人人成绩都一样，人人都上同样的大学。而是指每个人的潜能都能够得到充分的发挥。教育结果的公平应倡导个性化教育。“坚信人人都能成才，但才有不同，要为每个学生提供他最需要的，或者说最适合于他的教育，这才是真正的公平。”①

城乡教育公平就是在区域教育发展的宏观背景下，思考城市和乡村的教育体系之间及其内部学校之间的教育公平问题，旨在进一步推进城乡教育均衡，进而在更高层次上推进城乡协调教育发展，让城乡所有孩子都能平等地接受适合自己的教育，使其潜能能够得到充分的发挥，实现全面协调可持续的发展。

（二）城乡教育均衡

“均衡”一般与“平等”“平衡”“均等”“等同”等概念有关。在不同的领域，往往有不同的含义。经济学上讲市场供给双方达到平衡，美学上讲使人感到一种稳定美感的构图的均衡，而博弈论讲究的均衡又是一种稳定状态，任何一方都不愿意单独改变策略的一种状态。一般来讲，“均衡”是指数量、程度、品质上的一致、等同、平等，是一种纯粹的客观状态，其核心要求是“不偏不倚、一视同仁”、在同一标准规则下的同等或平等对待。但是，公平与均衡不同，公平是一种主观上的价值判断，而均衡应该是一种客观上的数量、质量和程度上的状态。均衡不一定是公平的，但公平也不一定是均衡的。

20 世纪 90 年代初，学术界开始提出教育均衡这个命题。据已有的文献资料分析，1994 年，《贵州社会科学》第一期发表的《建立有利于义务教育均衡发展的资金保障体系》一文，从教育投资角度系统探讨了义务教育均衡发展的资金保障问题，这是第一次提出教育均衡发展这个概念。② 2002

① 顾明远：《因材施教与教育公平》，《现代大学教育》2007 年第 6 期。

② 参见邵泽斌：《理念变革与制度创新：从城乡教育均衡到城乡教育一体化》，《复旦教育论坛》2010 年第 5 期。

年 3 月，《人民教育》发表了题为《为了每一个孩子的幸福成长——山东省寿光市教育均衡发展透视》的长篇报道。该文认为，“教育均衡发展是一种全新的教育理念，是一种全新的教育发展观”，[①] 引起了各方面的广泛关注，这是较早从政策角度探讨“教育均衡发展”的文献。此后教育均衡发展这一理念和术语被广泛应用于学术研究和政府决策中。2003 年 9 月 20 日，《国务院关于进一步加强农村教育工作的决定》第一次使“均衡”这个术语，这是它第一次出现在国家的政策文本中。该《决定》提出，省级政府要切实均衡本行政区域内各县财力，“逐县核定并加大对财政困难县的转移支付力度”。[②] 2005 年 5 月 25 日，《教育部关于进一步推进义务教育均衡发展的若干意见》正式将“教育均衡发展”作为国家战略提出。2006 年 6 月 29 日新修订的《中华人民共和国义务教育法》，又使“教育均衡”发展在国家法律上得到了进一步的确认。

城乡教育均衡就是对于城乡教育已经存在的历史形成的差距采取补偿性措施，对原有的人力、物力、财力等多方面资源在城市、乡镇、农村三个主体间进行合理的倾向性分配和再分配，整合并合理配置城乡教育资源，保证城乡教育的均衡发展，最终实现教育公平。有关城乡教育均衡发展的理论应是源自于教育公平理论，是围绕社会公平与教育公平在城乡区域范围内提出的一定程度上的均衡发展，其核心诉求依旧是公平。均衡的教育资源配置就是不断地调整同一区域内城乡间的教育资源的量变，以达到整体发展，形成质变的过程，其最终要实现教育公平。应该说，教育公平是教育发展目标，而教育均衡是教育公平的手段，同时也应该是一个不可逾越的过程和阶段。

（三）城乡教育一体化

“城乡教育一体化”这一概念是在“城乡一体化”研究过程中出现的，

① 参见李振村、梁伟国：《为了每一个孩子的幸福成长——山东省寿光市教育均衡发展透视》，《人民教育》2002 年第 3 期。

② 《关于进一步加强农村教育工作的决定》（国发［2003］19 号），新华网，http：//news.xinhuanet.com/zhengfu/2003 -09/22/content_1092353.htm，2003 年 9 月 22 日访问。

是在“城乡一体化”概念下衍生出来的，属于“城乡一体化”系统思维下“城乡社会一体化”系统的重要组成部分。

2010年颁布的《国家中长期教育改革和发展规划纲要（2010—2020年)》，正式提出将“构建城乡一体化的教育发展机制”。这是新的历史时期国家教育发展的新方向，是追求教育公平目标的新战略，是对过去几十年国家教育发展的总结与升华。至此，城乡教育再也不是两个独立分割的系统，再也不能就城市说城市，就农村说农村，而是城乡构成一个统一的大系统。在这个大系统中，城乡联动，资源共享，互补互融，共同发展。

城乡教育一体化包含而且超越了城乡教育均衡发展的目标，是在“城乡教育均衡”的基础上建立了新的体制机制和发展模式，是对“城乡教育均衡”发展内涵的丰富、发展和超越。因此，城乡教育一体化比“城乡教育均衡发展”“缩小城乡教育差距”有更多的内涵。

城乡教育一体化理论包含着教育均衡发展理论，教育均衡发展也是教育一体化的一个必经的阶段。从现实角度来看，城乡教育一体化的重点还是在教育均衡。而无论是城乡教育均衡还是城乡教育一体化，其目的都是实现教育公平的价值追求，为所有人提供最适合的教育。以教育公平理论的三个阶段为基础，下图反映的就是教育均衡发展与教育一体化之间的对应关系：

教育公平理论：	起点公平	→过程公平	→结果公平
教育发展阶段：	保障受教育权	→教育均衡发展	→城乡教育一体化
教育发展目标：	教育机会均等	→教育资源配置	→教育质量与教育成就
教育发展水平：	物质层面	→制度层面	→文化层面
实现的途径：	普及义务教育	→学校标准建设	→共同价值观念培育

第三节　城乡教育一体化的目标、价值取向与路径

一、城乡教育一体化的目标

城乡教育一体化的终极目标是什么，城乡教育一体化的发展最终结果应当是一个怎样的存在，由于理论基础和视角的差异，现阶段理论界尚未达成广泛的共识。城乡教育一体化理论的产生有其深厚的历史渊源，它是在由城乡经济一体化发展到城乡社会一体化的基础之上衍生出来的。在这样的一个背景下产生的城乡教育一体化理论思想必然受城乡经济一体化和城乡社会一体化两种发展理论的共同影响，这也构成了现在我国城乡义务教育一体化发展理论思想的两个发展趋向：一种发展趋向在城乡社会一体化理论基础上，从公共服务均等，追求社会公平的角度，着眼于缩小乃至消除城乡教育发展水平的差距，追求人人都能享有平等的接受教育的权利。另一种发展趋向受经济一体化发展理论影响较大。它着眼于城乡教育各自的特点，提倡不同的教育构成和谐的一体；着眼于城乡教育发展各自的资源和作用，提倡教育效率。本质上来讲，二者的关系还是公平与效率的关系。

（一）社会一体化视角下的城乡教育一体化目标

部分学者以社会一体化为基础视角，认为城乡教育一体化产生、发展于城乡社会一体化的背景和基础上，是城乡社会一体化的重要组成部分，其目的也应该是促进城乡社会一体化的发展进程。因此，城乡教育一体化的发展应当顺应城乡社会一体化的发展，维护我国社会公平，让城乡平等的价值理念深入人心，让城乡公平成为我国城乡广大教育工作者的价值追求与逻辑起点。城乡教育一体化就是将城乡教育融合成为一个大的系统，并将这个系统作为一个整体进行统筹规划，合理调配有限的教育资源，使

得教育资源在城乡间合理流动，从而使得城乡之间形成互相补充、共同发展的关系，最终实现城乡教育共同繁荣的局面。因此，破除既已形成的“重城轻乡”的思想认识，打破在这种思想认识下形成的城乡二元结构所带来的城乡二元教育结构，真正树立城乡平等的价值理念，将教育工作的起点与归宿真正落实到教育公平上。之后，再用城乡教育一体化的思维方式，统筹城乡教育发展规划，合理分配城乡教育资源，合理制定城乡教育政策和城乡教育制度，最终促进城乡教育这一教育系统整体发展。因此，要求在工作中，视城乡教育为一个整体，不能有任何歧视和偏向存在。

城乡教育一体化就是要把城乡教育作为一个整体来看待，再也不能将城市教育和农村教育分割开来，不能用突出其中一种教育的思维方式来考虑城乡教育，要防止脱离农村的发展趋势，特别是新型城镇化背景而孤立地研究城市教育的倾向，也要防止脱离城市教育发展而孤立地研究农村教育的倾向，更要防止一边倒的农村教育城市化发展倾向。在过去的学术研究和政策制定中，为了加强农村义务教育，常常把农村教育单独作为一个系统拿出来进行研究，而这种头痛医头、脚痛医脚的方式，其视野和思维局限于乡村的教育是无法有效解决乡村教育问题的。这种思维方式使得农村教育无法与城市教育进行有效的参照和融合，也很难真正做到教育公平。因此要突破过去城乡分离、各表一方的思维局限，改变“忽而重城轻乡，导致城乡差距无限扩大，忽而重乡轻城，导致农村学校小微化、城市学校大班额”的工作方式，将现阶段城乡教育体系变为一体化的综合性的大系统，从社会公平与正义的角度，统筹城乡教育发展，发挥城市的辐射带动作用带动乡村教育的发展，同时也充分发挥农村学校的资源优势，以达到城乡资源共享、互补互融、共同发展的目的。

这种说法归根结底是一种公平论，在这样的理论指导下，我国城乡教育一体化的关键在于城乡教育平等化甚至同质化发展。

（二）经济一体化视角下的城乡教育一体化目标

部分学者以经济一体化为基础视角，对城乡教育一体化进行了另一种解读。在他们看来，城乡教育一体化建设的关键在于重塑乡村教育形态，在他们眼中，城市与乡村分别是两个不同的经济区，既然是不同的经济区，那么在他们各自的范围中应当有其各自独特的作用，教育亦当如是。城市教育与乡村教育作为不同的经济区中的教育形态，应当形成资源互补，优势互补，培养人才互补的整体。一体化非平等化而是“一个整体化”。犹如人体一般，五官中眼、耳、口、舌、身各自是不同的，其享受的资源和待遇也有所不同，但它们却组成了一个整体，也就是一体化的，在这样的一体化结构中，发挥不同的作用。农村教育有其独特的优势，而城乡教育一体化建设正是将这种独特的优势加以发展。

这种观点以经济一体化为基础视角，为我们所研究的城乡教育一体化提供了开阔的思路。

但这种观点下的城乡教育一体化建设理论又有一个无法回避的问题，即我国社会主义制度下义务教育的公益性。义务教育，作为每个公民都应当接受的教育，应当是一种最基本的公共服务，不应当从纯功利的角度去思考教育给社会生产带来的作用。城乡教育一体化与纯粹的城乡经济一体化，在本质上是完全不同的。在城乡经济一体化过程中，乡村拥有其独特的生产要素如土地、农产品等，可以利用其独特的生产要素发展独特的经济，进而与城市经济形成互补的产业链，带动经济整体发展。而在作为公共服务的义务教育领域，这一点是不能实施的，不能因为受教育者出身乡村而令其接受只适应所在地的教育，不能让他们有意愿走出乡村时，却发现无法适应其他地区的生活。在现阶段城市教育依旧以上位的姿态出现，城乡教育的交流依旧以强者扶助弱者的面貌出现。因此，现阶段的城乡教育一体化依旧应当以强者扶助弱者为主体，重点应当放在对于农村教育的扶植，统筹城乡教育的发展规划，合理分配城乡教育资源，合理制定城乡教育政策和城乡教育制度，最终促进城乡教育这一教育系统整体发展。在这个过程中，不可忽视农村义务教育的弱势地位与战略价值，也不能完全以经济一体化的思维，功利地去思考农村教育的价值，最终造成对于农村教育的变相剥夺。这一点尤为重要。

二、城乡教育一体化的价值取向

经过对于我国学术界目前对于教育的一体化内涵的梳理，发现我国现阶段学术界对于“教育一体化”概念存在三种不同的价值取向，即“平等性一体化”“差异性一体化”和“补偿性一体化”。

（一）平等性一体化

“平等性一体化”，顾名思义，它所要求的是为一个区域内的学生，无论其来自城市、乡镇还是农村，都应当为其提供平等的机会和条件来保障他们受教育权的实现。在这样的“平等性一体化”的要求下，无论城市、乡镇还是农村的学生，从入学招生（入学招生制度）到学习过程（物质条件和师资条件）都能享受平等的对待，平等地享受教育资源，确保每一个学生在整个学习过程中的各个方面得到无差别对待。“平等性一体化”对于教育机会公平和教育资源享有公平的要求是严格的、刚性的。所以，“平等性一体化”要求代表教育机会公平的入学招生制度和代表教育资源享有权公平的办学条件标准必须也是严格的、刚性的。

“平等性一体化”虽然要求刚性的平等，但其并不认为可以达到教育质量和教育结果的平等。教育作为人文科学、与自然科学的区别在于一加一并不等于二，也就是说同样的教育条件作用在不同的客体上其效果是不同的。因此人才无法像机械元件一样量产，教育结果的平等是较难达到的，但教育结果的公平是可以达到的。因此，“平等性一体化”也认为基于平等教育条件和教育机会所产生的学生学习结果差异是客观存在的且是平等的，因此不应去苛求教育结果的平等，承认教育结果的不均等性是科学研究态度的体现。

当然，承认教育结果的不均等性，接受学生千差万别、多种多样的发展结果并不代表了放弃了对教育质量公平性的追求。受教育者都能够达到一个相对公平的水平线就可以被认为是达到了教育结果的公平。因此，运用教育质量评价评估制度对教育质量进行调控是可行的，通过设立教育质量标准来保证教育质量也是必需的。对“教育结果”设定明确的可测量的基本标准，并要求学生在一定学习时间内达到此标准是许多国家共有的教育特征。“要求学生在一定的修业年限中达到同样的教育质量标准”这一要求本身具有很强的可操作性和现实必须性，其含义并不是“要求所有学生达到完全一样的发展水平”即结果平等，而是“要求所有学生都达到国家规定的、一定的发展水平”即结果公平。“平等性一体化”的结果公平是兼具平等性和差异性的，要求学生达到统一的教育质量基本标准，这个要求和标准是刚性的、强制的，是对所有学生提出的统一性的、“一样”的共性要求。而学生的个性化发展则是在达到教育质量基本标准后，由学生自己去根据自身条件和社会需要进行的“差异化”发展，其本身要求是柔性的。因此，“平等性一体化”要求刚柔并济，一方面强调城乡教育一体化思路下的教育评价制度要强调刚性的教育质量基本标准，另一方面又需要建立合理的多样化教育质量评价模式。

“平等性一体化”观点下的城乡教育一体化兼顾平等性公平和差异性公平。其在代表教育机会公平的入学招生制度和代表教育资源享有权公平的办学条件标准上的要求上是严格的、刚性的，而在教育质量和教育结果两者的要求上是刚性和柔性并存的。

（二）差异性一体化

“差异性一体化”所反映的思想一言蔽之即为“不同情况区别对待”。大千世界，芸芸众生，世上没有两片完全相同的叶子，而人也是千差万别的。不同的主体因为其先天后天内部外部各种因素的交织作用，因此形成的个体差异性决定了其需求的教育也不是完全一样的，受教育者拥有怎样的先天遗传因素以及其生长环境对其的教育期望都是制度安排必须考虑的重要因素。学生的不同需求的实现要求教育要根据不同学生的不同需求区别对待，使其享受到多样化的教育资源。其中的教育资源包括不同的学校类型、课程内容以及教学方法等等。在这样的情况下，不同的教育意味着差异，但是，这样的差异最终目的是为了人尽其才，也就是达到更高层次的公平。从这个层次上看，根据每个学生的不同因材施教，帮助其个性和天赋得到最充分的发展是最高等级的公平。

因此，与之相应的，在城乡教育一体化的推进过程中，承认且尊重不同区域、不同学校自身的特点，结合不同区域、不同学校的地缘区域特点、文化区域特点以及学生自身的特点，走出一条适合该区域的道路是可行的，也是必要的。在这个过程中，应当做到承认差异，尊重差异，鼓励城乡教育中的各个学校探索适合自身实际情况的发展道路，最终达到特色发展、资源共享、优势互补、整体提升的一体化发展。

“差异性一体化”的差异性原则要求多样性，其要面临一个艰巨的任务即人们意识中存在的认识，“给予相同的就是公平的”这样的认识仍有其广泛的市场。城乡教育一体化的建设中对于教育过程并没有进行刚性的要求，其对于过程公平采取了弹性公平的态度。强调“差异”意味着学生培养鼓励提供多样化的、具有地方特色和学校自身特色的校本课程，其培养制度应当具有弹性。只有如此，我们的教育才能真正做到因材施教，才能满足每一位学生个性化的发展，才能为教育发展注入新的活力。

与此同时，“差异性一体化”也提出了一定的刚性要求，但这些刚性的要求在教育教学中并不是主要的，甚至是可以使其转化、融入和兼容在教育过程中的多样性中的。比如刚性要求中对于课程内容的涵盖、课程是否开足开齐、课程对于学生发展应当起的作用等等，可以兼容在多样性课程的组合中，使其润物细无声地渗透进整个教育教学过程，属于差异中的共性。

“差异性一体化”的差异性原则还意味着学生享受的教育资源的差异性，教育投入、师资条件的差异性，教育软硬件设施的差异性。举例而言，不同类别的学校其拥有的教育资源是不相同的，残疾学生随班就读但无法同等享受健康学生体育课上享有的资源，教师对智力超常学生进行的教育资源倾斜，等等，都会使学生在学习过程中享有的教育资源有所差别，这种差异虽然不平等，但其实是公平的。因此“差异性一体化”要求在城乡教育一体化推进过程中依照学生自身条件，享受适合其发展的“差异性公平”资源分配。

（三）补偿性一体化

“补偿性一体化”的思想一言以蔽之即为“让落后的群体首先得到阳光的温暖”。在“补偿性一体化”支持者的眼中，更加关注因为历史、地域、人文、经济等因素，在现阶段的受教育群体中，已经既成事实的社会经济地位的差距和教育资源条件的差距。这种差距是现实存在不容忽视的，应对落后群体进行大力倾斜，进行补偿性的额外倾斜。“补偿性一体化”较之“平等性一体化”有着更高的要求，在进行资源配置时，不应对所有对象“一视同仁”，应当对落后地区、薄弱学校和弱势群体“另眼相看”，更多地调配资源到落后地区、薄弱学校和弱势群体才能扭转现阶段的二元结构，真正体现“补偿”之意。现阶段我国城乡教育一体化推进的过程中，对落后地区进行补偿性倾斜的主要目的就是实现城乡教育办学条件均等化。

“补偿性一体化”的补偿性原则要求对于落后地区、薄弱学校和弱势群体进行资源倾斜，因此就对于教育的人事制度、投入制度提出了教育资源倾斜性配置的要求，要求在制度上明确补偿对象、补偿方式和补偿标准。制订全国性和区域性学校办学条件的基本标准，对于学校办学应当达到的人力资源标准（师资标准）、物力资源标准（校舍建设标准、设备配备标准）和财力资源标准（生均经费标准）等等依照实际情况进行规定，为补偿制度的实施提供先决条件。

“补偿性一体化”其根本目的是为了最终达到城乡教育条件均等，也就是“平等性一体化”，其意义在于面对现阶段的实际情况提供了解决方案。因为“补偿性一体化”的最终目的是“平等性一体化”，因此上“平等性一体化”所要求的刚性制度也必然与“补偿性一体化”的教育制度有千丝万缕的联系。

根据对“一体化”的三种含义的解释，可以发现，虽然定义有所不同，但总结归纳后，可以对“一体化”的概念予以概括性的表述：在目前城乡教育不公平的现状下，将城乡教育发展以一个整体的思路进行思考，通过一定的手段（平等、差异、补偿）进行城乡教育发展，现阶段的目标主要为达到城乡教育公平化。

三、城乡教育一体化的达成路径

我国城乡教育一体化发展应当怎样实现，即从总体上要通过一种什么样的战略路径？对于这个问题的答案，现阶段理论界存在两种观点，即“梯度发展”和“均衡发展”。

（一）“梯度发展”的达成路径

曾经有很长一段时期，在一定的社会历史环境和我国国情现状综合作用的背景条件下，我国教育经历的是一条城乡教育二元分割和重点校、普通校两个层次的非均衡化的发展道路，这种非均衡的梯度发展起源于我国改革开放初期急需人才的国情，在这样的大背景下，集中力量办大事培养一批人才投入到社会主义建设中是很有必要的，而且现在回过头去看这样的决定也是正确的。但随着社会生产力的发展，这样的二元化发展理论又显现出它的弊端。二元化作为一种梯度发展或者称之为差异发展的模式可以作为一时之选，但如果长期进行必然造成教育的差距和社会的阻隔，掌握话语权的人享受着优质教育资源，同时在潜意识中为了维护自身的优势地位又坚持梯度发展的必要性，并且这一观点也影响了一部分决策人士在制定决策时的思维。在这样的思维影响下的一部分教育决策者认为，城乡教育一体化的发展不应当是一种“削峰填谷”式的平均发展，教育公平也不是教育的完全平均主义，不能将已有的相对集中的优质教育资源平均分配，造成资源分散，而应当在一定区域内，根据区域自身的发展特点与资源优势，统筹规划、分类发展、分步实施。舍弃重点学校建设而采取同等同样学校的一刀切的平均主义做法是不可取的，必然走入均衡发展的误区。这种观点将立足点放在我国现阶段的国情上，但却容易成为既得利益者为了维护自身优质教育资源和话语权的借口，成为继续对优势学校进行重点倾斜的借口。不断加大对优势学校进行重点倾斜，做大做精优势学校会进一步拉大教育资源分配的不平等，扩大社会的不平衡，损害整体教育质量，这一点是得到共识的。

（二）“均衡发展”的达成路径

城乡教育统筹发展，让不同学校根据自身特点进行特色发展显然是城乡教育发展的理想途径，但是，就现阶段我国经济社会发展水平来看，我们又不得不面对教育资源尤其是优质教育资源依旧匮乏的现实。在当前有限的教育资源的制约下，一方面不能“削峰填谷”地将重点学校已有的高水平教育资源平均化，要维持重点学校的地位，另一方面，面对薄弱学校的教育现状又不得不对其加以倾斜。这种“双肩挑”的政策虽然能够使现阶段我国义务教育城乡二元化的发展现状有所改变，但并无法从根本上改变这一状况。城乡教育的公平化不是平均主义，但也不能离开一定程度上的公平，这个公平就是学校办学的基本条件。这些基本条件包括教育资源中人力、物力、财力投入配置的相对均势，管理机制上的协调有序。既然一方面不能平均使用教育资源，而另一方面又不得不对农村地区薄弱学校加以倾斜，在这样的情况下，从经济学的角度上来说，只能扩大投资规模，对在保持原有投资规模基础上余出的投资更多地向薄弱地区和学校进行倾斜。同时在工作中，尤其是面对薄弱地区和学校的工作时，需要革新自身观念，更多地发挥教育工作者的主观能动性，才能真正从根本上改变落后地区和学校发展的面貌。

无论“梯度发展”还是“均衡发展”，归根结底，从实质上来说，是教育公平与教育效率之争，现阶段随着人民教育水平和思想水平的提高，越来越多的人在教育公平和教育效率的选择中，认为教育公平应当优先于教育效率。这一方面是源于我国传统思想上的“不患寡而患不均”，另一方面也是民主思想在我国思想界启蒙的果实。教育发展应当顺应历史的选择和社会的导向，教育公平是社会公平正义的重要体现，是我国教育改革与发展的基本方向。在我国县域义务教育一体化建设中，教育公平是一个非常重要的原则，因此，政府和教育行政部门应当真正将教育公平理念树立起来，让弱势群体的受教育权得到保障。

在笔者看来，城乡教育一体化的发展会呈现出一个低层次的均衡化向高层次的均衡化发展的过程。从我国现阶段的国情来看，在城乡教育一体化的发展初期，由于城乡教育资源无论是人力、物力还是财力都有着巨大的差距，因此发展初期的努力方向应放在加大力度扶植薄弱地区和学校，令其快速地提高教育教学质量。当薄弱地区和学校发展到一定程度时，各个学校再根据自身的特色在一体化的思维指导下，进行协调发展、统筹规划，最终进行一体化发展。所以说无论是“均衡发展”还是“梯度发展”，单独任何一种方式都无法完成城乡教育一体化建设的重任，现阶段应当改变前一阶段过分“梯度发展”的错误，提倡“均衡发展”，当“均衡发展”达到一定标准后，再进行“梯度发展”。

第四节　城乡教育一体化的体制、机制与制度建设

随着教育一体化研究的深入，教育体制、机制、制度的改革进入了的人们视野并逐渐成为研究的焦点。褚宏启提出：“城乡二元结构问题本身就是制度问题，破解城乡教育二元结构，推进和实现城乡教育一体化必须从改革制度入手。”[①] 邬志辉以“向城乡教育一体化目标迈进的过程也是突破城乡二元教育制度束缚的过程”为逻辑起点，分析了城乡教育一体化过程中的问题形态，并提出“必须突破体制机制障碍，建立与服务型政府相适应的城乡教育一体化财政与管理体制，建立与双向城乡教育一体化相适应的教育制度体系”。[②] 刘海峰认为“构建城乡教育新体制、新机制则是现阶段城乡教育一体化改革的核心任务”。[③] 与此同时，针对研究过程中，人们对体制、机制概念出现的各种混淆以及对其概念内涵理解的泛化与缩小，孙绵涛撰文系统地分析了教育体制与教育机制的内涵及其相互关系，并提出了城乡教育一体化发展过程中的教育体制与教育机制改革。[④] 诸多学者纷

① 褚宏启：《城乡教育一体化：体系重构与制度创新——中国教育二元结构及其破解》，《教育研究》2009 年第 11 期。

② 邬志辉：《城乡教育一体化：问题形态与制度突破》，《教育研究》2012 年第 8 期。

③ 刘海峰：《我国城乡教育一体化改革的若干理论问题》，《教育理论与实践》2011 年第11 期。

④ 参见孙绵涛：《我国城乡教育一体化体制改革与机制创新研究》，《教育理论与实践》2011 年第 8 期。

纷提出教育体制、教育机制、教育制度等的改革与创新是推进城乡教育一体化进程的关键、核心或瓶颈，并从不同角度提出相应的策略建议，这一系列命题也就逐渐成为城乡教育一体化研究中的核心内容。

一、教育体制、教育机制与教育制度

体制（system）指的是有关组织形式的制度，一般是指国家机关、企业和事业单位管理权限划分的制度，其基本要素就是组织机构（的设置、权限）及其运行规则，如政治体制、经济体制、科技体制、教育体制等。“教育体制是教育机构和教育规范两个要素的结合体”，“教育机构是教育体制的载体，教育规范是教育体制的核心”，[①] 其中教育机构包括教育管理机构（一般为教育行政管理机构）和施教机构（一般指学校）。两类机构的设置及其运行的规则、规范就分别构成了教育管理体制和学校教育体制。教育管理体制是学校教育体制运行的保障，教育管理体制的功能要通过学校教育体制的运行而得到具体贯彻实施。而保证教育机构运行的规则、规范，就是教育制度。

机制（mechanism）最初指机械的构造、功能及其工作原理，即各个部分之间的相互关系及其运行方式，也可指工作系统之间及其内部各组成部分之间相互作用的原理及方式，被引申到不同的领域从而具有了不同的内涵。“引申到教育领域所形成的教育机制是指教育现象各部分之间的相互关系及其运行方式。”[②] 在教育领域中，各种教育现象之间的关系非常杂，有正式的关系，也有非正式的关系，有显性的，也有隐性的。为了保证各种教育现象之间的保持一种良性的互动关系，就需要制定相应的规则，以规范和调节其相互之间的运行方式，而这种规则、规范，也是教育制度。

制度（rules，regulations）就是规则、规范，是人们在发生相互关系时

---

① 孙绵涛：《我国城乡教育一体化体制改革与机制创新研究》，《教育理论与实践》2011 年第 8 期。

② 孙绵涛：《我国城乡教育一体化体制改革与机制创新研究》，《教育理论与实践》2011 年第 8 期。

需要共同遵守的办事规程或行动准则。制度在不同的领域，具有不同的含义。在教育学领域，教育制度一般是指一个国家各级各类教育机构及其运行规则的总称，学校教育制度简称学制。从这个意义上讲，教育制度等同于教育体制。在城乡教育一体化研究的文献中，学者们往往将制度界定为规则、规范、准则等。孙绵涛认为制度就是“人与人、人与组织、组织与组织之间活动的规范”。[①] 教育体制是教育机构和教育规范的总和，其中教育规范就是教育制度，是教育机构中“人与人、人与组织、组织与组织之间活动的规范”。教育机制是教育现象各部分之间的相互关系及其运行方式。但是教育现象不同于自然现象，教育作为人类特有的实践性活动，教育现象必然是人的而且只能是人的现象，而且现代社会的教育现象大部分产生于教育组织及其相互作用之中。因此，教育现象的相互关系及其运行方式也要通过规范确定下来，这也是一种教育制度。

教育机制不同于教育体制。教育体制指的是教育机构，是对教育机构功能和权限的界定，而教育机制指的是教育现象，是教育系统内部各种现象之间相互关系及运行方式规定。但是二者又是相融的、辩证统一的。教育体制的内部结构的相互作用与运行都是建立在一定的教育机制基础之上，而教育机制的结构，必然存在于教育体制之中。教育体制与教育机制也是互补的。教育体制只有通过教育机制，才能对教育活动产生作用，而教育机制的作用的发挥，必然是在一定体制的范围、架构和要求下，才能对教育活动产生作用。而且，教育体制本身也是一种教育现象，就存在于教育机制之中。[②] 邬志辉认为，“体制是制度发起者关于机构设置、权力划分、职责分配的制度安排，而机制则是为了调动制度承受者按照制度设计者的意图积极行动所设计的一整套规范体系。体制是合目的性的，体现的是制度发起者的意志，具有强制性；机制则是合规律性的，体现的是对制度参

① 孙绵涛：《中国教育体制改革若干重大理论问题的探讨》，《华南师范大学学报（社会科学版）》2010 年第 1 期。

② 参见孙绵涛：《我国城乡教育一体化体制改革与机制创新研究》，《教育理论与实践》2011 年第 8 期。

与者动力和方向的关注，具有自愿性”。[①]

教育体制与教育机制都包括教育规则，都是在按一定的教育规则来规范和调节各自以及相互之间相互关系的基础之上来运行的。这些规则、规范就是教育制度。反过来讲，教育制度存在于教育体制和教育机制之中，只能在具体的教育体制和教育机制中发挥作用，不存在独立于教育体制和教育机制的教育制度。“体制概念中的‘体’就是机体、主体、机构；机制中的‘机’就是机理、原理、规律；‘制’则是制度、政策、规范。”[②]因此，从本质上讲，教育体制、教育机制与教育制度是融为一体、不可分割的，他们只是从不同的维度共同对教育活动发挥作用，它们的核心是教育制度。

例如教育系统中教师是关键的要素之一，对于教师的管理，首先涉及多个机构且职能交叉，编制、人事、财政部门管理教师的总体规模和经费支出，人事部门要参与教师的招录、考核、职称评聘、奖惩等，而教育行政部门作为教师管理的主体，要全程参与负责教师管理的各个环节。这就涉及政府各机构之间的职能和权限的划分及其运行规范，这就是教育体制的范畴。同时，教师的管理是一种相对独立的教育现象或教育活动，本身具有诸多相互关联环节与方面，从教师规模与结构的核定、教师资格认证、教师招聘与入职、教师的调配使用到教师工作的日常管理、绩效考评、工资福利、职称晋升、激励奖惩直至退休养老，环环相扣且相互制约，相互影响。这些具体的管理实务就是具体的教育现象，它们之间的相互关系与作用就是教育机制。而政府机构的职能与权限的划分，不可能与教师管理的各个环节和方面相吻合。为了协调各自的立场、利益和标准，使得教师管理的各个环节协调顺畅，使其产生最大化的教育效益，就要有统一的规范和要求，这就是存在于教育体制和教育机制中的教育制度。由此可以看出，教师管理涉及教师管理体制、教师管理机制和教师管理制度，其核心

① 邬志辉：《当前我国城乡义务教育一体化发展的核心问题探讨》，《教育发展研究》2012 年第 11 期。

② 邬志辉：《当前我国城乡义务教育一体化发展的核心问题探讨》，《教育发展研究》2012 年第 11 期。

是体系化的教师管理制度。

分析近年来有关城乡教育一体化的研究，不难发现，研究的重点已经由对于概念、内涵的讨论转移到教育体制、机制和制度体系的改革与构建上来，多位专家学者纷纷从不同的角度推出了较为丰富的研究成果。正是由于上述三个概念的相互交融的关系，已有研究可以大体概括成两个视角：一是从体制与机制的角度；二是从制度的角度，对解决城乡教育一体化过程中这一核心的、瓶颈性的问题展开研究。

二、教育体制改革与机制创新

（一）教育体制改革

教育体制的基本要素是教育机构与教育规范，包含着教育管理体制和学校教育体制。教育管理体制的改革说到底就是各级政府、各级政府机构之间以及政府和政府机构与学校之间的职能、权责的划分及其运行规范的改革。《国家中长期教育改革和发展规划纲要（2010—2020 年）》明确提出，要“以转变政府职能和简政放权为重点，深化教育管理体制改革”，可见，当前我国教育管理体制改革的重点是转变政府职能和简政放权。政府应成为教育体系的规划者、教育条件的保障者、教育服务的提供者、教育公平的维护者、教育标准的制定者和教育质量的监管者。[①]

1. 明确各级政府及其职能部门的权责划分

城乡教育一体化过程中的各级政府指的是由上到下的国家、省、市、县、乡政府以及村民委员会。只有明确界定各级政府及其职能部门的权责，才能从根本上解决教育一体化过程中的各种问题。目前，政府及其职能部门的权责部分清晰已经成为城乡教育一体化进程中的最大障碍。主要表现

---

① 参见褚宏启：《教育制度改革与城乡教育一体化——打破城乡教育二元结构的制度瓶颈》，《教育研究》2010 年第 11 期。

为中央政府和县级政府的压力过大，而省、市政府的统筹力度有限，而乡、村一级政府或村民委员会基本上不承担直接的义务。同时，在同一级政府内部，对于教育事务，也存在着多部门管理、权责不清的问题，使得很多本来都很清楚的事情，解决起来，由于部门利益问题而导致推诿扯皮，相互掣肘，造成效率低下。因此，体制的改革的重点应是进一步完善“以县为主”的管理体制，“明确划分各级政府的权责，减轻中央政府和县级政府的管理压力，调动省级政府、市级政府和乡镇政府的积极性，解决‘以县为主’体制统筹重心偏低的问题，强化省级和市级政府对城乡教育一体化发展的管理权力和责任”[①]。同时，要健全行政问责制度，重点强化对区域党政主要领导的考核与问责，将推进城乡教育一体化纳入政府绩效考核和官员施政约束的评价体系。以此为基础，进一步协调同级政府各职能部门之间、教育系统各机构之间的关系，最终形成与城乡教育一体化相适应的管理体系。

2. 强化各级政府城乡教育统筹规划的责任与管理

统筹规划是城乡教育一体化发展的重要前提，这不仅指的是城乡教育统筹规划，更应该将其视为区域城乡经济社会生态发展整体规划的重要组成部分，因此需要包括教育行政部门在内的政府各部门的积极参与配合才能完成。应该明确各级政府在区域教育规划中的重要职责，做好区域内各级各类教育统筹规划与管理工作，切实履行“统筹规划、政策引导、监督管理和提供公共服务的职责。建立健全公共教育服务体系，逐步实现基本公共教育服务均等化，维护教育公平和教育秩序”。[②]

政府要以全面系统的高质量数据为基础，重点对区域内经济结构、人口结构、学校结构的变化趋势做出科学的判断，特别是在加快推进新型城镇化和产业结构调整升级的过程中出现的人口结构的变化而带来的对学校布局结构的冲击，要在各方面做好准备。

---

① 范魁元、王晓玲：《城乡教育一体化背景下的教育管理体制改革研究》，《教育科学研究》2011 年第 6 期。

② 《国家中长期教育改革和发展规划纲要（2010—2020 年）》（2010 年 7 月 29 日发布）。

3. 科学调整学校布局结构

合理调整义务教育阶段学校在空间、规模、层次、类别上的布局结构，是城乡教育一体化过程中学校教育体制改革的重要组成部分。随着2001年启动的历时十余年的农村学校布局调整告一段落，各地都经历了一场近乎运动似的大规模“撤点并校”的过程。同时，由于部分地区在此过程中的简单化和一刀切的做法，使得本来初衷良好的学校布局调整带来了很多问题，特别是对于农村地区学校，其影响是深远的。随着我国新型城镇化步伐的加快，城乡学校布局又面临着很多新问题，又给刚刚稳定下来的中小学布局带来的前所未有的巨大冲击。

张旺、郭喜永经过调查，提出农村学校布局调整没有明确目标，存在乡村初中学生辍学率较高、县镇学校普遍存在大班额现象、乡镇寄宿制学校难于管理、学生交通安全问题突出以及农民家庭经济负担加重等问题，在总结分析了农村生源数量不断减少、城镇化率逐年提高、农民工随迁子女数量不断增加、农民对优质教育资源的渴求等四个方面的发展趋势之后，“初中向县城集中，小学向乡镇所在地集中，教学点跨村联办”的布局调整思路，以优化教育资源配置、提高教育质量和办学效益为前提，本着“适度超前，相对集中”的原则，科学合理地调整城乡中小学的布局和规模。同时提出“站在省域全局的高度，打破县域行政区划，进行城乡学校统一规划”① 的建议。而且，在偏远乡村，保留必要的教学点，把学前三年和小学一、二年级合并办学，实行幼小一体化管理。

4. 教育管理体制改革法制化

依法治国是协调推进“四个全面”战略布局的重要组成部分，也是推进城乡教育一体化进程中，突破体制性障碍的根本手段。我国教育管理体制改革的障碍，特别是各级政府之间、政府各部门之间、政府与学校之间

① 张旺、郭喜永：《城乡一体化背景下乡村义务教育学校布局调整问题研究》，《教育探索》2011年第11期。

以及与教育发展相关的城乡建设、教育投资、人事管理等，之所以出现很多掣肘现象，有复杂的社会文化背景和历史遗留的观念上的束缚，但立法力度小，法治程度低，无疑是一个重要原因。严格地讲，县域城乡教育差距的形成就是人治形成的结果，要想建设城乡教育一体化，必须建立在法治的基础上，而且，历史的经验也告诉我们，克服体制性的障碍还是需要通过立法自上而下地推动。因此，加强法制建设，是推动城乡教育一体化的重要基础和必然要求。

河北省石家庄市在此做出了卓有成效的探索。石家庄市人大制定了《石家庄市教育设施规划建设管理条例》，并已经河北省人大常委会审议通过，于2015年1月1日正式实施。它为建立健全石家庄市居民住宅小区教育设施配建、移交机制，解决区域内基础教育突出问题提供了法律依据和保障。

（二）教育机制创新

孙绵涛、康翠萍将教育机制分为“三种基本类型和九种子类型：一是教育的层次机制，包括宏观、中观和微观三种机制；二是教育的形式机制，包括行政计划式、指导服务式和监督服务式三种机制；三是教育的功能机制，包括激励、制约和保障三种机制”。[①] 在此基础上，孙绵涛又进一步提出在城乡教育一体化的过程中，教育的层次机制重点在于改革宏观调控的方式统筹城乡教育的改革与发展，并辅之以中观和微观机制调动各方面的积极性来参与城乡一体化的教育改革；教育形式机制改革要以行政计划机制为主调配各种资源，而辅之以指导服务的方式使这种资源的调配发挥更好的作用；教育功能机制要以激励机制调动各方面的积极性，提供各种条件的支持和保障，同时，要使各方面的发展有一定的制约，以实现城乡教育各方面的均衡发展。[②]

李玲则提出了构建城乡教育一体化宏观的教育体制机制，包括城乡教

---

① 孙绵涛、康翠萍：《教育体制改革与教育机制创新关系探析》，《教育研究》2010年第7期。

② 参见孙绵涛：《我国城乡教育一体化体制改革与机制创新研究》，《教育理论与实践》2011年第8期。

育管理体制机制、教育人事体制机制、教育投入体制机制、办学体制机制、人才培养体制机制和考试评价体制机制的一体化。[①]

邬志辉剖析城乡教育一体化的根本制度束缚，提出突破“城市决定农村”的权力机构，建立“社会公众参与”的治理新机制；突破“城市人”与“乡下人”的观念束缚，建立“统一公民”的观念制度等解决措施。[②]

诸多学者对城乡教育一体化的机制创新作为一个相对独立的范畴研究，往往与体制改革或制度改革放在一起，其提出的具体建议，也往往包含在体制改革或制度改革之内。所以，在此不再做重复性的论述。

三、教育制度突破与体系重构

褚宏启把城乡教育一体化建设所需改革的教育制度划分为核心制度、外围制度和保障制度三种层次，其中核心制度包括学生培养制度和教育质量评价制度；外围制度包括教育投入制度、教育人事制度和入学招生制度；保障制度包括教育管理制度和办学制度。[③] 杨卫安、邬志辉根据教育要素的不同分类，将城乡教育一体化的制度体系划分为三种类型：一是消除资源配置差距方面的制度，包括对不适宜流动的教育要素的直接供给制度和改变优质教育要素资源单一“向城性”流动的逆市场化制度两部分，又进一步具体化为城乡一体化的教育目标、财政投入、教师配置和治理择校等方面的制度；二是消除交流壁垒方面的制度，包括进城务工人员随迁子女城市就学升学的体制机制构建、以信息化推进城乡教育一体化的体制机制建设；三是保障性制度，包括城乡教育一体化的动力机制和统筹规划机制、教育管理体制机制和城乡一体化的办学制度。[④] 孙绵涛从体制改革的角度出

① 参见李玲、宋乃庆等：《城乡教育一体化：理论、指标与测算》，《教育研究》2012 年第 2 期。

② 参见邬志辉：《城乡教育一体化的制度束缚与破解》，《华南师范大学学报（社会科学版）》2013 年第 1 期。

③ 参见褚宏启：《教育制度改革与城乡教育一体化——打破城乡教育二元结构的制度瓶颈》，《教育研究》2010 年第 11 期。

④ 参见杨卫安、邬志辉：《城乡教育一体化制度建设：共识与问题》，《当代教育与文化》2014 年第 5 期。

发，认为“目前最为主要的是经费投入、使用制度的改革，教师交流制度的改革以及学生入学管理制度的改革”。①

总体来看，关于城乡教育一体化的制度建设，学者们并未达成完全的一致，在分类标准、关注视角和体系结构方面，还存在一定的分歧。但是，从学者们提出的各种制度的内容来看，褚宏启提出的“破解中国教育二元结构的体系重构与制度创新”策略，还是比较有代表性的。

（一）改革教育管理制度

科学划分不同层级、不同区域政府的职责，打破城乡分治的制度性障碍，对城乡教育进行统筹管理、一体规划。进一步发挥省级和乡级政府的作用，解决中央政府直接统筹基础教育的问题。完善“以县为主”的管理制度，提高统筹的层级和重心，要在更大的空间范围和更高的政府层面统筹城乡教育发展。

坚持规划先行和科学规划，立足促进人的发展和城乡经济社会发展的总目标，科学规划区域内各级各类教育的结构比例、空间布局、资源配置、规模速度等，从战略高度统筹区域内城乡教育的协调发展与可持续发展。建立城乡一体的教育数据库和教育管理信息系统（EMIS），为科学规划提供全面系统的高质量数据基础。

完善户籍、学籍管理制度。在坚持“两为主”（以流入地政府为主负担流动人口子女入学，以全日制公办中小学为主进行接收）的基础上，进一步明确相关的户籍、学籍管理制度，以解决双方政府主、次职责不清、流动人口子女教育投资不足、出口不通等城市内部“分而教之”的教育二元分割的问题。

（二）改革教育投入制度

教育投入制度要重点解决缩小过大的城乡教育投入差距和加大流动人

---

① 孙绵涛：《我国城乡教育一体化体制改革与机制创新研究》，《教育理论与实践》2011 年第 8 期。

口教育投资两大问题。

进一步明确经费保障责任，特别是省以下各级政府的经费保障责任，同时简化义务教育经费供给机制，降低管理成本。[①] 明确政府解决流动人口受教育问题的教育投入责任。流动人口，特别是跨区域流动人口的受教育问题，涉及各地教育投资的成本和收益等复杂因素，不能仅靠流入地本级政府来解决。最终还是要考虑采取“教育券”这种“钱随人走”的方式，让流出地政府也承担一定的投入责任，才能保证专项资金的足额到位。[②]

（三）改革人事制度

教育人事制度改革应包含统筹规划城乡教师资源配置以解决城乡教师结构性短缺的问题，完善选聘制度以解决农村教师队伍的年龄、专业、岗位、能力以及隐性缺编等结构失衡问题，健全绩效评价制度以解决教师激励、职称评聘等问题，加强教师培训以解决培训内容、培训方式、培训成本等实际问题，满足教师专业发展的需求，改革教师调动制度以解决农村教师“逆向流动”的问题，建立教师薪酬保障制度，以解决农村教师工资福利缺乏长效保障的问题。

沈阳、成都、重庆、铜陵等市，建立了一些义务教育均衡发展综合实验区，通过实践取得了很多行之有效的办法。如在城乡教育人力资源的规划上，建立起农村教育和农村教师发展动态监测系统；修改教师编制方法，使其标准多元化、弹性化；建立有利于城乡教师定期交流的考评机制，打破教师的区县归属、单位归属制度；创造条件扩大农村教师培训机会，建立费用全免、内容实践、体系下移、形式多元的农村教师培训机制；实行教师双向流动机制，农村教师流失补偿机制；薪酬分配和职称评定“补偿性”地倾向农村教师等。[③]

同时，与城乡教育一体化相适应的校长管理制度、教育公务员管理制

---

① 参见郑磊：《财政分权、政府竞争与公共支出结构》，《经济科学》2008 年第 1 期。

② 参见范先佐：《“流动儿童”教育面临的问题与对策》，《当代教育论坛》2005 年第 4 期。

③ 参见雷万鹏：《中国农村教育焦点问题实证研究》，华中科技大学出版社 2007 年版，第 44—47 页。

度也需要进一步完善。

（四）建立健全教育质量保障制度和教育行政问责制度

应建立城乡一体的学校办学条件标准、人员编制标准、课程标准、学生学业成绩标准、校长资格标准、学校办学质量评估标准，强化教育督导中的“督政”环节，实行严格的问责制度，把推进城乡教育一体化纳入政府绩效考核、官员施政约束的评价体系。另外，在制度创新的策略方面，要注意政府在制度创新中的边界与局限，不要完全依赖政府，不要夸大政府的作用，注意发挥市场和社会在制度变迁中的作用，把强制性制度变迁与诱致性制度变迁有机结合起来。[①]

第五节　我国城乡教育一体化的政策演进

城乡教育一体化伴随着我国改革开放以来城乡经济社会一体化的演进而产生，但是本身又有自己相对独立的发展脉络。城乡教育一体化是一个历史的概念，它是中国教育发展到一定程度的必然趋势，也衍生于教育发展的历史之中。

以1904年癸卯学制颁布，1905年废除科举为起点，中国现代教育的发展已逾百年。伴随着国家的动荡与兴衰，中国教育也走过了一段艰难曲折的路程。1949年，我国教育无论是规模，还是水平，都处于非常低的发展水平。全国小学在校生仅2400万，初中95.2万，高中31.5万，高校11.7万，小学学龄儿童入学率仅20%左右，人口当中80%是文盲。[②] 新中国成立后，人民政府为摆脱落后的文化教育状态，采取措施，创立了新型教育制度，确立了社会主义的教育方针，制定了多种法律，使教育事业有了长

---

① 参见褚宏启：《城乡教育一体化：体系重构与制度创新——中国教育二元结构及其破解》，《教育研究》2009年第11期。

② 参见《中小学教育得到了极大的发展》，中国网，http：//www.china.com.cn/chinese/zhuanti/163702.htm，2002年6月21日访问。

足的发展。1976年，十年“文化大革命”结束，以正式否定“文革”期间错误炮制的否定知识分子和十七年教育路线的“两个估计”，同时恢复已经中断了十年的高等学校统一考试招生制度为标志，在全社会重新树立了尊重知识、重视教育的风气。坚持“三个面向”和培养“四有人才”的提出，指明了我国教育现代化的发展方向和根本任务，各级各类教育逐步得到恢复。由此，也揭开了中国的义务教育从普及发展到城乡均衡发展再到城乡一体化发展的新时期。

一、全面普及义务教育阶段

（一）小学教育普及与重点校制度确立

改革开放以后，普及小学教育，成为我国全面普及义务教育的新起点。1978年1月，教育部颁发《全日制十年制中小学教育计划试行草案》，确定中小学的基本学制为小学五年、中学五年（3+2）。

1980年12月，《中共中央国务院关于普及小学教育若干问题的决定》（以下简称《普小决定》）提出“必须调整教育与经济之间的比例关系。要把加强教育事业列为调整的重要内容。在国民经济长远规划、调整计划、年度计划中，都要提出教育规划和实现规划的措施。必须逐步地提高教育投资的比重，改变教育经费过少的状况”。这是改革开放后第一次提出将教育事业纳入国民经济发展的整体规划之中，而且提出要逐步增加教育投资。《普小规定》还指出：“中小学学制，准备逐步改为十二年制。今后一段时期，小学学制可以五年制与六年制并存，城市小学可以先试行六年制，农村小学学制暂时不动。”更具有划时代意义的是，《普小决定》明确提出“在八十年代，全国应基本实现普及小学教育的历史任务”，对普及小学教育的有关问题做出了全面部署。这在中国教育发展史上，具有重要的历史意义。

1983年，中共中央、国务院发出《关于加强和改革农村学校教育若干问题的通知》，提出了普及初等教育的任务和措施。各地根据经济、教育发展的实际情况，通过采取“两条腿走路”（国家办学为主体，鼓励农村基层组织、厂矿企业和群众自筹经费办学）的方针，实行多种形式（全日制与半日制、简易小学并存）办学、提高教师待遇、充实教师队伍等措施，至1984年，全国小学学龄儿童入学率和巩固率均达到95%，[①]提前实现了党中央、国务院提出的基本普及小学教育的任务。

早在1977年，邓小平根据当时我国的经济社会和人才需求状况，就谈到“办教育要两条腿走路，既注意普及，又注意提高”办学思想。1980年的《普小决定》中又指出：“各地应当首先集中力量办好一批重点学校，创造经验，典型示范”，由此开始，我国中小学重新建立了重点学校制度。应该说在当时我国经济发展水平还比较落后，但各行各业又百废待兴、人才奇缺的背景下，集中财力物力，办好一批重点学校，培养各行各业急需的人才，这种政策取向是符合实际的，对经济社会的发展，无疑具有重要的推动作用。但是“重点校”制度，对后来中国基础教育发展所产生的影响也是深远的，特别是在城乡教育二元分割背景下，这一制度最终导致了城乡教育之间的巨大差距，这种差距仍是城乡教育一体化进程中着力要解决的首要问题。

1985年5月，中共中央《关于教育体制改革的决定》颁布，明确提出“把发展基础教育的责任交给地方，实行三级办学、两级管理的基础教育新的管滩体制”。[②]自此，发展农村教育基本上成为农村基层政府的一项重大任务。农村乡镇政府一般都建立起专门的教育管理机构，成为具体管理和协调农村教育的基层单位和实体单位。农村教育管理新体制建立后，地方政府和村级政权组织对教育的重视程度普遍提高，农村教育事业真正纳入到当地经济和社会发展的整体规划中去，教育投资大幅度增加，人民群众兴办教育的热情空前高涨。农村教育获得了迅速的发展。

---

① 参见《教育改革开放30年成就宣传——义务教育》，教育部门户网站，http://www.moe.edu.cn/publicfiles/business/htmlfiles/moe/moe_2444/200810/39455.html，2017年2月10日访问。

② 《关于教育体制改革的决定》(1985年5月27日发布)，教育部门户网站，http://www.moe.edu.cn/publicfiles/business/htmlfiles/moe/moe_177/200407/2482.html，2017年2月10日访问。

（二）“普九”的确立与农村教育综合改革

1982 年，新修订的《中华人民共和国宪法》第一次以国家根本大法的形式明确规定“国家举办各种学校，普及初等义务教育”。1985 年《决定》第一次在中央文件中提出要“有步骤的实行九年制义务教育”。

1986 年 4 月 12 日，我国首部《义务教育法》获得通过并于当年 7 月正式实施。《义务教育法》明确提出国家实行九年制义务教育，并对义务教育的性质、教育方针、适龄儿童少年接受义务教育的义务和权利、管理体制和各级政府的职责等作出规定。《义务教育法》的颁布实施，开创了我国教育史的新纪元，而且使我国教育事业由此走上了依法治教的轨道。

很明显，在当时城乡二元分割的经济社会结构中，全国适龄儿童的大部分在经济不发达的农村地区，普及义务教育的重点难点在农村。当时，原国家教委明确农村九年制义务教育的实施规划应具体至乡。由此，全国各地农村都被广泛地动员起来，有的地方还制定了地方性的义务教育条例或法规。各地乡镇党委、政府高度重视，立足当地实际，分别制定普及六年和九年义务教育实施规划。有的地方，还层层实行目标责任制，签订实施合同。这一阶段，农村的普及义务教育工作取得了明显的成效。“据有关部门统计，至 1987 年，全国小学达 80. 74 万所，在校学生 12836 万人，学龄儿童入学率达到 95. 1%，全国已有 1240 个县通过省级人民政府检查验收，普及了初等教育，约占全国总数的 60%。”① 其中相当部分已具有较高的水平，这标志着我国义务教育的普及已经在数量上具备了较为坚实的基础。

这个时期，针对农村地区，国家还实施了以“农村教育综合改革”为主要内容的“燎原计划”。1986 年下半年，原国家教委酝酿实施农村教育综合改革，并决定在河北省阳原县和完县（现顺平县）进行贫困地区经济开发和教育改革实验，把河北省青龙满族自治县作为国家教委联系点，并于 1987 年 2 月在河北涿州市召开了第一次农村教育改革实验区工作会议。

---

① 顾建军：《建国以来我国农村教育发展与改革历程的回顾》，《江西教育科研》1990 年6 月。

这就是新时期我国农村教育综合改革实验的开始。

农村教育综合改革实验的就是探索如何使农村的教育与经济协调发展，经济开发与智力开发密切结合的途径，也就是探索农（农场建设）科（科技）教（教育）三结合的途径。通过教育改革，使教育更好地适应农村经济、社会发展的需要。其中明确了农村教育主要为当地经济和社会发展培养人才，兼顾向高一级学校输送合格新生的正确教育指导思想。

为了把河北实验区综合改革经验、做法及时逐乡、逐县加以推广，以实验县为示范点，通过辐射逐步形成燎原之势。1988 年 9 月，国务院批转了原国家教委实施“燎原计划”的报告。

“燎原计划”的任务就是在扎扎实实大力抓好普及九年义务教育的基础上，基本扫除农村青壮年文盲；积极发展职业技术教育和成人教育，充分发挥农村各级各类学校的智力、技术的相对优势，积极开展与当地经济建设和农业生产密切结合的实用技术和经营管理知识教育，培养大批有文化有技术、会经营的新型农民和乡镇企业职工。

“燎原计划”得到国家的极大重视和支持。李鹏在七届人大二次会议所作《政府工作报告》中指出：“为培养广大农村中、初级科技人才和提高农村劳动者素质的‘燎原计划’，是进行农村教育综合改革，促进农村发展的一项具有深远意义的社会工程，各地抓紧安排实施，努力做出成绩。”

值得注意的是，那时国家对于农村教育的指导思想是“农村教育主要为当地经济和社会发展培养人才，兼顾向高一级学校输送合格新生”。这一定位的出发点是教育要为农村的经济社会发展服务。但是随着社会的发展，这一指导思想在后来农村地区的教育实践中，却陷入了一个非常尴尬的境地，这就是人们所说的“离农”与“为农”之争。实事求是地讲，在城乡经济社会二元分割的时代，农村孩子求学的目的，绝大部分是为了离开农村，改变自己乃至家庭的生存状况，追求的是一种“离农”教育，特别是高考升学成为绝大部分农村学生的实现人生价值的“唯一追求”，这种以“为农”为主要价值追求的教育在农村义务教育阶段中就成了“空中楼阁”。实际上，“离农”和“为农”之争一直延续至今。特别是城镇化步伐进一步加快的今天，农村学生未来的城市化就业生存环境与现实的农村成长背景的冲突，使得这种“离农”和“为农”之争一直困扰着农村学校，这也是当前农村学校普遍出现“城市化”“同质化”倾向的重要原因之一。

（三）九年义务教育全面普及

1993年，党中央、国务院发布了《中国教育改革和发展纲要》，提出了20世纪90年代我国教育发展的目标、战略和指导方针。这是我国改革开放时期最有指导意义的教育改革与发展决策性文件。该《纲要》指出，基础教育是提高民族素质的奠基工程，必须大力加强。要把普及九年义务教育的目标落到实处。国家根据我国城乡之间、地区之间发展不平衡的基本国情，提出了将全国划分为三类地区分步骤普及义务教育的工作思路。各地强化了党委、政府普及九年义务教育的职责，加强对各级政府“普九”工作的检查监督，提高义务教育投资水平，加强师资队伍建设，建立健全督导评估制度。

1994年7月3日，国务院发出《关于〈中国教育改革和发展纲要〉的实施意见》，要求各级党委和政府，各级教育行政部门和各级各类学校认真贯彻实施《纲要》。

1994年9月1日，原国家教委发出《关于在九十年代基本普及九年义务教育和基本扫除青壮年文盲的实施意见》。

1995年9月14日，原国家教委、财政部发出《关于进行国家“贫困地区义务教育工程”项目规划和可行性研究的通知》，启动了“国家贫困地区义务教育工程”。从1995年至2000年，中央财政拨出专款39亿元支持贫困地区义务教育的发展，加上地方各级政府的配套资金等，工程资金投入总量超过100亿元。这是新中国成立以来中央财政教育专项资金投入规模最大的全国性教育工程。

到2000年，我国基本普及九年义务教育目标的实现，“普九”人口覆盖率和初中毛入学率均超过85%，成为中国教育发展史上的一个重要转折点。

2001年，国务院颁发了《关于基础教育改革与发展的决定》，指出将普及九年义务教育和扫除青壮年文盲作为地方各级人民政府教育工作的“重中之重”，并具体提出了“积极进取、实事求是、分区规划、分类指导”的原则。2003年，我国义务教育阶段毛入学率达到了92%以上。到2008年底，实现“两基”验收的县（市、区）累计达到3038个（含其他县级行政区划单位207个），占全国总县数的99.1%，“两基”人口覆盖率达到99.3%。①

“普九”目标的实现，是我国教育发展史上的里程碑，是人类教育发展史上的壮举。标志着中华民族的精神文化面貌得到了根本性改变，标志着中华民族的文化素质和中国的综合国力获得了全面提升。

但是，这个阶段，我国基础教育形成的基本格局是城市优先发展、城市教育国家办、乡村自给自足，城乡义务教育的供给水平、供给质量和供给标准存在很大的差异，形成了层级梯次的格局。“人民教育人民办”的口号之下，成了“农民教育农民办”，造成了众多经济不发达的农村偏远地区，根本无力承担巨大的教育供给，引发了拖欠教师工资等一系列问题，城乡教育差距进一步扩大。而且，客观地讲，这个时期九年义务教育的普及是一种低层次、低水平的普及。很多地方校舍建设低标准、欠账越积越多。各地在追求“普九”的规划中，除少数发达地区以外，大都连需新添校舍面积的投资都难以筹足，更无法顾及统计数字中掩盖着的现有校舍欠账的现实。一些20世纪40年代的校舍还在用，相当一部分50—80年代初建的校舍已成危房或近期需推倒重建。农村（中学和部分小学高年级）住校生无宿舍、床位短缺的现象不胜枚举。“消灭危房”也成为教育战线特有的难题之一，多数农村中小学缺乏必需的设备设施。教师水平更为堪忧，学年学历不合格的比重仍然引人注目。按现行学历标准衡量，小学教师中师毕业的只有70%，加上高中水平的才近83%；初中教师学历合格率更低，只有56%。②

此后，我国义务教育工作的重点由基本普及转向了全面普及和促进均

① 参见《2008年全国教育事业发展统计公报》，教育部门户网站，http：//www.moe.edu.cn/publicfiles/business/htmlfiles/moe/moe_ 2923/201005/88488.html，2017年2月10日访问。

② 参见周贝隆：《关于建国以来教育发展的反思和对策》，《辽宁教育研究》2000年第2期。

衡发展。

二、城乡义务教育均衡发展阶段

新中国成立以来长期形成的城乡二元结构造成了城乡经济社会发展的巨大差距，已经成为我国发展的极大障碍，破除城乡二元体制，缩小城乡差距，成为新时期经济社会发展的重要切入点。随着科学发展观和建设和谐社会任务的提出，我国社会总体上进入了“以工促农、以城带乡”的发展阶段。单纯追求经济增长的思路开始受到质疑，不断缩小城乡经济、社会和教育等方面的发展差异，逐渐成为中国社会发展的新方向。

2002 年，党的十六大报告出了“统筹城乡经济社会发展，建设现代农业，发展农村经济，增加农民收入，是全面建设小康社会的重大任务”。统筹发展成为了新的城乡发展观。2003 年，党的十六届三中全会正式提出，要“建立有利于逐步改变城乡二元经济结构的体制”。① 报告同时指出：“教育是发展科学技术和培养人才的基础，在现代化建设中具有先导性、全局性作用，必须摆在优先发展的战略地位”。“坚持教育创新，深化教育改革，优化教育结构，合理配置教育资源，提高教育质量和管理水平，全面推进素质教育，造就数以亿计的高素质劳动者、数以千万计的专门人才和一大批拔尖创新人才。”2003 年，党的十六届三中全会提出了统筹协调经济与社会发展，营造实施人才强国战略的体制环境，加快国家创新体系建设，构建现代国民教育体系和终身教育体系。

从 2003 年下半年起，教育部围绕解决农村义务教育问题，对农村教育、义务教育、教育公平的关注逐渐取代了此前以数量、规模、速度为主的追求，促进教育公平逐渐成为教育公共政策的基本价值取向，“教育均衡发展”的观点在政策中不断出现。2003 年 9 月 20 日，《国务院关于进一步加强农村教育工作的决定》明确，“省级政府要切实均衡本行政区域内各

① 《中国共产党第十六届中央委员会第三次全体会议公报》，《党的建设》2003 年第 11 期。

县财力，逐县核定并加大对财政困难县的转移支付力度”。① 这是国家政策文件中针对教育发展，较早使用的“均衡”术语。

2004 年 3 月 3 日，国务院批转的教育部《2003—2007 年教育振兴行动计划》提出实施“新世纪素质教育工程”“就业为导向的职业教育与培训工程”和“高等学校教学质量与教学改革工程”，并提出到 2020 年，要全面普及九年义务教育，基本普及高中阶段教育，积极发展各类高等教育，大力发展职业教育和成人教育，形成体系完整、布局合理、发展均衡的现代国民教育体系和终身教育体系。为今后我国教育结构的调增优化，指明了方向。

2005 年 5 月，教育部发出《关于进一步推进义务教育均衡发展的若干意见》，正式将“教育均衡发展”上升到国家政策层面。该《意见》要求各级教育行政部门把推进义务教育均衡发展工作“作为实现‘两基’之后义务教育发展的一项重要任务，研究提出本地区推进义务教育均衡发展的目标任务、实施步骤和政策措施，并纳入当地教育改革与发展的总体规划”。“把义务教育工作重心进一步落实到办好每一所学校和关注每一个孩子健康成长上来，有效遏制城乡之间、地区之间和学校之间教育差距扩大的势头，积极改善农村学校和城镇薄弱学校的办学条件，逐步实现义务教育的均衡发展”。同时，正视和着手解决“择校热”“上学难、上学贵”的问题。要求各级教育行政部门有效遏制城乡之间、地区之间和校际之间教育差距扩大的势头，要采取有效措施遏制义务教育阶段择校之风；坚持义务教育阶段公办学校免试就近入学，不得举办或变相举办重点学校；具有优质教育资源的公办学校不得改为民办或以改制为名实行高收费；等等。

2005 年 12 月 30 日，国家发改委、教育部发布《关于做好清理整顿改制学校收费准备工作的通知》，全面叫停各地审批新的改制学校，对大规模改变公办学校的公益性、以教育牟利的“改制学校”“名校办民校”进行清理整顿。

---

① 《关于进一步加强农村教育工作的决定》（国发［2003］19 号），中央政府门户网站，http：//www. gov. cn/zwgk/2005 －08/13/content_ 22263. htm，2017 年 2 月 10 日访问。

2006 年 6 月，全国人大常委会通过新修改的《中华人民共和国义务教育法》，全文有六处分别以“均衡发展”“均衡配置”“均衡安排”表述方式，明确了促进义务教育“均衡发展”的方针，进一步强调义务教育“是国家必须予以保障的公益性事业”“实施义务教育，不收学费、杂费”“国家建立义务教育经费保障机制，保证义务教育制度实施”。并确立了各级政府分担义务教育经费的机制。这标志着“教育均衡”在国家法律层面上得到了确认。

2006 年 10 月 18 日，党的十六届六中全会通过的《中共中央关于构建社会主义和谐社会若干重大问题的决定》，提出“坚持教育优先发展，促进教育公平”的方针。宏观政策的改变主要表现在三个方面，即实施农村义务教育免费的政策、促进义务教育均衡发展、整顿改制学校的政策，以及控制高等教育发展规模，重在提高质量的政策。

2007 年，国务院批转教育部《国家教育事业发展“十一五”规划纲要》上指出，国家制定义务教育基本办学标准和质量标准，省级政府负责统筹规划实施，县级以上政府要均衡配置教育资源。进一步加大薄弱学校改造力度，努力办好每一所学校，使各学校办学条件、经费、投入和校长、教师的配备及其待遇大致均衡。

2007 年，我国全部免除农村义务教育阶段的学杂费，并继续对农村贫困家庭学生免费提供教科书并补助寄宿生活费。2008 年 8 月 12 日发布《国务院关于做好免除城市义务教育阶段学生学杂费工作的通知》，自此，国家在全国范围内全部免除城乡义务教育学杂费，它预示着我国义务教育阶段学生全部实现了免费上学，中国实现了全部免除城乡义务教育学杂费的宏伟目标。这标志着我国又一次实现了义务教育发展的新跨越，全面进入了免费义务教育的新阶段，进入了义务教育发展的新时代。

在此期间，在颁布一系列促进教育均衡发展的政策法规基础上，我国政府采取了一系列缩小城乡差距，推进教育均衡的具体措施。邵泽斌将其概括为：一项体制、六大工程。[1] 一项体制是：针对20世纪80年代以来“地方办学、分级管理”带来的“农村教育靠集资”以及乡镇政府供给能力不足、农民负担过重的状况，而调整实施的“在国务院领导下，由地方政府负责、分级管理、以县为主”的体制。六大工程分别是：1995年教育部、财政部开始实施的“国家贫困地区义务教育工程”，2001年国务院实施的“农村中小学危房改造工程”，2003年教育部实施的“东部地区学校对口支援西部贫困学校工程”和“大中城市学校对口支援本地贫困地区学校工程”，2004年教育部、财政部“西部地区农村寄宿制学校建设工程”，2003年教育部、国家发改委“农村中小学现代远程教育工程”等。

到2008年底，全国实现“两基”验收的县（市、区）累计达到3038个（含其他县级行政区划单位207个），占全国总县数的99.1%，“两基”人口覆盖率达到99.3%。[2] 中小学教育的发展从根本上改变了我国基础教育薄弱的状况，极大地提高了我国劳动者文化素质，也为高等教育的发展奠定了坚实的基础。

2010年1月发布的《关于贯彻落实科学发展观进一步推进义务教育均衡发展的意见》进一步指出，地方各级教育行政部门要以提高教育质量为核心，通过制度建设和机制创新，整体提高教育教学水平，促进义务教育的内涵发展和均衡发展。《意见》指出，省级教育行政部门要完善出台支持薄弱地区义务教育均衡指导和统筹力。

截至2011年，我国学龄儿童9522.4万人，入学学龄儿童9502.5万人，入学率达到99.8%，小学升初中毕业生升学率为98.3%，初中升高中毕业生升学率为88.9%，[3] 义务教育实现全部普及。

---

① 参见邵泽斌：《理念变革与制度创新：从城乡教育均衡到城乡教育一体化》，《复旦教育论坛》2010年第5期。

② 参见《2008年全国教育事业发展统计公报》，教育部门户网站，http://www.moe.edu.cn/publicfiles/business/htmlfiles/moe/moe_ 2923/201005/88488.html，2017年2月10日访问。

③ 参见《2011年全国教育事业发展统计公报》，教育部门户网站，见 http://www.moe.gov.cn/srcsite/A03/s180/moe_ 633/201208/t20120830_ 141305.html，2017年2月10日访问。

三、城乡义务教育一体化发展阶段

2007 年 10 月，党的十七大报告提出了“建立以工促农、以城带乡长效机制，形成城乡经济社会发展一体化新格局”。[1] 这是在党的重要文献中首次提出“城乡经济社会发展一体化”的概念。

2008 年党的十七届三中全会通过的《中共中央关于推进农村改革发展若干重大问题的决定》又进一步提出：“我国进入着力破除城乡二元结构、形成城乡经济社会发展一体化新格局的重要时期，要建立促进城乡经济社会发展一体化制度。统筹城乡基础设施建设和公共服务，全面提高财政保障农村公共事业水平，逐步建立城乡统一的公共服务制度。建设社会主义新农村，形成城乡经济社会发展一体化新格局，必须扩大公共财政覆盖农村范围，发展农村公共事业，使广大农民学有所教、劳有所得、病有所医、老有所养、住有所居”，[2] 首次提出了要建立促进城乡经济社会发展一体化的制度。破除城乡二元结构、形成城乡经济社会一体化发展的新格局成为党和国家在新时期的重要任务。

在城乡一体化的宏观政策背景下，教育事业发展的城乡一体化也逐渐出现在国家政策中并成为社会各界的共识。2010 年，《国家中长期教育改革和发展规划纲要（2010—2020 年）》（以下简称《纲要》）将“建立覆盖城乡的基本公共教育服务体系，逐步实现公共教育服务均等化，缩小区域差距”作为教育发展的一项战略目标，并提出“要加快缩小城乡差距，建立城乡一体化义务教育发展机制”的发展任务。至此，“城乡教育一体化”正式成为国家的发展战略，成为我国教育改革与发展，特别是义务教育改革与发展的重要路径与奋斗目标。

城乡教育一体化政策的提出，是对城乡教育均衡发展政策的丰富、发

---

① 《形成城乡经济社会发展一体化新格局》，中国共产党新闻网，http：//cpc. people. com. cn/BIG5/67481/94156/105719/105723/106451/6600678. html，2017 年 2 月 10 日访问。

② 《中共中央关于推进农村改革发展若干重大问题的决定》（2008 年 10 月 21 日发布），人民网，http：//politics. people. com. cn/GB/1026/8194300. html，2017 年 2 月 10 日访问。

展和超越，具有更加丰富的内涵。城乡教育一体化不仅提出了城乡教育均衡发展的目标，更重要的是提出了实现目标的新模式和新战略。正是在此意义上，“城乡教育一体化比‘城乡教育均衡发展’、‘缩小城乡教育差距’有更多的内涵”。[①]

但同时也应该看到，“城乡教育一体化”与“城乡教育均衡发展”不是相互独立的两个阶段，一体化是均衡发展的目标，均衡发展是一体化实现的必经阶段。就目前我国经济社会和教育事业发展水平来看，我国现阶段城乡义务教育一体化建设仍处于一个比较初级的阶段，现阶段乃至相当长的一段时间内，其目标和任务仍是城乡教育均衡化。只是在达成城乡义务教育均衡化的目标的过程中，再逐步转向城乡义务教育各具特色、资源互补、和而不同的城乡义务教育一体化发展。因此，提出城乡教育一体化发展战略之后，在国家政策中，仍是以推进教育均衡为主要的着力点。

根据《教育规划纲要》的要求，教育部制定了义务教育分规划和教师队伍建设分规划，与有关部门一起启动了义务教育学校标准化建设工程，深化了义务教育经费保障机制、中小学教师特岗计划、教师国培计划、农村薄弱学校改造计划、中小学校舍安全工程，加大了对各地义务教育均衡发展的支持力度。

2011 年 3 月，教育部与北京等 16 个省、自治区、直辖市签署了义务教育均衡发展备忘录，在省部级层面上进一步强力推动义务教育均衡发展工作。备忘录明确了教育部和各省、自治区、直辖市的责任和任务，一省一个特色，突出了针对性和可操作性。随后，教育部还将与其余各省（区、市）签署义务教育均衡发展备忘录。

2012 年，在《国务院关于深入推进义务教育均衡发展的意见》中指出了义务教育均衡发展的指导思想，并指出要进一步深化义务教育经费保障机制改革，推进义务教育学校标准化建设。

2012 年 9 月 5 日，《国务院关于深入推进义务教育均衡发展的意见》

---

① 褚宏启：《城乡教育一体化：体系重构与制度创新——中国教育二元结构及其破解》，《教育研究》2009 年第 11 期。

进一步明确了“加强省级政府统筹，强化以县为主管理，建立健全义务教育均衡发展责任制”[①] 的管理体制，提出了“总体规划，统筹城乡，因地制宜，分类指导，分步实施”的总体思路。并就进一步深化义务教育经费保障机制改革、推进义务教育学校标准化建设、改善农村义务教育阶段寄宿制学校办学条件、解决县镇“大校额”“大班额”问题提出了要求。

2012 年 9 月 6 日，《国务院办公厅关于规范农村义务教育学校布局调整的意见》实际宣布自 2001 年始，持续了 10 余年但带来了很多问题的农村学校布局调整暂告一段落。

2013 年 11 月 7 日，《国务院办公厅转发教育部等部门关于建立中小学校舍安全保障长效机制意见的通知》要求各级政府要将保障中小学校舍安全资金纳入财政预算……省级政府负责统筹落实地方资金，制定省、市、县三级政府具体分担办法。中央财政通过农村中小学校舍维修改造长效机制，重点支持中西部地区农村义务教育阶段学校……建立长效机制的资金实行分账核算，专款专用，资金支付按照财政国库管理制度有关规定执行。

2014 年 12 月 25 日，国务院办公厅印发《国家贫困地区儿童发展规划（2014—2020 年）》，进一步对义务教育控辍保学、学校标准化建设、寄宿制学校、大班额问题、上下学交通困难、贫困地区教师队伍建设、义务教育学校生均公用经费标准等做了要求。

在 2015 年 11 月 25 日发布的《国务院关于进一步完善城乡义务教育经费保障机制的通知》中要求坚持完善机制，城乡一体。

2016 年 7 月 2 日发布的《国务院关于统筹推进县域内城乡义务教育一体化改革发展的若干意见》第一次从国家政策层面全面系统地提出了县域内城乡义务教育一体化发展的总体目标和发展举措。总体目标即到 2020 年实现“四统一”“三消除”“两提高”“一实现”。“四统一”就是实现县域内城乡义务教育学校标准统一、教师编制标准统一、生均公用经费基准定额统一、基本装备配置标准统一；“三消除”就是城乡二元结构壁垒基本

---

① 《关于深入推进义务教育均衡发展的意见》（国发［2012］48 号），教育部门户网站，http：//www.nyedu.cn/zhengcefagui/Article/201312/ArticleContent_250.html，2017 年 2 月 10 日访问。

消除、城镇大班额基本消除和教育贫困生基本消除；“两提高”就是乡村教育质量明显提高、义务教育普及水平进一步巩固提高；“一实现”就是县域义务教育均衡发展和城乡教育基本公共服务均等化基本实现。同时，具体提出了10条战略举措，即同步建设城镇学校、努力办好乡村教育、科学推进学校标准化建设、实施消除大班额计划、统筹城乡师资配置、改革乡村教师待遇保障机制、改革教育治理体系、改革控辍保学机制、改革随迁子女就学机制、加强留守儿童关爱保护。

至此，中国县域内城乡义务教育一体化进程进入了一个新的阶段。

第二章　实践探索与主要进展

河北省地处华北平原，兼跨内蒙古高原，内环京津，东临渤海。全省地势由西北向东南倾斜。西部和北部为山区、丘陵和高原，中部和东南部为广阔的平原。全省现有 11 个设区市，172 个县（市、区），其中省直管县（市）2 个，面积 18.77 万平方公里，总人口 7424.92 万人。2015 年，全省国内生产总值 2.98 万亿元，全部财政收入 4047.7 亿元。①

截至 2015 年，河北全省拥有各级各类学校（包括幼儿园）27976 所，在校生 1472.74 万人，专任教师 78.77 万人。其中，义务教育学校 14920 所，在校生 793.11 万人。其中小学 12529 所，在校生 564.29 万人，学龄儿童入学率 99.7%，万人均小学教育在校生 769.56 人，专任教师 31.63 万人，专科及以上学历比例为 93%；初中 2391 所，在校生 228.82 万人，学龄人口入学率 99.27%。万人均初中教育在校生 312.06 人，初中毕业生升学率为 92.5%，专任教师 16.72 万人，本科及以上学历比例为 80%。②

近年来，河北省委、省政府把实现教育均衡，促进教育公平，推进城乡教育一体化作为实施科学发展、富民强省战略的重要支撑和保障，作为改善民生的重要内容，采取有效措施，大力向前推进。各地市认真落实中央和省委、省政府要求，以推进义务教育均衡发展为主要抓手，进一步明确指导思想和目标任务，强化责任，在增加经费投入、改善办学条件、优化资源配置、加强学校管理、提高教学质量、搞好困难群体就学保障等方

---

① 参见《河北省 2015 年国民经济和社会发展统计公报》，中国统计信息网，http://www.tjcn.org/tjgb/201603/32602.html，2016 年 3 月 28 日访问。

② 数据来源：本书中有关河北省的教育统计数据，除标明出处者外，大部分来源于河北省教育厅提供的统计数据。

面做了大量扎实有效的工作。义务教育学校标准化建设顺利推进，区域内办学条件显著改善，教师素质、教育质量不断提高。经过努力，河北省教育公平的程度有了大幅度提升，城乡教育一体化发展取得了重大进展。

截至 2015 年底，全省已有 103 个县通过义务教育均衡发展基本均衡县（市、区）省级评估，63 个县通过了国家督导检查和认定，广大群众对教育的满意度明显提高。

第一节　加强统筹规划　改革管理体制

一、明确目标责任　健全政策保证

推进义务教育均衡发展，保障适龄儿童、少年都能接受义务教育是《中华人民共和国义务教育法》的明确要求。在基本普及九年义务教育后，河北省委、省政府本着立足现实、着眼长远的工作思路，于 2005 年就明确提出“努力缩小城乡之间、区域之间、学校之间的差距，高质量高水平普及九年义务教育”的目标要求。2009 年，在河北省修订的《河北省实施〈中华人民共和国义务教育法〉办法》中，将推进均衡发展作为新时期义务教育工作的重点，明确了政府在推进义务教育均衡发展中的责任和义务，提出“县级以上人民政府应当合理配置教育资源，促进义务教育均衡发展，改善薄弱学校办学条件，实施农村现代远程教育，推动教育资源向农村和边远地区倾斜，建立和完善优秀教师向农村学校和师资力量薄弱学校流动的机制，落实国家和本省对经济困难家庭学生的资助政策，保证经济困难家庭、进城务工人员子女以及残疾适龄儿童、少年平等接受义务教育”。

同年，省政府下发了《关于推进义务教育均衡发展的实施意见》，进一步明确了义务教育均衡发展的指导思想和目标任务，同时在经费投入、办学条件、资源配置、学校管理、弱势群体就学保障等方面提出了具体的措施和要求。2011 年，省委、省政府在《河北省中长期教育改革和发展纲要（2010—2020）》中，把均衡发展作为义务教育的重中之重，明确提出了“到2020年基本实现区域内义务教育均衡，标准化学校达到85%以上，区域内办学条件、教师素质、教育质量、管理水平显著改善和提高，义务教育公平度、满意度大幅提升”的目标。

为进一步强化责任，积极推进规划实施，从而全面落实河北省政府与教育部签署的《义务教育均衡发展备忘录》的要求，2011年10月，河北省人民政府与11个设区市人民政府签署了《推进义务教育均衡发展责任书》，明确了到2020年前各市实施义务教育均衡发展的目标时间表和路线图。各级政府均成立了领导小组，有关部门各负其责，齐抓共管，为推进义务教育均衡发展提供了组织保障。为了调动广大校长、教师的工作积极性，并在全社会营造尊师重教的浓厚氛围，不少县设立了“教育工作县长特别奖”。

如沧州市政府在《沧州市中长期教育改革和发展规划纲要（2011—2020年）》中，明确规定到2020年要在全市范围内实现义务教育标准化学校全部达标，同时，建成覆盖全市范围的教育网络服务体系。在重大项目的组织实施上，重点发展义务教育学校标准化建设工程和困难学生资助工程。大力提升全市基础教育水平。根据上述文件要求，沧州市政府又提出了《沧州市中小学“2060”标准化学校创新工程实施方案》，决定从2013年下半年起，沧州市所辖的20个县（市、区）中已有的800余所标准化学校中遴选出60所学校作为工程项目学校，以创新与提升为原则，加强学校特色与文化建设，经过三年时间，培育一批教育特色鲜明、学生素质较高的创新型学校，推进义务教育高位均衡。①

国务院《关于深入推进义务教育均衡发展的意见》（国发［2012］48号）颁布后，河北省认真进行了对标工作，进一步明确了目标责任，完善了省市共同推进义务教育均衡发展的工作机制，确保全省如期实现义务教育均衡发展规划的目标和任务。

---

① 本书中有关河北省沧州市的教育统计数据，大部分引自姜萌萌：《城镇化背景下农村小学办学困境与对策研究》，河北大学教育学院2016年硕士学位论文。

另外，自2006年以来，河北省政府先后四次召开推进义务教育均衡发展现场会或工作会，总结推广各地经验，安排部署各阶段工作任务。

二、改革管理体制　共享优质资源

优质教育资源指学校具有的良好的硬件和软件设施。教学设备齐全，从专业教室、专业器材的配备都能具有一定的档次；师资好，教师的学历达到和超过国家的标准；校园文化氛围浓，各项管理制度健全等。学校有优秀的办学传统和特色，历史悠久或者虽然校史短，但是办学特色和成效已经形成了较好的社会影响力和美誉度。长期以来，由于人才的极度缺乏、国家政策的倾斜，导致重点学校、“窗口”校、实验学校等优质教育资源集中，它们对于推进教育事业的改革与发展发挥了重要的作用。目前，我国处于社会转型的重要时期，城镇化是转型中的关键，对打破城乡二元结构，实现城乡教育一体化提出了更高的要求。在统筹城乡发展、追求教育公平、人们对优质教育需求强烈而名校的规模又太小的当代社会，那些所谓的“名校”难以满足人们的需求。通过适度地扩展占有拥有优质教育资源的名校规模，使优质教育资源得以输出，来提高教育效益、满足群众的要求、促进优质教育资源的均衡化是一个明智的举措。

近年来，河北省为促进县域义务教育均衡发展，坚持“省级统筹、以县为主”的管理体制，建立领导机制和工作机制，在事业规划、经费统筹、工资发放、人事管理、安全保障等方面全部实现了以县为主管理，从政策、机制、体制及队伍等方面保证教育持续发展。统筹城乡经济社会发展与教育发展，实施了一批重点工程。同时分别在农村和城市区开展了两项综合改革，力求打破原有管理机制，为均衡、扩大区域内优质教育资源创造条件，探索出了一条盘活存量、资源共享之路。

（一）农村实行学区一体化办学体制

校点分散、设施不全、质量不高一直制约着河北省农村义务教育的发展。特别是山区和偏远农村，由于办学规模太小，教师专业化水平低，课程不能开齐开全，成为制约县域内义务教育均衡发展的瓶颈。针对这一状况，从2005年开始，河北省首先在以山区为主的承德市做试点，开展农村学区化管理模式改革。该模式以县（市）为单位，打破乡（镇）行政区划界限，按照区域教育协调发展的需要划分为若干学区；以学区为单位，整合区域内教育资源，推行规模化、标准化办学，形成学区内经费、师资、设施、装备等办学资源的均衡配置；通过学区的均衡发展，逐步实现县域内义务教育均衡发展。①

学区改革的重点是抓好以下三个关键环节：一是科学编制学区建设规划。在县域内，原则上以2—4个乡（镇）或覆盖人口不低于3万人为单位设置一个学区。二是健全学区内部管理体制。取消乡（镇）中心校建制，设立学区中心校并附设学区研训室，统筹管理学区内的教育教学工作，形成集办学、管理、研训为一体的管理运行机制。三是加快学校标准化建设。以学区为单位，按照人口分布建设规模适度的标准化中小学。小学设置原则上应覆盖5000至1万人口、不低于2轨，初中设置原则上应覆盖3万至4万人口、不低于6轨；对学校建设，坚持统一规划，资金集中投入，分步实施，建一所、成一所。

目前，全省80%以上的县（市）完成了学区制改革，大部分地区推行了县区教育行政部门直管学区中心校和初中学校，学区中心校直管小学、幼儿园的三级县域教育管理模式。② 平泉县探索出“以学区建设带动标准化学校建设，推进县域教育均衡发展”经验，以学区为单位，整合区域内教育资源，推行规模化、标准化办学，形成学区内经费、师资、设施、装备等办学资源的均衡配置；通过学区的均衡发展，逐步实现县域内义务教育均衡发展。廊坊市的三河市、邯郸市的武安市、石家庄市的新乐市、张家口市下花园区等因地制宜，创造性地建立起具有地域特色的一体化模式。

---

① 参见《河北省关于义务教育法实施情况的检查报告》，中国人大网，http：//www.npc.gov.cn/npc/bmzz/jkww/2014－01/20/content_1824140.htm，2017年2月10日访问。

② 参见《河北省五年内实现县域义务教育基本均衡发展》，河北新闻网，http：//hebei.hebnews.cn/2016－11/27/content_6101198，2016年11月27日访问。

（二）城区推行资源整合的“四种模式”

在城市区，学校间优质教育资源整合共享主要是通过学校间形成紧密型、半紧密型或松散型的办学管理等模式，统一资源配置，形成优质学校资源输出，薄弱学校资源挖潜，强化优质学校带动薄弱学校发展责任的新体制，在几所学校内实现资源共享、交流合作和共同开发，达到校际内教育均衡发展。

针对城市区义务教育阶段存在老校多、布局不合理、优质资源短缺、学校强弱不均、“择校”现象突出等问题，2006 年开始，河北省以石家庄市和邯郸市为代表的部分城市从打破旧有城市学校间单一、封闭的管理模式入手，逐步建立起以城市区教育行政部门为主导，统筹城市区内教育资源，强化优质学校带动薄弱学校发展责任的新体制。通过大胆创新和改革，探索出了联合校、兼并校、建分校、新建校等四种推动城市区义务教育均衡发展的办学模式，有效地增强了校际间的合作，在一定程度上解决了“择校难”的问题，也有利于缩小城乡教育的差距。同时，城市区的四种模式，也已经推广到各县（市）。

联合校模式：按照“强校引领、资源共享、捆绑考核、互动发展”的原则，充分发挥“名校”拉动效应，将过去由强弱校组建“联合校”的模式，发展为目前以“1 + 1”或“1 + X”的方式组建的教育教学联盟，实现了集团化发展。如石家庄市在主城区组建教育集团 19 个，县（市）组建教育集团 40 个；邯郸市在 2014 年就组建了 300 多组盟校，带动了区域办学水平迅速提升。例如邯郸市农林路小学与滏河学校结为联盟校，实现优势互补，资源共享，具体合作计划为：每学期组织一次两校集体备课活动，实现备课工作的资源共享，两校教师可以直接参与；根据两校青年教师素养月的时间，进行课堂教学的交流活动；每学期组织一次质量检测的两校联考，联考要做到统一进度、统一试卷、统一标准、统一阅卷；联考后，两校共同进行质量分析。

兼并校模式：推动优质校实质兼并薄弱校。按照“以强并弱、资源整合、班子重组、交融发展”的原则，将过去通过优质校转化薄弱校的模式，发展为目前优质学校实质兼并薄弱学校，建立起了统一领导、统一规划、统一管理、统一考核的工作机制。如保定市后福盈小学和向阳小学合并，一二三年级在后福盈小学就读，四五六年级将到向阳小学就读。政府负责人表示，之所以将两所小学合并，是因为两所学校距离较近，且优势各有不同，向阳小学教室面积大，而且高年级需要的实验设施相对来说更安全，能满足高年级小学的学习需求；而后福盈小学学生多，师资力量更为雄厚，但学校和教室面积相对较小，将这两所小学合并，可以改善学生受教育的条件。保定市第 24 中学并入保定市第 13 中学，同时撤销保定市第 24 中学，实行成建制合并。并入后，原 24 中学为 13 中学东校区，合并后的学校管理实行一套班子统一管理，教师统一调配使用，职称统一聘用的办法，并形成初一在原 24 中校区，初二、三年级在原 13 中校区就读的办学格局。合并的原因是 13 中生源过剩，师资紧张，而 24 中存在生源严重不足，师资浪费现象。此外，保定市北市区前卫路小学与高庄小学、河北小学与铁路一小等也进行了实质合并。

建分校模式：实施优质校异地设分校。按照“强校孵化、资源分流、母校统筹、一体发展”的原则，将过去优质学校在区内建立分校的模式，发展为目前以优质学校为核心，“优质校 + 分校”的跨区域设立分校模式。优质校办分校，多多少少都带有地方政府“主导”的因素，这种政府主导的名校办分校，可以分为两种模式：一是在远郊区县新建校舍成立分校。名校与分校间通过互派骨干教师到对方学校挂职、听课，参加对方的教科研活动，通过名师带徒、网上交流等形式全方位合作。另一类分校则是在原有普通学校基础上改建的。优质校向分校输入教育品牌及教学管理，分校负责提供校舍、教学设备等硬件设施。如邯郸市鸡泽县实验中学在浮图店中心小学设立分校、鸡泽县毛遂中学在孙堡营中心小学设立分校、沧州市实验小学建立实验二小、沧州市育红小学建立育红小学分校等。

新建校模式：将新建学校打造成为知名校。将过去新建学校时，打造高标准、高水平新学校的模式，发展为目前引进优质资源与新建学校联合办学，引进知名校长管理学校，一步到位建设知名校的模式。如邯郸美的城住宅小区配套小学建成后，直接引进邯山区实验小学优质资源，成立邯山区实验小学美的分校，促进了优质资源共建共享。

石家庄市长安区还率先启动了京津冀优质教育资源协同发展和环渤海教育联盟，实施了“四大工程”，创建了“政府＋企业＋名校”的全新办学模式，成效显著。

“四种模式”肇始并发展于城市区办学体制改革之中，但其影响已经超出了城区范围，在很多市县的县域内统筹城乡教育发展过程中，特别是初中阶段优质资源共享、促进均衡发展的过程中，也发挥了积极的作用。

保定市定兴县立足统筹城乡教育资源，促进城乡教育一体化的目标，采取“弱校变校区”政策，整合城乡教育资源，效果很好。由于学生家长固有的择校思想，以及该县本身教育资源分配不能做到完全公平的现状，在一定的时期内，形成了十分严重的“择校热”，出现了薄弱学校招生不足，优质学校大班额、大校额的矛盾情况。为扩大县域内优质初中教育资源总量和覆盖面，进一步缩小城乡和校际差距，提升全县教育均衡发展水平，2014 年 7 月，定兴县教育局在深入调研论证和多方征求意见的基础上，下发了《关于弱校变校区　推进城乡一体化　全面提高办学水平的决定》，对整合初中优质校、捆绑帮扶薄弱校进行了安排部署。即由优质学校负责分校的日常管理和教育教学工作，实行“一校两址”、人财物统一管理，执行统一的管理制度和教学模式，实现两个校区资源共建共享，共同发展。当年即由该县二中在原固城中学西校区、天宫寺中学在原小朱庄中学、高里中学在原贤寓中学，分别建立二中固城校区、天宫寺中学小朱庄校区和高里中学东校区。

为实现实质性的资源整合，让家长和社会看到教育局全面改造薄弱校、提升薄弱校办学水平的决心，2014 年 8 月，定兴教育局从县二中选派了 2 名副校长（其中常务副校长主持分校全面工作）、1 名主任和 10 名骨干教师到分校区从事管理和教学工作。分校与总校教职工的绩效考核使用同一考核办法，农村教师补贴分别按照所处乡镇的农村教师补贴标准执行；总校选派到分校从事教育教学工作的教职工，按

《定兴县教育局2014年义务教育学校支教工作实施方案》规定的跨区标准，享受支教教师待遇。

同时，分校积极组织教师到总校参加听评课、基地演训等业务交流，总校也积极选派省、市级骨干教师到分校指导课堂教学、校本研训，两校互通有无、共同探索、共同提高。目前，由于深度整合，教师校长交流，优秀师资共享，分校教学秩序井然，校容校貌焕然一新，办学吸引力大为增强。2014—2015学年第一学期，二中分校初一招生增至324人，新生报到入学率92.7%，是往年入学率的数倍，对缓解二中的招生压力起到了一定作用；天宫寺中学小朱庄校区初一招生，五年来首次突破200人；高里中学东校区初一招生221人，是往年招生人数的两倍。

通过农村学区改革和“四种模式”办学模式改革，促进了义务教育阶段学校资源共享、优势互补，使校际间的办学差距不断缩小，优质教育资源不断扩大，实现了高水平义务教育均衡发展的改革。2009年11月，全国义务教育均衡发展现场经验交流会在河北省邯郸市召开，向全国推广了邯郸推进义务教育均衡发展经验和做法，河北省的同志在会上作了典型发言，受到了时任国务委员刘延东同志的高度赞誉。

三、推进布局调整　整合教育资源

（一）农村中小学布局快速调整

2001年开始的农村义务教育阶段学校布局调整是指从当地经济社会发展水平和居民对教育的高质量需求出发，通过撤销、合并和新建等形式将农村地区部分教学点和学校集中起来，调整布局，以扩大农村义务教育学校办学规模，提高教育资源投入的效益，提升办学质量。通俗地讲，就是裁撤大量农村教学点，合并大量农村中小学校，学生集中到附近规模比较大的村镇来上学，民间称其为“撤点并校”。

新中国成立初期，我国实施“统一领导，分级管理”的教育体制，由公社对公办小学进行规划和领导。同时，加大力度建设不同类型的中学，中等教育的结构发生了很大变化。20 世纪 60 年代末到 70 年代末，教育的管理权开始下移，由各大队对小学进行规划和管理。80 年代，入学适龄人口达到顶峰，我国学校布局调整进入了关键阶段，形成了每个村都有一所小学和每个乡都有一所中学的格局，这也意味着学校数量的增长。而进入 90 年代后，由于计划生育和城镇化等政策的影响，适龄儿童数量下降，学校闲置了许多资源，有些学校仅存十几人，甚至出现了“一师一校”的现象，这些现象严重影响了教学质量。

2001 年颁布的《国务院关于基础教育改革与发展的决定》中将调整农村义务教育学校布局列为一项重要工作，并指出应“因地制宜地调整农村义务教育学校布局，按照小学就近入学，初中相对集中，优化教育资源配置的原则，合理规划和调整学校布局。农村中小学和教学点要在方便学生就近入学的前提下适当合并，在交通不便的地区仍需保留必要的教学点，防止因布局调整造成学生辍学。学校布局调整要与危房改造、规范学制、城镇化发展、移民搬迁等统筹规划。调整后的校舍等资产要保证用于发展教育事业。在有需要又有条件的地方，可举办寄宿制学校”。当时，我国农村地区小学阶段进行学校布局结构调整的主要目的就是整合现有资源，改善农村小学办学条件，提高教育质量。

同年，国务院召开的全国基础教育工作会议也将农村中小学布局调整列入发展农村义务教育要重点抓好的六项工作之一。之后，各地政府纷纷出台本地区的农村中小学布局调整的具体办法，农村中小学布局调整在全国范围内迅速展开，我国农村中小学布局经历了一场“运动式”变革。

学校的布局是根据国家的经济社会发展水平而不断变化的，布局结构的调整过程也是一个不断变化的过程。从整体上来说，当时中小学校布局调整受到以下几个方面的影响：一是受教育人数。受国家计划生育政策的影响和进城务工人员的增多，我国广大农村地区的学龄儿童大量减少，农村小学生源严重不足，许多地区的许多学校均出现教室空置现象。二是农村小学的自身特点。长久以来形成的“村村有小学”的布局形式确实在义务教育的普及阶段起到了举足轻重的作用。但是随着生源的减少，这些布局分散，规模小、条件差的学校出现了很大程度上的资源浪费现象。只有对学校布局进行重新调整，整合优质资源，才能不断改善学校办学条件，为学生提供更好的学习环境。三是受农村税费改革的影响。国家实行税费改革之后，农村地区的小学学校教育经费不断减少，教育投入的大量短缺已无法承担部分地区农村小学的经费开支。四是随着国家城镇化的不断推进以及对优质教育需求的上升，家长希望子女进城获得更优质教育的愿望越来越强烈，很多家长想方设法地将自己的孩子送入城镇接受更全面的教育。五是农村地区小学布局结构的调整也是促进义务教育均衡发展，不断提高教育质量，追求教育公平的必然选择。

2002 年和 2003 年，国务院和财政部又分别下达了《关于完善农村义务教育管理体制的通知》和《中小学布局调整专项资金管理办法的通知》，进一步推动了农村中小学布局调整，各地政府也都加快了布局调整的步伐。

但是，在此后的农村学校布局调整过程中，有些地区脱离农村办学实际，盲目追求教育投入的高效益，忽视了义务教育的公益性特征，采取“一刀切”的方式，大量撤并农村中小学，以致暴露出了各种问题，引起了社会关注。例如造成很多地区学生“上学难，上学远”、往返学校交通成本和安全隐患增加、寄宿制学校管理混乱、调整后校园校舍闲置、教育资源流失等问题，使得本来用意良好的布局调整与当初的愿望背道而驰。“从 2006 年起，农村学校布局调整带来的系列问题已经引起了中央和教育部的重视。相关部门先后发出通知、意见、工作要点等，对此进行有意识的政策纠偏。”①

2006 年，教育部先后发出《关于切实解决农村边远山区交通不便地区中小学生上学远问题有关事项的通知》和《关于实事求是地做好农村中小学布局调整工作的通知》，指出要根据本地区的实际情况进行农村中小学布局调整，“避免因决策的失误、工作简单化和‘一刀切’而造成新的学生上学远的问题发生”。又一次严令各地要切实做到因地制宜、合理撤并农村

① 胡荣：《农村学校布局调整的政策过程》，《生活教育》2013 年第 1 期。

中小学。要保留一些必要的小学和教学点，不能因为学校布局调整导致偏远乡村学生辍学。

“2007 年，就部分网友反映布局调整导致部分学生上学难的问题，教育部在回复中要求……在交通不便的地区仍须保留必要的小学和教学点，防止因过度调整造成学生失学、辍学和上学难问题。这被舆论解读为，国家在叫停‘强行撤并’。”① 因此，虽然没有正式要求停止“撤点并校”，但实际上，由此开始，这一轮的农村学校布局调整逐渐停止了下来。

2010 年，教育部颁发《关于贯彻落实科学发展观　进一步推进义务教育均衡发展的意见》，要求地方各级教育行政部门在调整中小学布局时，“对条件尚不成熟的农村地区，要‘暂缓’实施布局调整，自然环境不利的地区小学低年级原则上暂不撤并”。

2012 年 7 月，教育部出台《规范农村义务教育学校布局调整的意见（征求意见稿）》，明确要求“各地要根据实际条件合理确定学校覆盖范围”。8 月，国务院下发《关于深入推进义务教育均衡发展的意见》，要求合理确定县域内教学点、村小、中心小学、初中学校布局，以及寄宿制学校和非寄宿制学校的比例。严格规范农村义务教育学校撤并程序。已经撤并的学校或教学点，确有必要的应重新规划，按程序予以恢复。

同年 9 月，国务院出台了正式的《关于规范农村义务教育学校布局调整的意见》，提出“坚决制止盲目撤并农村义务教育学校”，“在完成农村义务教育学校布局专项规划备案之前，暂停农村义务教育学校撤并”，“已经撤并的学校或教学点，确有必要的由当地人民政府进行规划，按程序予以恢复”。至此，自 2001 年始，持续了十余年的农村学校布局调整，即“撤点并校”政策“暂时”落下帷幕，告一段落。②

在这期间，河北省与全国形势同步，也多次出台措施，推进中小学布局调整。自 2002 年至 2015 年，河北省义务教育阶段学校数量由 32695 所

---

① 王宏旺：《农村中小学“撤点并校”的八年之痛》，凤凰网，http：//news. ifeng. com/society/5/200904/0402_ 2579_ 1088958_ 3. shtml，2009 年 4 月 2 日访问。

② 参见张晓阳：《我国农村中小学布局调整政策：历程与影响》，《湖南师范大学教育科学学报》2013 年第 6 期。

减少至14920所，在校生由1107.81万人减少到793.11万人。其中小学由28433所减少至12529所、在校生由674.55万人减少至564.29万人；初中由4262所减少至2391所、在校生由433.25万人减少至228.82万人。

（二）农校办学形式趋于稳定

我国农村地区人口众多，农村小学办学形式多种多样。经过十多年的中小学布局调整，已经形成了基本稳定的农校中小学办学形式。其中，农村小学按年级数量来分，其办学形式主要分为完全小学、不完全小学（初级小学）和教学点。

完全小学是指一至六年级数量完整的小学；不完全小学（初级小学）就是年级不完整的小学，可能只有三个年级或四个年级。学生在不完全小学学习完毕后，需要转到完全小学继续就读；教学点就是比不完全小学规模更小的学校，可能只有几个或十几个孩子，同时可能分属不同的年级，但都在同一个课堂上学习。

教学点主要分布于我国农村地区，受历史、经济、政治和社会等多方面因素的影响，学校规模较小，地理分布比较分散，但是又因其自身的特点存在着很多优势之处。在广大农村地区特别是偏远山区，教学点的存在不仅增加了学龄儿童入学接受教育的机会，也在很大程度上促进了教育的普及。从现实层面上来看，教学点不仅有利于解决远距离学生上学难的问题，也减少了农村地区学生上学的成本，减轻了学生家长负担，具有明显的优势作用。根据我国当前农村地区的现实情况以及国家对农村地区学校布局结构的调整，教学点不仅将会长期存在，而且也已成为我国偏远农村地区小学办学的主要形式。

目前，河北省县级以下乡镇和农村地区的小学教育阶段已经形成了三种主要办学模式：

1. 九年一贯制学校

在比较大的乡镇政府所在地建立义务教育阶段九年一贯制学校，小学与初中贯通，中间也没有转段考试，相互衔接比较紧密。河北省现有九年一贯制学校472所，其中221所在镇区，161所在乡村。[①]

这种学校办学模式是比较理想的，其优点有利于整合教育资源，提高教育质量和办学效益。缺点是会有部分学生上学路途较远，要解决交通问题。

2. 完全小学

涵盖小学一至六年级的完全小学，这种学校一般建立在乡镇政府所在地和规模比较大、生源比较多的村庄，周围几个村的孩子都集中在这一个学校上学。

这种模式的优点在于，建立一所规模较大、教育质量较好的中心完小，有利于整合教育资源。学校辐射周围几个村庄，相对来说，学生上下学路途不是很远。学校规模较大有利于教师之间的学习交流，有利于形成良好的校园文化，教育投入带来的办学效益也比较高。缺点也是周围村庄学生上学路途较远。

无论是九年一贯制学校，还是六年制完全小学，虽然都是比较理想的学校办学方式，但是在地域广阔，人口相对较少的农村地区，不可能建得很多，要想尽可能多地吸收周围的孩子上学，只能是建立寄宿制学校。因此，近年在农村地区，寄宿制学校成为了一种主要的办学形式。但同时也出现了诸多问题。

3. 农村教学点

农村教学点是在农村地区，特别是边远贫困地区农村大量存在的办学形式，也被称为“小微学校”。一个教学点一般只有小学一、二年级或者

---

① 国家统计局《关于统计上划分城乡的规定》（国务院于2008年7月12日国函［2008］60号批复）：城区是指在市辖区和不设区的市中，经本规定划定的区域。城区包括：（1）街道办事处所辖的居民委员会地域；（2）城市公共设施、居住设施等连接到的其他居民委员会地域和村民委员会地域。镇区是指在城区以外的镇和其他区域中，经本规定划定的区域。镇区包括：（1）镇所辖的居民委员会地域；（2）镇的公共设施、居住设施等连接到的村民委员会地域；（3）常住人口在3000人以上独立的工矿区、开发区、科研单位、大专院校、农场、林场等特殊区域。乡村是指本规定划定的城镇以外的其他区域。

一、二、三年级，学生数量很少，每个年级也就是十个人或者更少，甚至一两个人。一般配备一两个教师，采取类似于复式教学的形式教学。农村教学点处于农村整体办学体系的末端，办学条件差异极大。有的农村教学点设在已经被撤并的原小学院内，与村幼儿园在一起，相对来说，孩子、教师还比较多，条件也要好得多。但是大量偏远乡村，特别是山区，多年以来一直存在，并在农村学校布局调整过程中保留下来的教学点，条件则非常艰苦。河北省现有小学教学点 6597 个，镇区 768 个、乡村 5719 个，绝大部分教学点在农村。

农村地区还有一种完全小学被称为中心学校。相对于其他农村小学和教学点来说，中心学校介于城市小学与农村小学之间，各学校的教育质量普遍高于农村小学和农村教学点，但是与城市小学相比，中心学校的生均成本又相对较低。与此同时，中心学校集齐了全乡镇大部分的优秀骨干教师，教师专业化程度更高，师资水平也相对较高。秉承着与城市小学接轨的观念，在办学条件与课程设置的灵活性上都努力向城市小学看齐，这些优势条件都大大促进了中心学校的发展。

农村地区实施学区制改革之后，从作用上来看，中心学校又相当于农村小学和农村教学点的管理机构，首先起到的就是导向与示范作用。中心学校通过不断完善自身的办学理念与特色，发挥示范作用，带动各农村小学和农村教学点端正办学思想，创造优质教育。在管理方面，中心学校帮助扶持下级学校，在保障学校教学质量的同时，积极开展活动，推动各级学校教研工作的顺利进行。

寄宿制学校是在农村学校布局结构调整过程中由布局分散、生源较少的农村小学或教学点发展而来的，在当前的农村小学中已成为建设主体。随着小学生寄宿比例的增多和农村留守儿童人数的不断增长，政府将部分农村小学或教学点撤并之后实行集中办学，这在很大程度上对于办学条件的改善和教育质量的提高能起到非常积极的推动作用，不仅使学生的课余生活更加丰富，也使学生的整体素质有了显著提高。

实际上，某种程度上，河北省农村中小学布局结构调整，是以建设寄宿制学校为突破口，按照高中向县城集中，初中向区片集中，小学向中心地带集中，保留必要乡村教学点的原则来进行的。其中，宽城县创建的“三集中一覆盖”模式，丰宁县创建的教学点“三统一”模式，邱县实施的“初中进县城”战略等对此进行了有益的探索。

第二节　加大教育投入　改善办学条件

近几年，河北省各地基本上坚持了教育经费优先预算、优先拨付、优先追加，实现财政教育拨款的“三个增长”目标。同时坚持多渠道筹集教育发展资金，在积极争取国家财政支持的同时，积极与社会合作，吸引了大批社会资金进入教育领域。在逐年提高教育资金保障水平的基础上，重点在提高资金投入的精准度上下功夫。通过优化教育经费支出结构，确保教育资金主要向义务教育倾斜，向最急需的地方投入，努力实现教育资金使用效益的最大化。

一、改善学校办学条件　促进基本条件均衡

为努力改善办学条件、均衡配置办学资源，河北省不断加大经费投入，本着“巩固、深化、提高、发展”的工作方针，大力推动义务教育标准化学校建设。2011 年，河北省制定了《河北省义务教育学校基本办学标准（试行）》，并将其作为义务教育均衡发展县（市、区）评估验收的重要内容。同时，河北省规定，全省校舍安全工程、农村中小学危房改造和布局调整、农村寄宿制学校建设、新农村卫生校园建设、农村初中校舍改造等一系列改善农村办学条件的重大工程要与推进义务教育标准化学校建设相结合，从而使义务教育标准化学校建设真正落到实处。

实施四项建设工程建设，即农村中小学危房改造和布局调整工程、农村寄宿制学校建设工程、农村初中校舍改造工程和中小学校舍安全工程，其中前三项工程累计投入资金 68. 23 亿元，消除中小学危房 756. 1 万平方米，新建和改扩建校舍 1584 万平方米；中小学校舍安全工程累计投入工程

资金362.4亿元，建筑面积达3445.2万平方米。四项建设工程的持续实施，使全省农村中小学办学条件得到了明显改善，义务教育展现了全新面貌。

全面改造农村学校取暖设施。从2008年开始，河北省累计投入资金11.9亿元，使农村学校彻底告别了采用室内燃煤取暖的时代，实现了全部采用锅炉或电暖气等安全方式取暖，消除了安全隐患，保证了597万农村中小学生温暖安全过冬。①

全面实施改善贫困地区义务教育薄弱学校基本办学条件工作。经省政府同意，2014年初，河北省印发了《关于全面改善贫困地区义务教育薄弱学校基本办学条件的实施意见》（冀教财［2014］42号），制定了《河北省全面改善贫困地区义务教育薄弱学校基本办学条件项目建设规划实施方案（2014—2018年）》，并于2015年以省政府办公厅名义（冀政办函［2015］6号）上报教育部、财政部、国家发展改革委，“全面改薄”在全省规划的实施范围内全面铺开。

根据初步规划方案，2014—2018年全省纳入规划的项目学校和教学点14624所，规划总投资303.9亿元，项目实施内容包括校舍建设、设施设备配置、教育信息化建设和师资队伍建设四大类。截至8月底，省级财政已下达2015年中央和省级资金42.39亿元，其中“全面改薄”专项资金27.7亿元，校舍维修改造等资金14.69亿元。2015年省本级预算安排“全面改薄”专项资金8亿元，同时积极调整支出结构，新增薄弱学校改造计划资金2.18亿元，市县安排支出资金6.73亿元。

到2015年，全省开工学校2444所，开工校舍面积195万平方米，其中竣工校舍建筑面积84.5万平方米、运动场面积110.6万平方米，完成教学仪器设备购置学校7342所，购置生活设施31.7万台（件），采购图书

① 参见《国家教育督导检查组对河北省31个县（市、区）义务教育均衡发展督导检查反馈意见》，中国教育新闻网，http://jijiao.jyb.cn/zl/201512/t20151218_647128.html，2015年12月18日访问。

1125 万册，采购课桌凳 89.4 万套，计算机、教学仪器设备等 753 万台（件）。[1] 通过五年的实施，将使全省农村地区义务教育学校基本办学水平显著提升，极大地缩小城乡之间的差距。

各地政府也加大了配套资金的投入力度。2015 年接受省督导评估的 50 个县，四年内教育总投入累计 595.24 亿元，改善办学条件投入 156.44 亿元，其中义务教育改善办学条件投入 113.52 亿元。其中，改善办学条件投入在亿元以上的 44 个，占 88%。邯郸市峰峰矿区投资 3.8 亿元，新建、加固校舍 117 栋。廊坊市广阳区投资 2.6 亿元，在 30 个学校进行新改扩建，共完成学校建设项目 30 个，新增校舍面积 5.4 万平方米；投资 2600 万元，建成标准化操场 20 个。赵县筹措资金 1.2 亿元，改造薄弱学校 57 所，以集团化办学模式推进学区内学校以强扶弱、资源共享，有效缓解了城区学校大班额问题。保定市徐水区 2010 年来改善办学条件投入近 4.6 亿元，相当于前 15 年办学条件投入的总和。深泽县 2015 年投资 1930 万元，征用了城区占地 77.5 亩的一所民办初中，将班额严重超标的一所九年一贯制学校的初中部整体搬入，城区大班额问题得到根本解决。承德市鹰手营子矿区每年区级财政收入的 50% 用于改善办学条件。磁县投资 3.2 亿元，完成了十多所标准化学校建设。[2]

保定市定兴县 2009 年开始大力开展农村学校标准化建设，在办学条件、设备设施、财政拨款等等方面向农村基础教育倾斜。2009 年至今，该县共投入 3 亿元的资金用来建设教育基础设施，农村初中实现了省办学标准，11 所乡镇一级初中全部达到标准化。另外，53 所小学达到标准化，91 所小学达到完全小学的标准。由于农村生源少，生均占地面积、校舍数、班容量、教室、图书馆、音体美教室、实验室均优于县城。

---

① 参见《国家教育督导检查组对河北省 31 个县（市、区）义务教育均衡发展督导检查反馈意见》，中国教育新闻网，http：//jijiao.jyb.cn/zl/201512/t20151218_647128.html，2015 年 12 月 18 日访问。

② 参见《国家教育督导检查组对河北省 31 个县（市、区）义务教育均衡发展督导检查反馈意见》，中国教育新闻网，http：//jijiao.jyb.cn/zl/201512/t20151218_647128.html，2015 年 12 月 18 日访问。

二、深化义务教育经费保障机制改革

近年来，河北省不断深化义务教育经费保障机制改革，把义务教育经费保障纳入“民生工程”，加大省级政府统筹力度，重点对农村地区、贫困地区以及薄弱环节和重点领域给予支持，从而努力均衡配置中小学办学资源，为均衡发展提供物质保障。

2014 年，经省政府同意，河北省印发了《关于建立城市义务教育阶段学校公用经费保障机制的通知》（冀财教［2014］175 号），从 2015 年春季学期起，建立城市义务教育阶段学校公用经费保障机制。在执行免杂费补助标准的基础上，统一城乡义务教育阶段学校公用经费基准定额标准，小学年生均标准 685 元，初中生均 885 元（含取暖费 85 元）。2015 年河北省共下达中央和省级资金 48.66 亿元，保证了义务教育阶段公用经费的足额发放。

同时，结合河北省实际情况，2014 年河北省区分寄宿制学校和非寄宿制学校核定公用经费，在保障原公用经费基础上，提高寄宿制学校公用经费标准 100 元，达到小学生均 785 元、初中 985 元。考虑到 22 个集中连片特困县实施营养改善计划学校公用经费困难情况，对其公用经费补助标准再提高 100 元，达到小学生人均 985 元、初中生人均 1085 元。为此，2015 年共追加资金 1.6 亿元，着力解决学校运转困难。

进一步落实农村义务教育阶段家庭经济困难寄宿生的生活费补助政策，将补助标准提高到小学生每年补助 1000 元，初中生每年补助 1250 元，各地享受贫困寄宿生生活费补助的学生达到寄宿生总数的 23%，从根本上保障了贫困寄宿学生的生活和学习需求。

2015 年省级安排城市区义务教育保障经费 1.7 亿元。

同时，省级财政还通过“以奖代补”的形式，引导和支持各市建立保障机制，在执行免学杂费各级财政分担办法的基础上，对建立保障机制的市给予资金奖补。

三、启动实施山区教育扶贫工程

2015 年，河北省委办公厅、省政府办公厅印发了《关于开展山区教育扶贫工程的实施意见》（冀办字［2015］58 号），省筹措资金 1 亿元，重点支持山区县建设寄宿制学校。山区教育扶贫工程，聚焦山区教育的薄弱环节、紧迫任务，多措并举，定向施策，精准发力，要利用 3 年左右时间，在连片特困县、国家和省级扶贫开发工作重点县中的 37 个山区县，依“优化山区教育布局，大力提升办学水平，加强教师队伍建设，加快发展中等职业教育，提高学生资助水平”等五大抓手，使山区义务教育学校全部达到省定标准化学校要求，山区教育质量大幅提升，山区学生综合素质显著提高，增强贫困地区发展后劲。省级将每年安排专项资金，支持山区县新建改扩建义务教育阶段寄宿制学校。

石家庄市政府创造性地实施了“山区教育扶贫工程”，通过解决西部山区教育基础薄弱环节而促进义务教育的均衡发展，石家庄市、唐山市所辖县在全省率先全部通过了义务教育均衡发展的省级评估。

秦皇岛市政府领导调研工作时，针对青龙县通过省级评估后的薄弱项目整改，现场决定动用市长基金，拨付 500 万元用于解决青龙县义务教育均衡发展教育投入不足问题。承德丰宁满族自治县高标准改造了 125 个教学点，着力解决“末端”教育的发展问题。灵寿县通过山区教育扶贫工程，新增教育用地 82.9 亩，新、改扩建 8 所中小学，山区五乡镇学生全部转移安置。

2015 年 10 月 17 日，全国教育扶贫全覆盖行动启动仪式暨河北省山区教育扶贫工程现场会在河北省石家庄市赞皇县召开，河北省人民政府领导、教育部领导出席会议并讲话。

四、提升教育信息化水平

教育信息化是人类顺应信息时代发展的必然选择。把现代化的软、硬件设备和信息技术全面深入地运用到教育领域内，是教育深化改革和发展的需要。在教育信息化上，河北省投入了大量的人力、物力和财力，实施农村中小学现代远程教育工程和教学点信息化建设工程，为全省农村中小学装备了现代远程教育设备，使广大农村中小学生享受到优质教育资源，普遍接受信息技术教育。

各地按照国家和省定义务教育学校教学装备标准，全面提档升级，更好地满足了教育教学需要，达标学校数量达到一半以上。以教育信息化“三通工程”和教育信息资源平台建设为重点，推进农村、薄弱学校享有优质教育资源，缩小校际教育质量差距，推进教育现代化进程。已基本实现“宽带网络校校通”，正在向“优质资源班班通”的目标努力。按照教育部统一部署，实施了“教学点数字教育资源全覆盖”项目，共为4183个农村教学点配备了数字教育资源和多媒体远程设备，并为每个教学点免费配备了河北省“e学100”等优质数字教育资源，教学点办学条件得到较大改观，夯实了教育公平的物质基础。

通过多年教育信息化基础建设，在开发教育信息化的基础建设、应用和研究方面，河北省已取得了一定的成果，国家数字教育资源公共服务平台规模化应用试点工作进展顺利。据《河北省教育信息化工作进展报告》显示，河北优质数字教育资源得到积极应用。

> 保定市定兴县，为了进一步推动县域城乡义务教育一体化的发展，立足于优质教育资源有限这一客观情况，采用信息化的方式推进一体化建设。第一，在硬件设施上，投入大量资金，保证国家提出的“三通两平台”，也就是“宽带网络校校通、优质资源班班通、网络学习空间人人通”，建设教育资源公共服务平台和教育管理公共服务平台，并且保证了“三个一”，即每个班级都有一个多媒体，每个教师均有一台笔记本电脑，在微机课上每个学生均有一台微机使用。在硬件设施上保证信息化建设的要求；第二，在日常教学中，积极推进教师与学生、教师与家长的网络互动，增进教学工作的有效性与延伸性。对于教师资源紧缺的学校，通过网络支教的方式，利用多媒体教学将优质教育资源送到农村，使农村学生在原有的教室中享受到了城镇优秀

教师的教学指导，并达到了实时互动，弥补了教师数量不足的弊病，拉近了教学距离；第三，在教师培训方面，积极采用信息化推进一体化。在积极参与国培、省培的前提下，将培训的指标向农村倾斜，让农村教师足不出户便可享受到国家级、省级专家的培训。同时建立了“视频交流互通研修系统”，共有39个点，总部设在定兴县教育局。在这个系统中，教师参与优质课、公开课、互听互评课的网络交流，给教师的互相学习、共同提高、自我成长提供了良好的平台，充分发挥了信息化人未到效果已至的优势，缓解了教师素质不足的劣势。

第三节　优化师资配置　提升队伍整体水平

教育大计，教师为本。高素质的教师队伍是巩固、提高普及九年义务教育成果的有效保障，也是推进义务教育均衡发展的关键环节。为此，河北省通过多种措施努力加强教师队伍尤其是农村地区教师队伍的建设。2015年10月29日，河北省政府办公厅印发了《河北省乡村教师支持计划（2015—2020年）实施办法》，提出了建立乡村教师长效补充制度、统一城乡教职工编制标准、推动城镇优秀教师向乡村学校流动、提高乡村教师生活待遇、推进中小学职称制度改革、建立乡村教师荣誉制度、全面提高乡村教师思想政治素质和师德水平与全面提升乡村教师能力素质等八项改革措施，为加强乡村教师队伍建设提供了制度保障。

一、多渠道补充优秀师资

（一）创新编制管理，优先保障农村地区教师编制需求

《河北省乡村教师支持计划（2015—2020年）实施办法》中，明确提出：“乡村中小学教职工编制按照城市标准统一核定，其中村小学、教学点

编制按照生师比和班师比相结合的方式核定。确保乡村中小学教职工编制满足教育教学实际需求，以保证开足开齐国家规定课程。寄宿制学校应合理配置专职生活教师。”同时，文件进一步明确：“县级教育部门在核定的编制总额内，按照班额、生源等情况统筹分配各校教职工编制，并报同级机构编制部门和财政部门备案。进一步完善中小学校职工编制动态管理机制，根据学校布局结构调整、不同学段学生规模变化等情况及时进行调整。严禁在有合格教师来源的情况下‘有编不补’、长期使用临时聘用人员，严禁任何部门和单位以任何理由、任何形式占用或变相占用乡村中小学教职工编制。对违反编制管理规定的单位和责任人，依法依规严肃处理”。

各地市积极创新编制管理，补充师资。邯郸市邱县由县政府全额出资，采用人事代理方式招录合同制教师的做法，有效地缓解了农村教师不足的矛盾。承德市滦平县立足山区实际，采取师班比与生师比相结合的方法，适当放宽编制数量，重新核定编制，并参照农村小学班师比，按照1∶1.3比例为农村幼儿园配备专业幼儿教师。唐山市曹妃甸区统一城乡中小学教师编制标准，着力打造数量充足、结构合理的教师队伍，三年补充346人，重点补充紧缺学科教师。邯郸市武安市坚持每年招聘新教师，2010年以来，共招录747人，其中589人分配到农村。这些做法都有很大的借鉴价值。

（二）大力实施“特岗教师计划”[①]

针对农村义务教育阶段中小学师资力量薄弱、结构失衡、素质需要进一步提高等问题，教育部、财政部、原人事部、中编办制定下发《农村义务教育阶段学校教师特设岗位计划实施方案》（教师［2006］2号）（以下简称“特岗计划”），在中央、地方权力不变的前提下，由各级财政安排专项经费，对西部农村贫困和边远地区予以特殊支持。通过在一些县乡相对集中设立教师岗位，公开招募高校毕业生到县以下农村学校任教等措施，

① 部分内容引自刘蕾：《贫困地区农村中小学教师资源优化配置研究》，河北大学教育学院2011年硕士学位论文。

引导和支持地方政府加大农村教师的补充力度，并与推进解决大学毕业生就业的问题有机结合起来。

河北省于2009年开始实施特岗计划。河北省特岗教师是在中小学现有编制内，实行聘任制，公开招聘、择优录用、合同管理。招聘对象和条件要求是：以高等师范院校和其他全日制普通高校应届本科毕业生为主，可招少量应届师范类专业专科毕业生；取得教师资格，具有一定教育教学实践经验，年龄在30岁以下的全日制普通高校往届本科毕业生；参加过“大学生志愿服务西部计划”、有从教经历的志愿者和参加过半年以上实习支教的师范院校毕业生同等条件下优先。①

招聘工作由省级教育、人事、财政、编办等部门共同负责，遵循“公开、公平、自愿、择优”和“三定”（定县、定校、定岗）的原则，其主要程序有：公布需求、自愿报名、资格审查、考试考核、集中培训、资格认定、签订合同、上岗任教。

“特岗计划”教师聘期3年，聘任期间执行国家统一的工资制度和标准；其他津贴补贴由各地根据同等条件公办教师年收入水平和中央补助水平综合确定。凡特设岗位教师工资性年收入水平高出1.5万元的，高出部分由地方政府承担。同时，地方政府还要负责为特设岗位教师解决相关周转住房等生活条件。聘期满后，鼓励其继续从事教育工作，并允许自主重新择业。对自愿继续留在本校或当地其他学校任教、经考核合格的，转由当地财政负担其工资，享受当地教师同等待遇。对重新择业的，为其重新选择工作岗位提供方便条件和必要的帮助。②

自2009年开始实施“特岗计划”至今，河北省共为64个集中连片特困县或国贫、省贫县，招聘特岗教师近3万人（其中2015年招聘4600人），获得中央财政经费支持近20亿元，覆盖农村中小学1500所，受益学生达40万名。目前，服务期满特岗教师留任率达到86%。如邯郸市馆陶县

① 参见河北省教育厅、财政厅、人力资源和社会保障厅、机构编制委员会办公室：《河北省特岗教师管理方法（试行）》（冀教师［2010］15号）。

② 参见教育部、财政部、原人事部：《关于实施义务教育阶段学校教师特设岗位计划通知》（2006）附件。

三年来共补充教师447人，其中特岗教师入编就有232人，占全县教师补充总数的52%。

“特岗计划”的实施，吸引了大批优秀人才从事农村教育，为河北省贫困地区中小学注入了新鲜血液，有力缓解了农村教师紧缺问题，优化了农村教师队伍结构，提高了农村中小学的教育教学质量。

（三）组织实施师范生顶岗实习支教

在河北省教育厅的强力推动和具体指导下，河北师范大学自2006年3月起，开始组织实施师范生顶岗实习支教。2007年7月，国家教育部根据我国农村教师资源现实需要的状况，对师范院校实行顶岗实习的措施进行了总体规划，下发了《关于大力推进师范生实习支教工作的意见》，要求师范院校组织高年级师范生到中小学进行顶岗实习。同时也要求各地将师范生实习支教与加强农村教师队伍建设结合起来，积极配合创造条件，安排师范生到农村学校进行顶岗实习支教。①

河北师范大学规定：大学三年级学生分成两批，一批去广大的农村实施顶岗实习的任务，时间为半年；另一批学生留在学校在半年内把一年的课程学完。顶岗实习的学生完成任务回来后，两批学生再进行交换。这样既能保证学生在校完成学业，也能保证学生教育实践、顶岗支教任务的完成。截至2014年，该校已完成18期顶岗实习支教工作，共有16个学院21个专业的2.1万余名学生，在覆盖河北、新疆、天津、山东、河南等省、自治区、直辖市125个县（市、区）的3400余所次农村中小学开展实习支教工作。2014年下半年，共有11个专业的1659名实习生，在省内外81个县311所学校进行实习工作。

师范生顶岗实习具有多方面的作用和效果，它是提高教师培养质量的一项重要措施，是加强师范生教育的必经途径，是密切师范院校与农村中小学的联系，促进理论与实践相结合，引导高校更好地服务基础教育的重

① 参见《关于大力推进师范生实习支教工作的意见》（教师［2007］4号文件），教育部门户网站，http：//www.moe.edu.cn/publicfiles/business/htmlfiles/moe/s7011/201212/xxgk_145953.html，2017年2月10日访问。

要的纽带，更重要的是师范生顶岗实习有助于帮助解决农村中小学缺乏专业教师的问题，进一步提高农村基础教育质量，促进素质教育的发展。如邯郸市馆陶县三年来引进河北师大、聊城大学、邯郸学院等师范院校顶岗支教生 569 人，充实到农村学校。

（四）开展师范生免费教育试点工作

自 2011 年开始，河北省连续五年在河北师范大学开展师范生免费教育试点工作，录取了音乐、体育、美术、物理、语文、数学、外语等专业共 1000 名优秀师范生，其中 2015 年录取 200 名。河北省实施的师范生免费教育，吸引了大批优秀学生攻读师范专业，能够为基层学校输送补充一批高素质合格教师，推动了教师教育创新，提高了师范生培养质量，缓解了农村中小学薄弱学科师资紧缺问题，为基础教育的均衡发展起到示范引领作用，得到了社会各界的普遍认可。

2015 年，河北省又针对农村小学教师队伍建设的现状，启动了农村小学全科教师免费培养试点工作，按照“面向农村、按岗培养、专项招聘、定向就业、限期服务”的原则，由河北师范大学附属民族学院为农村小学或教学点培养 300 名既能适应基础教育改革发展和全面实施素质教育需要，又能承担农村小学各门课程教学任务的全科教师，进一步优化农村教师队伍结构，提高农村教育质量。

二、多层次校长和教师培训

（一）四位一体的横向办学模式

2000 年，河北省就在《河北省教师进修学校现代化标准（试行）》中明确提倡“四位一体办学模式”。2004 年，《河北省教育厅关于加强县级教师进修学校建设的几点意见》中明确要求：县级教师进修学校与县级教研、电教、仪器站四位一体办学，优化资源配置，形成合力，这就为县级教师培训机构的建设与发展指明了方向。将区域内教研室、电教室和仪器站整合到县（区）级教师进修学校，重新组合，形成集教师培训、教研、科研、电教“四位一体”式办学模式。明确四部门的责任分工，实现各部门既分工明确又协调合作的工作模式，实现教师培训资源整合，提高教师培训质量和效益。

教研部主要负责组织实施本区域内中小学日常教育教学研究工作；科研部主要负责本区域内的科研课题组织管理工作，引导本区域内教育工作者进行教育教学科学研究；培训部主要负责本区域内的教师培训工作；电教仪器部主要负责本区域的实验仪器设备、图书馆、教育信息化的设施设备和相关教学活动。四个部门共同承担着促进本区域内教师专业发展的任务，在这一共同目标的指引下，通过整合教师培训资源，合理分配培训任务，发挥各部门的优势和功能，完成不同类别、不同层次、不同要求的教师培训工作，从而避免了不同部门机构工作的重复交叉和大量重复劳动，实现了信息资源、教师资源、技术资源、仪器设备资源等资源共享，节省大量的人力、物力和财力。

目前，已有不少县市整合教师培训资源，组建教师发展中心，实现了教师研训一体化。

附：邯郸市峰峰矿区教师进修学校案例

1. 峰峰矿区教师进修学校基础情况

峰峰矿区教师进修学校位于邯郸市峰峰矿区，始建于1952年，于1988年经省教委批准成立由培训部、教研部、电教仪器部三部合一的县级教师进修学校。峰峰矿区教师进修学校从2001年开始进行内部体制改革，2002年形成教研、科研、电教“三位一体”办学模式，2004年设立科研部，正式形成“四位一体”办学模式，2008年时建构在原有的“四位一体”基础上加附校和实验基地的“4+2研训一体”的新型县域教师学习与资源中心。

学校内部设有教研部、科研部、培训部、电教仪器部四部和总务处、办公室等，主要承担峰峰矿区区域内的中小学和幼儿园相关的教师继续教育培训、骨干教师培训、干部教育培训、学历教育、电教、校长培训等任务，负责管理指导全区的中小学教研、科研、现代教育技术和仪器装备等多项工作，带头推进本区的课改工作。学校现有在编职工65名，在岗教职员工60名，学校配有微机室1个、语音室1个、多媒体室3个、音像资料室1个、演播室1，还改造和扩充了音乐室、美术室、实验室、图书室、阅览室等，基本实现了教学、办公现代化条件，为开展各项工作奠定了坚实硬件基础。区教育局每年落实65万元实验启动资金，划拨用于新课改教师培训和教育科研的专项经费20万元。2002年课改以来，学校投入140多万元建成了信息中心，建成与教育局连通的办公局网。2002年峰峰教师进修学校率先建成了全市第一家远程教育信息平台，接受河北远程教育网发布的教育资讯，2003年开通了“峰峰教育网”，实现了教师网络教育。学校还创办了《峰峰教育研究》期刊，深受广大中小学领导和教师欢迎。

针对以往县级教师进修学校中各部门各自为战、互不协调的现状，峰峰矿区教师进修学校积极探索解决方案，确定“十五”重点课题是“‘四位一体’——区（县）级进修学校办学模式探究”，“十一五”的研究课题是“县域教师教育资源整合模式建构及运行机制研究”，最终确立了“4+2研训一体”办学模式。由于业绩突出，峰峰矿区教师进修学校连续多年获省、市“教师教育工作先进单位”，连续多年被邯郸市评为“教师教育先进单位”“先进教研室”“电教工作先进单位”“教育技术装备管理先进单位”，校领导班子连续三年获得区“先进领导集体”。2006年，省厅师教处、省继教中心先后下文推广峰峰矿区教师进修学校办学经验；2007年，市局确定峰峰矿区教师进修学校为“市级骨干教师培训基地”；2008年，省厅命名为“以校为本教研制度建设示范基地”；2009年，顺利通过了“示范性县级教师培训机构”评估。省教育厅先后两次下文，号召全省学习该校的办学经验。

2. “4+2 研训一体”办学模式

峰峰矿区教师进修学校实现资源整合是一个循序渐进、不断探索完善的过程。1988 年，峰峰矿区经河北省教委批准成立由培训部、教研部、电教仪器部组成的县级教师进修学校，但此时这三个部门同时接受教育局和进修学校的领导和管理，经常出现各部室各行其是、互不沟通协调的现象，严重阻碍优质资源共享。于是 2001 年进修学校开始进行内部体制改革，探索建立一个统一领导、各司其职、相互配合、资源共享的教师教育模式，2002 年实现了教研、培训、电教“三位一体”的办学模式，三部由进修学校统一领导和管理，教育局则委派一名副局长协助学校工作。从 2004 年开始，省教育局批准，进修学校增设科研部，实行“四位一体”办学模式。针对县级教师进修学校各种培训形式和教育方法缺乏沟通，各培训机构互不隶属，峰峰矿区教师进修学校于 2007 年又提出了建立新的“县域教师教育资源整合模式”，经过几年的不断实践、改进与完善，学校总结出集“教、科、研、训”于一体，以师资队伍建设为重点，面向学校基层，服务一线教育教学的“4+2 研训一体”县域教师教育培训机构办学模式。

峰峰矿区教师进修学校目前实行的是“4+2 研训一体”教师教育资源整合办学模式，即“教研、科研、培训、电教仪器加附属学校和实验学校”的模式。在进修学校的统一领导下，各部门工作思路清晰、分工明确，依靠科学的运行机制和有效的内部管理体制，形成培训合力，推动了教师培训各项工作开展，实现了培训资源优化配置。

3. 资源整合途径与保障机制

（1）实现资源整合的途径。通过观念整合、机构整合、技术整合、制度整合和职能整合，[①] 最终实现资源整合。观念整合指涉及有关教师培训的教研、科研、培训、电教仪器站、中小学校、教育行政部

① 参见周喜平：《分享课改——改革路上的行与思》，中央编译出版社 2012 年版，第 116 页。

门、中小学教师等多个主体认识到培训资源整合是教师培训的必然发展趋势，达到认识上的统一，积极投身于整合工作。机构上的整合是指教师培训相关部门优势互补、研训一体，实现培训资源共享，提高资源利用率。职能整合指在县级教育行政部门的领导下，各部门分工明确、相互协调，从而和谐有效地完成各项工作。技术整合解决的是实现教师培训相关各部门整合后如何有效地动作。制度整合是指制定一系列规章制度，明确各部室、各领导、各工作人员的职责，形成制度化、科学化的管理机制。

(2) 确立资源整合后正常运行的保障机制。为确保教师教育资源整合后教师培训机构能够得到良性发展，峰峰矿区教师进修学校建立了行政运行机制和业务运行机制两部分。行政运行机构主要包括经费保障、制度管理和优化领导班子三部分。经费方面：按照《全国示范性县级教师培训机构评估标准》中规定的“本地政府拨付的年教师培训经费不低于本地教职工工资总额的1.5%，政府财政收入占教师培训经费的60%以上”，切实保证教师培训基本经费的来源，积极拓展经费其他来源有效渠道。制度化管理方面：加强县域教师教育机构建设的相关政策法规建构，建立健全教师教育激励和制约机制，制定了教师培训管理的细则、教师培训考核机制和培训师资聘任（聘用）制度等。采取竞争上岗制度，综合选拔聘任负责人和领导人员，以优化进修学校的领导班子。业务运行机制主要是根据本地区的实际情况，结合先进性和实用性的原则积极开展教师培训工作，主要包括培训师资管理、教学场地设施管理、课程设置管理、培训方式的选择与管理、教学效果评价等方面，都作出了详细的规定。

(3) 全校人员形成制度化管理。按照省、市有关精神，成立了以教育局局长为组长的教育科学规划领导小组，教育局副局长和进修学校校长任副组长，成员为教育局相关科室和进修学校相关部室负责人。在全区内构建了“局教育科研领导小组——教师进修学校科研部——中小学教科处——课题主持人和实验教师”四级教育科研网络，建立了区域内教师科研体系。为了更好地实现进修学校资源优化配置，学校实行制度化科学化的管理，学校印发了《管理手册》，教师人手一册，《管理手册》中具体详细地规定了校级领导职责、各部室主任职责、各部室人员岗位职责，建立了目标考核制度、业务学习制度、挂牌服务制度、教育科研成果奖励制度、绩效进退制等一系列规章制度，逐步形成了以“用制度发展四位一体合力”为核心的进修学校运行机制。

(4) 重视培训师资队伍建设。学校非常注重培训师资队伍的质量，按照“少而精、专兼结合、合理流动”的原则加强培训师资队伍建设。组织教师参加新课标培训、中高考培训、教科研培训、英特尔未来教育培训等以更新教育教学理念，在全校教师中开展岗位培训，此外学校还制定并实施每周五下午教师业务学习制度。有计划地逐步培养具备教学能力、教研能力、培训能力的一专多能的复合型教师，从2008年起峰峰矿区教师进修学校又实行了教师“三三制”工作制度，要求每位教师都要在三年内都要参加教学、教研、培训三种工作。将在校教师均分为中小学驻点、一线巡回指导、留守处理日常事务三批人员，并且保证三年基本实现一个工作循环，保证四部教研人员和学校专任教师每人至少有三分之一的工作时间在中小学基层进行研究指导工作，如2011—2012年度，共有78人次到中小学驻点指导，有86人次到一线巡回指导。对于教师培训效果采取学分登记制度，每学年都要将教师培训考核情况录入计算机，实行网络电子化管理，对于已毕业的教师也要进行跟踪调查。

（二）三级相连的纵向培训体系①

构建以县（区）级教师进修学校为领导、以中小学教师专业发展学校为中坚、以各中小学校本培训为基础的三级一体化教师培训体系，是实现县域内教师培训资源整合，推动县域内教师培训工作顺利开展，最大化地提高全体教师素质的有效模式。

---

① 部分内容引自王露露：《县域教师培训存在的问题及对策研究》，河北大学教育学院2013年硕士学位论文。

《教育部关于大力加强中小学教师培训工作的意见》（教师［2011］1号）提出："充分发挥区县教师培训机构的服务与支撑作用。积极推进区县级教师培训机构改革建设，促进县级教师进修学校与相关机构的整合和联合，加强县级教师培训机构基础能力建设，促进资源整合，形成上联高校、下联中小学的区域性教师学习与资源中心，使其在集中培训、远程培训和校本研修的组织协调、服务支持等方面发挥重要作用"。

中小学教师专业发展学校以校本培训为主，结合统一培训，上联县、区级教师培训学校，下联各中小学校的校本培训，是县、区域内教师培训体系中重要组成部分。《河北省教育厅关于建设中小学教师专业发展学校促进教师专业发展的意见》（冀教师［2008］16号）中指出："教师专业发展学校建设能有效地解决中小学教师队伍中长期存在的'学非所用'、'用非所学'的弊端，将教师专业发展牢固建立在以校为本基础上，从而实现个人发展要求和学校教学需要两者紧密结合，在学校校长领导、管理和支持下，将有力促进中小学教师专业的发展"。要求每县在区域内确定2所幼儿园、2所小学、2所初学、1所高中作为本县域内的同阶段教育的示范学校，建设区域内教师发展学校。

选择确立示范学校时要考虑以下几个方面的基本要求。首先，选择在不同地区的学校，这样在地理位置上方便全县域内教师的参与，同时也可以充分利用不同地区的资源；其次，学校本身具有资源丰富的优势，比如学校办学质量好、学校口碑好、领导力强、教育教学设备先进、信息资源丰富、师资质量高等等，可以为其他学校办学、教师发展提供服务、借鉴参考和帮助；再次，资源共享，不同学校都可以提供本学校的培训经验和教师发展总结，以供他校参考；最后，充分调动每一个在校教师参与的积极性，教师既是培训的客体又是发展的主体，既是教学反思的主体又是教育教学行动研究的重要参与者，教师本身又是其他教师发展的资源。

校本培训是以各中小学校为基地进行的教师全员培训，是为了解决教师在日常教育、教学中所遇到的困难和问题，为了更好实现学校发展，而促进每个在校教师专业化发展的学校内部培训。校本培训是伴随着新课改而出现的，是为了解决本校在新改课中出现的困扰，其特征是"在学校中”“为了学校”和“基于学校”，因此，校本培训具有更强的针对性，是教师培训工作的基础。唐山市开平区实施“名学校、名校长、名教师”工程，全面开展教育科研，以科研带动教师培训。唐山市的遵化市对教师实行“合格教师—骨干教师—学科带头人—名师”阶梯式管理，促进教师专业化成长。

另外，各地还依托本地及外地的优质资源，突破传统的培训方式，采取挂职锻炼、专项培训和分类培训等多种形式，“走出去”与“请进来”相结合，推进校长和教师培训工作有序进展。邯郸市曲周县、磁县等地与北京外国语大学合作，实施针对英语教师的“歆语工程”，提高了教师的整体素质。

各地还普遍加大教师培训经费投入力度。承德市各县（市、区）财政安排教师培训专项经费，明确不低于人均800元标准。秦皇岛市北戴河区教师培训专项经费达到人均1400元。石家庄市裕华区从2011年起，把培训经费由人均30元提高到1047元。

（三）认真组织实施“国培计划”

“国培计划”是“中小学教师国家培训计划”的简称，最早于2009年提出，由教育部、财政部在2010年开始推广实施。“国培计划”以示范引领、雪中送炭和促进改革为宗旨，以提高中小学教师的整体素质为目标，面向中小学教师，更以推动农村中小学教师专业发展为重点。2011年又增设了幼儿园教师国家级培训项目。

从纵向体系来看，我国的“国培计划”由两部分组成，一部分是“中小学、幼儿园教师示范性培训项目”，另一部分是“中西部农村骨干教师培训项目和幼儿园骨干教师培训项目”。“示范性培训培训项目”由教育部直接组织策划实施，面向各级中小学、幼儿园教师进行培训，资金来源为中央本级财政拨款。作为示范性项目，其目的是为了给“国培计划”的实施提供方向性的指导和示范，为全国中小学、幼儿园教师队伍中培养一批骨干教师，为“国培计划”的实施研发提供一批优质的培训教学资源，为各省组织实施的“国培计划”项目提供有力的指导和支持。

“中西部农村骨干教师培训项目和幼儿园骨干教师培训项目”作为“示范性培训项目”的先进经验与各地教育实践相结合的培训项目，其资金来源为中央财政安排的专项资金，采用转移支付的方式对中西部省份在“国培计划”总体要求框架下的培训活动提供资金支持。“中西部农村骨干教师培训项目和幼儿园骨干教师培训项目”一方面要对中西部农村的在岗教师进行有针对性的培训，以提高农村教师的教育教学能力和教师专业水平，另一方面更要建立健全教师培训体系，以体系作保障促进教师培训制度化、完善化、专业化。

2010—2014年，中央财政共投入“国培计划”专项经费累计达64亿元，从2010年的5.5亿元增加到了2014年的21.5亿元，其中重点支持中西部地区农村教师培训费用，5年总计投入达59亿元。到2014年为止，全国已累计培训中小学、幼儿园教师730多万人次，完成了对640多万中西部农村教师的全员培训。

河北省作为中西部省份之一，自2010年至2014年，河北省共争取“国培计划”资金5.94亿元，培训教师66万人次。仅2014年就得到中央财政“国培计划”专项资金1.4亿元，培训教师169389人次，几乎占到了全省中小学及幼儿园教师总数的1/4。

在“国培计划”的带动下，截至2014年，河北省财政投入资金近1亿元，举办了骨干教师省级培训、名师培训、新教师培训、英语教师口语强化培训、农村小学薄弱学科培训等8个项目的培训，培训教师5000多万人次。这些教师作为“种子”教师，在推进素质教育的进程中发挥了示范、辐射和带动作用。

2015年安排“国培计划”—农村骨干教师培训项目经费9500万元左右，通过实施农村中小学教师置换脱产研修、骨干教师培训、薄弱学科教师集中培训等12个项目，培训中小学教师140250人；安排幼儿教师培训经费5100万元左右，通过实施幼儿园骨干教师培训、幼儿园园长培训等9个项目，培训幼儿园教师及园长40800人。

2015年，省级教师培训力度也进一步加大，安排资金2500万元，开展中学骨干教师培训、中小学教师短期集中培训、农村教师新课标培训、中小学校长培训等，培训教师 1 万人，进一步提升河北省中小学教师综合素质和专业化水平。

“国培计划”使广大农村中小学及幼儿教师的专业思想受到洗礼，专业素养得到提升，专业能力也有不同程度的提高。

三、多形式校长和教师交流

建立了义务教育阶段学校校长、教师定期交流制度。2014 年 7 月，省委组织部、省教育厅、省财政厅、省人力资源和社会保障厅、省机构编制委员会办公室共同下发《关于推进县域内义务教育学校教师校长交流工作的指导意见》，要求从 2014 年起，以校长和骨干教师交流为重点，以 6 种交流方式为依托，通过 6 项保障措施，着力推进县域内义务教育学校教师校长交流制度化、常态化，推进教师资源均衡配置，促进义务教育均衡发展。原则上校长每届任期 4 年，可以连聘连任，但在同一学校任职一般不超过两届。

2006 年初，教育部印发了《关于大力推进城镇教师支援农村教育工作的意见》，实施城乡教育对口支援的政策，包括在师资和物资上的支援，就是旨在提高农村教师素质，带动农村基础教育的发展。由此，各地根据自身具体情况，依据政策内容，开展了多种形式的城乡支教活动。

建立了“三区”（贫困地区、民族地区和革命老区）教师支教制度，鼓励和推动城镇优秀教师向农村学校流动。从 2013 年起至 2020 年，每年选派 1000 名省会城市、中心城市的优秀教师，到河北省 62 个国家确定的连片特困地区、国贫、省贫县支教；同时，从 62 个受援县每年选派 200 名年轻教师到省会城市、中心城市接受不少于三个月培训，中央和省财政按 1:1 比例给予每位支教教师每年 2 万元补助。

在《河北省乡村教师支持计划（2015—2020 年）实施办法》中，又明确提出要按照《河北省教育厅等五部门关于推进县域内义务教育学校教师校长交流工作的指导意见（试行）》要求，切实推进教师校长交流改革，到 2017 年全省全面推开实施。到 2020 年实现县域内教师校长交流的制度化、常态化。加强县域内义务教育教师的统筹管理，在试点基础上推进

“县管校聘”管理改革，为教师交流轮岗提供制度保障。[1]

各地也不断完善教师校长交流制度，通过政策倾斜，选派优秀教师送教下乡和巡回授课，选派优秀的中小学校长挂职指导，采取“结对子”“手拉手”“联片教学”等灵活的方式，完善城乡学校间教科研联动互助制度。交流人次逐步增多，覆盖范围逐步扩大。

2012 年以来，邯郸市复兴区补充 219 名教师，优先补充到薄弱学校和学科教师紧缺学校，478 名教师及校长定期在城区学校与薄弱学校之间交流、支教，占比达 33%。武安市实施“组团支教、定期交流”，四年共选派 895 名城区教师下乡支教，实施“结对帮扶”，挑选 30 所城区学校，安排教师对口帮扶 178 个教学点。邯郸县实行学科带头人巡回授课、音体美教师流动教学、骨干教师轮校代教、优秀教师交流任教和重点扶持农村薄弱学校的联动发展制度，仅 2015 年就挑选 200 余名城区优秀教师充实到基层一线学校服务教学。

秦皇岛市海港区 2012 年以来财政每年列支 850 万元专项资金，用于改善农村教师的交通和生活，有效稳定了薄弱学校教师队伍和促进教师向薄弱学校流动。迁西县实施“百校帮扶”工程，四年来统筹交流教师 370 人。香河县 702 名教师、校长参加了交流或转岗、支教活动。

石家庄市行唐县实行了定向支教和定点支教相结合的措施。定向支教是由 2 个乡和教育局直属中小学教师定向支援 4—6 个边缘贫困的山区，推动城镇教师有序的支教；定点支教是由 3—5 个学校每年派出不少于 2 名教师，定点开始对农村中小学开展不少于半年的教学工作，并且保证是对口教学。

> 2000 年以来，保定市定兴县创新采用了“波浪式支教”方式，将全县分为“县城、县郊、近村、远村”四个区域，以县城为中心，呈波浪形依区域递进支教，即县城向县郊、县郊向近村、近村向远村的方式递进支教，从而缓解教师抵触心理。同时为了鼓励教师支教积极

① 参见张建国：《河北出台乡村教师支持计划促乡村教育发展》，长城网 - 河北新闻，http：//heb. hebei. com. cn/system/2015/11/10/016319464. shtml，2015 年 11 月 10 日访问。

性，定兴县对支教教师采用了鼓励性政策，具体落实了“设立支教津贴”“职称评定优先”“职称聘任优先”“评先评模优先”“提拔任用优先”“鼓励继续支教”等多项优惠政策。为提高教师支教积极性起到了重大的作用。2000 年至 2015 年，该县总共开展了七轮支教工作，共选派 2886 名教师到农村义务教育学校支教。同时，将 2012 年选派的 179 名教师从农村义务教育学校调回原单位任教。

支教为教师的学习、工作和专业发展搭建了一个广阔的互动平台，提高了教师的竞争意识，激发了他们的主动性和创造性，促进了城乡之间、城镇之间、学校之间和教师之间的业务交流，开阔了教师的视野，丰富了教师的生活，促进了受援学校教师的专业发展、学校管理水平和教育教学质量的提高，得到了县委、县政府的充分肯定和上级的表彰。该县小学教学质量不断提高，综合排名一直居全市前列。2011 年、2012 年和 2013 年，该县被保定市教育局（保定市支教办）授予“保定市支援农村教育工作先进集体（先进单位）”。2013 年，该县被教育部授予全国农村学校艺术教育示范县，教育局被省教育厅授予河北省教育工作先进集体。2014 年，教育局被省教育厅、人社厅和总工会授予河北省教育系统先进集体。

四、教师待遇向农村倾斜

各地通过乡村教师生活补助、周转房建设、评优评先、晋升职称倾斜等措施，积极实施向农村和边远贫困地区教师倾斜政策，稳定农村教师队伍，吸引优秀教师到偏远农村任教。

建立了连片特困地区乡村教师生活补助制度。为鼓励和吸引优秀人才到边远困难地区长期从教，推动义务教育均衡发展。经省政府批准，从 2014 年 4 月开始，河北省在 22 个集中连片特殊困难县实施乡村教师生活补助政策，为所属农村义务教育阶段（含特殊教育）边远公办学校在编在岗（含特岗教师）乡、村和教学点教师发放生活补助（不包括县城所在地学校教师）。省对各县的平均补助标准为每人每月 300 元，每年按在岗 10 个工作月补助，省定补助标准由省级财政全部负担。各县根据教师工作、生活条件的艰苦程度等因素合理分档，最高补助标准达到每月 1600 元，并建立了以身份证信息为基础的生活补助信息库。2015 年省级下达专项资金 1.32 亿元，受益教师 4.42 万人。

廊坊市的三河市实行“公里补助制”，农村边远学校教师每年可享受 2400—9600 元不等的补助，惠及 42 所学校近 2000 名教师。张家口市宣化区、承德市双滦区、廊坊市大厂县、邯郸市涉县等也均由财政安排专项资金，向农村和偏远学校教师发放生活补贴和交通补贴。

《河北省乡村教师支持计划（2015—2020 年）实施办法》中，又进一步明确提出要提高乡村教师生活待遇。包括：

在实施乡镇工作补贴制度基础上，实施乡村教师生活补助制度，集中连片特困地区乡村教师落实省定补助标准，由省级财政负担。其他地区参照实施，补助标准根据本地实际确定，所需资金由同级财政负担，省级财政对连片特困地区以外的贫困县给予适当奖补。为乡村教师缴纳住房公积金和社会保险费，积极实施乡村教师帮扶计划，推进乡村教师定期体检。

推进边远艰苦地区乡村学校教师周转宿舍建设，争取中央财政支持，力争到 2020 年，再帮助 1 万名乡村教师解决周转宿舍问题；将乡村学校教师住房纳入保障性住房建设规划，由市、县（市、区）政府统筹规划，在乡（镇）政府所在地修建，并享受中央和省保障性住房优惠政策和资金补助。

同时，文件提出推进中小学职称制度改革，职称评聘向乡村学校倾斜。包括降低乡村中小学教师职称申报评审条件；提高乡村中小学校中高级职称岗位设置比例，在规定的比例上限内上浮 1—2 个百分点；试行向长期坚守乡村学校教师职称聘用倾斜政策，凡在乡村学校任教累计满 25 年且仍在乡村学校任教的，可不受岗位职数限制，直接聘用到与其现有专业资格相对应的岗位。①

---

① 参见张建国：《河北出台乡村教师支持计划促乡村教育发展》，长城网 - 河北新闻，http：//heb. hebei. com. cn/system/2015/11/10/016319464. shtml，2015 年 11 月 10 日访问。

第四节　坚持公平普惠　关爱帮扶特殊群体

一、构筑关爱体系　保障入学权利

（一）进一步完善家庭经济困难学生资助体系①

积极落实贫困学生助学金、奖学金和学生生源地贷款等多项惠民政策，由国家、省、市、县各级专项资助，政府、企业、团体、个人全方位捐助的资助体系正在全省范围内逐步形成，从制度上保障了“不让一个学生因家庭经济困难而失学”，达到了贫困学生资助政策全覆盖。

提高农村义务教育阶段家庭经济困难寄宿生的生活费补助标准。2015年下达各县中央和省级各类资助资金23.9亿元，其中补助义务教育阶段贫困寄宿生生活费3.04亿元，资助学生30万人，从根本上保障了占寄宿生总数23%的贫困寄宿生的生活和学习需求。

霸州市发放救助款2722.8万元，惠及贫困学生2.2万人次。高邑县全县乡局级以上干部每人结对帮扶一名贫困儿童，确保不让一个孩子因贫困而失学。邯郸市涉县建立了覆盖从学前到大学、从农村到城镇的特困生救助体系，实现了贫困家庭学生的全程救助，形成了贫困生持续救助机制。四年来，共筹集资金9400余万元，救助贫困学生1万多人次。

（二）加强对残疾儿童少年的特殊教育

残疾儿童少年是义务教育阶段中最为特殊的群体，为保障他们都能接受义务教育，河北省大力加强特教学校建设，逐步构建起“以特殊教育学

① 部分数据参见《国家教育督导检查组对河北省31个县（市、区）义务教育均衡发展督导检查反馈意见》，中国教育新闻网，http：//jijiao. jyb. cn/zl/201512/t20151218_ 647128. html，2015年12月18日访问。

校为骨干、随班就读和特教班为两翼、送教上门和社区服务为补充”的“轻度就近、重度集中”的特殊教育办学格局，到2011年底实现了每个县（市）都建有一所特殊教育学校的目标，残疾儿童少年入学率稳定在90%以上。

2014年6月，河北省又结合国务院《特殊教育提升计划（2014—2016年）》制定了《河北省特殊教育提升计划实施方案（2014—2016年）》，进一步明确了河北省特殊教育事业的发展目标和保障措施，通过设立特殊教育专项经费和制定新的教师编制标准等措施，力争到2016年，全省特殊教育学校办学条件得到全面改善，初步建立布局合理、学段衔接、普职融通、医教结合的特殊教育体系，做到全覆盖、零拒绝，全省基本普及残疾儿童少年义务教育，视力、听力、智力残疾儿童少年义务教育入学率力争达到95%以上，非义务教育阶段残疾人接受教育的比例明显扩大。邯郸市的武安市、廊坊市的三河市等均建设了高标准特殊教育学校，每个学生公用经费达1万元以上。

2015年1月，河北省石家庄市、唐山市丰南区被教育部确定为国家特殊教育改革实验区，两地将积极探索残疾儿童学前教育与康复训练融合和随班就读工作的改革与实践。

2015年7月全国特殊教育提升计划中期推进会之后，河北省教育厅、省残联又联合下发了《关于做好2015年未入学适龄残疾儿童少年入学工作的通知》，要求全省各地进一步核查未入学适龄残疾儿童少年基本信息，对辖区内未入学适龄残疾儿童少年实施“一人一案”，提出解决个别化受教育建议，让每一位残疾儿童少年都能接受合适的教育。

二、完善救助政策　推进教育公平

（一）认真解决进城务工人员子女义务教育问题

为保障进城务工人员子女平等接受义务教育，河北省多年来始终坚持“两为主”和“两个全部纳入”的政策。“两为主”即以流入地政府为主、以公办学校为主，“两个全部纳入”即将常住人口全部纳入区域教育发展规划、将随迁子女全部纳入财政保障范围，按照“就近入学、一视同仁”和“公办为主、民办为辅”的原则，采取定点接收、经费保障、困难资助、对口帮扶等多项措施，其中省级财政在2013—2014年共下拨4.29亿元专项资金支持各地接收进城务工人员子女，确保他们接受义务教育的权利，保障绝大多数进城务工人员随迁子女能够进入全日制公办中小学就读。石家庄市新华区进城务工人员子女占到了在校生总数的1/3以上，他们采取多种方式努力扩大城区学校的容量，基本满足了进城务工人员随迁子女的就学需求。

（二）加强对农村留守儿童的教育管理

为建立健全农村留守儿童关爱服务体系，河北省按照教育部等五部门的文件精神，各级教育部门和妇联、共青团、综治办等协调配合，把关爱留守儿童工作纳入社会管理创新体系之中，动员和统筹各类社会资源，逐步构建起学校、家庭和社会各界广泛参与的关爱网络。同时，健全动态监测机制，对留守儿童较多的农村地区学校实行经费、编制等倾斜政策。农村寄宿制学校优先满足农村留守儿童的寄宿学习需求，为农村留守儿童创设优良的教育环境。

邯郸市磁县教育部门联合妇联等部门，建立健全了教师与留守儿童帮扶制度，开展了“爱心代理妈妈”等关爱贫困留守儿童行动。故城县将留守儿童全部集中到寄宿制学校。承德市双滦区建立了留守儿童寄宿制学校，通过“亲情电话”“代理妈妈”等活动，探索出了党政统筹、学校为主、家庭尽责、社会参与、儿童为本的“五位一体”的留守儿童教育管护模式。张家口市万全县建立了“四个优先”的关爱留守儿童制度，在学习上优先辅导，生活上优先照顾，活动上优先安排，资助上优先考虑。

第五节　注重内涵发展　促进学校优质均衡

一、规范学校办学行为

为保障教育公平，多来年河北省小学、初中入学一律采取划片招生、免试入学的政策，严禁义务教育阶段学校以组织考试或变相考试的方式选拔新生，也不得以各类竞赛成绩作为录取新生的依据。

为进一步规范义务教育招生入学行为，大力促进义务教育均衡发展，2014 年初，制定下发了《河北省教育厅关于进一步做好义务教育免试就近入学工作的实施意见》，严格限定择校生的比例不超过国家规定的要求，全面取消特长生，规范办理入学手续，实行“阳光招生”。

全面推行将公办省级示范性高中公助生招生指标按比例均衡分配到各初中学校、分校录取制度，有效地缓解了“择校热”。从 2010 年至今，“名额分配生”比例已提高到省级示范性高中招生计划的 80%，其中衡水、沧州两市从 2013 年起已将这一指标提高到 100%。这项改革有效缓解了初中学校间升学过度竞争的压力，促进了初中校际间生源的相对均衡，社会反响良好。石家庄市平山县率先实行高中免学费政策，缓解了初中生升学的后顾之忧。

2015 年 4 月，河北省教育厅转发了《教育部办公厅关于做好 2015 年城市义务教育招生入学工作的通知》，并明确规定“2015 年秋季，原则上每所公办小学招收的本地户籍适龄儿童，全部由就近入学方式确定；每所初中招收的本地户籍适龄儿童、少年，90% 以上由就近入学方式确定”。出台了《河北省义务教育阶段学生学籍管理办法实施细则（试行）》，完善学籍注册制度，中小学电子学籍系统全面开通，极大地提高了教育管理服务水平。

为切实减轻中小学生课业负担，河北省按照《教育部办公厅关于开展义务教育阶段学校“减负万里行”活动的通知》要求，采取切实措施减轻义务教育阶段学生课业负担，努力规范办学行为。2013 年 6 月，省教育厅出台了《关于进一步规范义务教育阶段学校办学行为 切实减轻中小学生过重课业负担的意见》（冀教基［2013］34 号），加大对违规办学学校校长及办学主体的处罚力度，从而从制度上保障“减负”工作各项政策的落实，杜绝有令不行、有禁不止的现象。该《意见》对国家和河北省规范义务教育阶段学校办学行为的有关要求重新进行了梳理，制定了河北省规范义务教育阶段学校办学行为的“八项规定”，对违反“八项规定”的不规范办学行为提出了严厉的处罚措施，尤其要求各级教育行政部门和义务教育阶段学校要对加重学生课业负担现象坚决说“不”。该《意见》明确规定，对经查实的违规办学、加重学生课业负担的行为，各级教育行政部门要依据有关要求坚决处罚有关学校及其负责人。通过制定严厉的处罚措施，全省义务教育阶段办学更加规范，基本杜绝了义务教育阶段学校利用节假日集体补课的现象。廊坊市安次区制定并实施了量化考核的“星级学校”评估制度。唐山市滦南县实施“降、活、提”工程，从学生作息时间、作业量、教学用书管理、考试次数等方面规范办学行为，坚持课堂教学改革，提高教育质量。①

为坚决治理义务教育阶段择校乱收费，河北省出台了《关于治理义务教育阶段择校乱收费问题的通知》，结合实际提出了治理义务教育择校乱收费的八条具体措施。特别是对一些城市和热点学校表现比较突出的跨区域招生收费、通过考试方式招生收费、收取与入学挂钩的捐资助学款以及通过招收特长生方式收费等各类行为，按照远近结合、标本兼治的原则，明确了具体治理要求，全省 11 个设区市也都已印发具体实施方案。全省逐步建立完善督办机制和考核评价机制，对城市市区优质教育名校进行个别指导、跟踪监督，特别是对群众反映问题较多的地区和学校进行重点督查，确保治理工作取得明显成效。

---

① 参见《国家教育督导检查组对河北省 31 个县（市、区）义务教育均衡发展督导检查反馈意见》。

二、探索育人模式综合改革

为全面提高义务教育教学质量，以质量促均衡，河北省各地市都成立了教学改革领导小组和工作小组，制定出台了一系列政策措施，切实加强了对教学改革工作的组织领导，形成了整体推进教学改革的工作格局。各地通过丰富课程体系、改革教学方法、创新班级组织形式、开发校内外各种教育资源等方式，满足学生全面发展需要。

石家庄市稳步推进“国家中小学教育质量综合评价改革”工作。专门成立了中小学教育质量监测中心，对 1.65 万名中小学生开展了学业质量抽样监测，初步研制了评价指标体系。同时，扎实开展中国教科院区域教育协同创新项目，推进教育质量综合评价、义务教育均衡发展和区域教育信息化三项改革。①

沧州市的任丘市建立“七彩阳光，生态体验”校园德育工作模式，使学校教育活动异彩纷呈。辛集市构建了“以德育读本为载体，以课前 5 分钟德育微课堂、每日德育作业为主线”的“一体两翼”德育模式，编写印发了《德润童心》《德润青春》《身边的榜样》教育读本，以此培养学生的社会主义核心价值观。廊坊市大厂县开展了体育、艺术、科技、文化等特色教育，长期开展民族团结教育，全面培养学生的创新精神和实践能力。

衡水市桃城区滏阳小学摒弃枯燥乏味的传统说教方式，坚持寓教于乐、融教于趣、化教于心，以社会主义核心价值观为主题，广泛开展社会主义核心价值观百首童谣传唱活动。通过组织学生编童谣、评童谣、唱童谣，使核心价值观在娃娃们中间迅速扎根、发芽，取得了良好的成效，成为全国先进典型。他们先后征集童谣 6000 多首，评出优秀童谣 100 多首，整理印制成《滏阳小荷》四册，发放到孩子们手中。读着印有自己编写的童谣的图书，孩子们充满了自豪感。②

---

① 参见义来：《以改革创新提升质量内涵　我市推进基础教育均衡发展做法在全省推广》，《石家庄日报》2015 年 3 月 11 日。

② 参见胡昕：《童谣声声唱文明》，《衡水日报》2014 年 6 月 25 日。

在用好国家和地方课程资源的基础上，推进校本课程资源建设，组织信息化课程资源和专项资源建设，力争形成国家课程、地方课程、校本课程资源的相互补充，传统课程资源、信息化课程资源、专项资源相互促进的良好局面。

坚持以人为本，立足于学生全面发展，普遍进行以“高效课堂”为目标的各种形式的创新探索，提高课堂效率。大力倡导自主、合作、探究式学习，重视强化教学的实践环节，推进信息技术与课堂教学的有效整合。关注并研究课堂教学改革，实现教师教学方式和学生学习方式的转变，已经逐步成为全省广大教师的自觉行为。学生学习的时空特征和课堂形态正在发生重大变化。

各级教科研部门努力改变管理方式和工作方式，广泛采取研训结合、集体备课、网上教研等手段，积极主动地为教学改革服务。各级教研部门和中小学校努力改变研究范式，大力提倡并有效组织校本研究，构建起服务于教学改革的教科研支持体系。廊坊市小语网络教研团队，紧紧围绕教师专业化发展，以视频社区为互动交流平台，吸引了全国各地的小语教学专家、教研人员参加网络教研活动。

承德积极完善评价体系建设，要求学校必须重点考察学生的品德发展、学业水平、身心健康、兴趣特长、实践能力等方面的发展状况。

三、创建学校特色　提升文化内涵

近年来，河北省积极推动全省中小学学校文化建设，将环境文化建设作为建设重点。围绕建设“美丽校园”，结合标准化学校建设、“全面改薄”项目实施、特色化学校创建等工作，加强教室、图书及阅览室、寝室、实验室、食堂的环境文化建设。对于环境文化建设已有良好基础的学校，则进一步推进精神文化、制度文化、课程文化、活动文化等四个文化的建设，积极打造“快乐校园”。[①] 唐山市乐亭县投资2000多万元，打造书香校园、雅韵校园、生态校园、数字校园、魅力校园，努力做到“校园无闲地，处处皆育人”。邯郸市市区、石家庄市的新乐市、井陉矿区开展特色学校创建，通过改造校园环境，提升校园文化建设，形成了“一校一品一特”的办学格局。

挖掘红色文化、传统文化、地方文化、民族文化等资源，在全省范围内开展了征集“家乡文化进校园”活动的典型做法、亮点工作。搭建平台，开展“讲故事、读经典、齐背诵、做活动、树典型”“美在校园2014年感动校园人物”等系列活动，提升校园的文化品位。石家庄市正定县的古城历史文化“进校园、进课堂”，唐山市滦南县的“冀东文艺三枝花”进校园，保定市望都县的“知行合一”德育模式，保定市安国市的特色药文化等，在培养热爱家乡情感的同时，丰富了育人模式，促进了学生全面发展。在保定南市区召开“家乡文化进校园”现场推进会，聚焦在传播文化精神，落脚在德育实践，取得良好效果。

在河北省教育学会学校文化研究分会第二届学术年会上，承德市避暑山庄小学被评为河北省特色文化品牌实验学校。避暑山庄小学依托避暑山庄文化优势，挖掘避暑山庄文化底蕴，传承历史文化精髓，开创具有避暑山庄文化特色办学之路，不断深化学校发展内涵。

在学校体育工作方面，大力抓好阳光体育，落实1小时活动。在体育课程管理和健身引导上，河北省将能有效提高学生身体素质的体育项目（如长跑、跳跃等）列为必修内容，既增强学生体质，又培养了学生吃苦耐劳的精神。在大课间体育活动内容上，河北省提出了“保证时间、丰富内容、养成习惯、促进健康”的大课间体育活动工作要求，基本形成了以跑操、广播操、自编操为主要内容，集健身、健心、放松、养成于一体的大课间体育活动形式。[②] 在课外体育活动开展上，全省各地各校认真落实学

① 参见李胜利：《强内涵 提质量 促公平 扎实做好新常态下的基础教育工作——在2015年度全省基础教育工作会议上的讲话》，《河北教育（综合版）》2015年第5期。

② 参见张海涛等：《为了900万孩子的幸福——河北省加强学校体育工作纪实》，《河北教育（综合版）》2014年Z1期。

生每天一小时课外体育活动，结合教育部提出体育艺术“2+1”活动，将课外体育活动排进课程表，丰富活动内容，发展传统特色，培养学生的体育兴趣和健身能力，增强体质，增进健康。保定市竞秀区努力打造特色品牌学校，以体育特色为重点，全面强化特色办学，校校成立体育业训队、艺术社团，突显学校品牌特色，先后培养了一批知名的体育人才。石家庄市无极县开展武术教育进学校活动，丰富学生体育锻炼形式。在以上活动的基础上，河北省每年组织一次全省范围的青少年学生阳光体育冬季长跑活动，这项活动得到了省政府的高度重视，在每年的起跑仪式上，主管副省长都到场，为全省学生阳光体育冬季长跑鸣枪发令。此项活动连年受到教育部办公厅、体育总局办公厅、共青团中央办公厅和全国亿万学生阳光体育运动领导小组的表彰。

在学校美育工作方面，河北省坚持德育美育相互促进，落实立德树人根本任务。通过传承中华优秀文化艺术，培养青少年学生的核心价值观，扎实推进高雅艺术进校园活动，为基层师生送上艺术享受。坚持普及为本、教学为重，努力推进学校艺术教育教学。通过发挥高校优势，为中小学校艺术教育工作服务；关注课程教学，推动学校艺术教育均衡发展；突出特色项目，带动城区学校特色艺术教育；关注农村中小学校，鼓励制度创新和特色艺术教育发展；采用多种形式，推动学校艺术教师的业务提高。邯郸涉县被教育部确定为“全国农村学校艺术教育试验县”。

第三章　现实问题与主要困境

第一节　学校布局结构不适应城乡一体化发展步伐

近几年，各级政府加大了农村教育投入力度，实施了一大批旨在改善农村办学条件的重点工程，农村学校硬件设施配置水平很大程度上得到提高。但与此同时，城市教育在增加资金投入方面则相对缓慢。而现阶段随着我国城镇化步伐加快，大量农业人口涌入城市，形成了非常大的教育需求，这就形成了一对矛盾。一方面大力加大农村教育资金投入，农村学生却在减少，农村学校小微化趋势明显；另一方面城市教育发展相对缓慢，城市学生却在增加，结果造成了有些地方的农村学生在人均硬件设施的占有上，远远高出了城市学生，城镇教育出现了大校额、大班额、资源不足、“择校热”等问题。

截至2015年，河北省全省共有小学12126所，其中城区1352所、镇区3406所、乡村7368所，分别占总数的11.1%、28.1%和60.8%，大部分小学在农村，共有小学教学点6597个，其中城区110个、镇区768个、乡村5719个，分别占教学点总数的1.7%、11.6%和86.7%，绝大部分教学点在农村。

全省共有初中2606所（含初中1906所、九年一贯制学校472所、完全中学196所、十二年一贯制学校32所），其中城区292所、镇区1250所、乡村844所，分别占总数的11.2%、48.0%和32.4%，镇区初中所占比例最高。

河北省现有小学教学班155900个，其中30人以下的班50508个，31—45人的班57902个，46人以上的大额班47490个，[①] 分别占小学教学班总数的32.4%、37.1%和30.5%，基本上各占1/3，班额规模差距很大，分化趋势明显。

现有初中教学班45030个，其中46—55人的大额班17145个，占38.1%；56—65人的超大班9563个，占21.2%；66人及以上的特大班5796个，占12.9%。大额班总计32504个，占初中教学班总数的72.2%。初中学校大班额现象非常突出。

一、农村建制校空心化小微化　资源浪费严重

2015年河北省共有乡村小学7368所，开设教学班77445个。在所有教学班中，25人以下的有25267个，26—30人的11840个，分别占教学班总数的32.6%和15.3%。除此以外还有601个复式教学班，其中25人以下复式班580个，26—30人的复式班17个。规模30人以下的教学班（含复式班）总数为37708个，占乡村小学教学班总数的48.7%，呈现出严重的小班化、微型化趋势。

近年来，农村学校入学儿童逐年减少，学校规模越来越小，小学小班额现象随处可见，有的班级只有2—3人。据2015年统计，河北省有乡村教学点5719个。这些教学点规模小，布点散，点均教师4.14名，有的只有1人，大部分为农村幼儿园附设小学教学点。F市L县B镇学区有16个行政村的17个教学点，由学区中心小学统一管理。我们调查了其中6个教学点，这6个教学点共有教师9人，学生68人，师生比约为1:7，全部是幼儿园附设小学教学点。其中有4个点是“一师一校”，平均不到8名学生。

受农村适龄儿童人数的快速减少等因素的影响，有些刚刚完成标准化

① 大班额是指班级人数超过国家标准人数45人的班级规模。教育部2002年明确规定：中小学采用班级授课制，小学班额为40—45人，一般来说，小学班级人数46—55人为大班额，56—65人为超大班额，超过66人即为特大班额。

建设的学校近乎空校，空心化（微型化）趋势严重，造成了教育资源的巨大浪费。还有些农村被撤并的学校所闲置下来的校址又因产权不明而造成了教育资源的流失。F 市 L 县 Z 镇的某农村小学，学校本可以容纳 150 余人，但近几年农村人口大幅度减少，突然间没有了生源，目前只有 20 多个学生，因此学校被闲置，该学校将闲置出来的教室用作了村委会办公室。调研中发现有的村干脆任由学校荒废直至校园内长满了野草。

随着农村学生总量不断减少，有限的教师不得不身兼数职，成为万能教师，以保证开齐开足国家规定课程。教学点上不少学校校舍简陋，配套设施不完善，仪器设备老化，图书陈旧，没有达到标准化要求。

一些地方农村学生上学难、上学远，大量留守儿童的心理健康问题等，都值得引起高度关注。如不采取有效措施认真解决上述问题，会进一步拉大农村学校与发达地区、城市学校的距离。

都市里的乡村成为死角。一些城市边缘的农村学校成为投资死角，特别是“城中村”和市直接管辖的乡镇的学校，出现“灯下黑”现象，发展滞后。一方面，从本质上说，地理位置、周边环境属于农村学校，没有城市学校的优势资源，而另一方面，从行政区划看，又属于城市学校，无法享受到农村教育倾斜性政策。以 F 市某市区直属管辖乡下 × × 村小学为例，其教学楼已经为危房，但由于从行政区划上属于市区直属管辖小学，无法直接申报农村基础教育危房改造专项资金，而所在村又无力支付高额的危房改造费用，形成了一个“三不管”的尴尬局面。

二、城镇学校班容量严重超标　大班额现象明显

城区出现了“三超”，即学校超设计规模招生、超大班额容量、超长距离布局。全省县城以上主城区内，从小学到初中，普遍面临学生严重超员问题，大校额、大班额现象司空见惯。

对河北省 19 个县市地区 2014 年基础教育均衡发展调查显示，这 19 个县市地区城镇小学 46 人以上的班级达 48%，在地级市城区达 62%，有的小学班级规模在 80 人以上。由此可见，小学教育阶段大班额问题显著。从

学校分布来看，大班额问题突出的是城市、城镇地区的优质小学和乡镇中心校。

从全省的总体分布来看，这种现象也非常明显。

河北省教育厅 2015 年统计，全省城区小学共有 25472 个教学班，其中 46—55 人的大额班 11327 个、56—65 人的超大班 5922 个和 66 人及以上的特大班 4842 个，分别占 44.5%、23.2% 和 19.0%。大额班以上的班总共 15992 个，占全部城区小学教学班总数的 62.8%。

全省镇区小学 52963 个班，其中 46—55 人的大额班 11327 个、56—65 人的超大班 5922 个和 66 人及以上的特大班 4842 个，分别占总数的 21.4%、11.2% 和 9.1%。大额班以上的班总计 22091 个，占镇区小学教学班总数的 41.7%。

全省城区初中教学班总数 11849 个，其中 46—55 人的大额班 4197 个，56—65 人的超大班 2904 个和 66 人及以上的超大班 1915 个，分别占总数的 35.4%、24.5% 和 16%。大额班以上的班总计 9016 个，占全省城区初中教学班总数的 76.1%。

全省镇区初中教学班总数 24358 个，其中 46—55 人的大额班 9686 个、56—65 人的超大班 5508 个和 66 人及以上的超大班 3486 个，分别占总数的 39.7%、22.6% 和 14.3%。大额班以上的班总计 18680 个，占全省镇区初中教学班总数的 76.7%。

全省乡村初中教学班总数 8823 个，其中 46—55 人的大额班 3261 个、56—65 人的超大班 1151 个和 66 人及以上的超大班 395 个，分别占总数的 37.0%、13.0%、4.5%。大额班以上的班总计 4807 个，占全省乡村初中教学班总数的 54.5%。

由此可见，全省城市、城镇小学呈现出非常严重的大班额现象。全省范围内，无论是城市、城镇，还是乡村，初中学校整体上大班额问题更加突出。

以 F 市 L 县为例，该县第一小学现有 27 个教学班，学生 2295 人，平均每班 85 人。该县二中是一所初中学校，每班 80 人左右，有些班级甚至超过 100 人，远远地超出了标准。

大班额问题加重了教师的工作负担，且使得多种教学方式难以展开，影响了一般学生的受关注度和学习效果，更重要的是给学生的安全和健康带来了极大的隐患。

教室作为学生完成各种学习任务和发展任务的重要场所，班级规模大，在教室面积又有限的情况下，必然会限制学生在教室内的正常活动。河北省19个县市地区2014年基础教育均衡发展调查显示，农村小学生均校舍面积为9.63平方米，城镇小学生均校舍面积为4.61平方米，而国家规定的小学生均校舍面积为8平方米，城镇小学生均校舍面积远低于国家标准。从了解到的J市某小学的情况来看，一个标准化的教室内却有将近80名学生在上课，课桌摆放十分紧密，学生出入座位十分困难，严重影响到了正常的活动。一旦发生突发性事件，学生的安全撤离都是问题，这已经严重威胁到了学生的安全和健康。同时在教室空间拥挤，透气性差的情况下，教室内空气质量差，学生的健康也受到影响。

三、寄宿制学校问题突出

寄宿制学校是由布局分散、生源较少的农村小学或教学点发展而来的，在当前的农村小学中已成为主体。随着小学生寄宿比例的增多和农村留守儿童数量的不断增长，政府将部分农村小学或教学点撤并之后实行集中办学，这在很大程度上对于办学条件的改善和教育质量的提高能起积极的推动作用，不仅使学生的课余生活更加丰富，也使学生的综合素质有了显著提高。但是一味地追求规模办学的做法却又使寄宿制学校的发展面临着诸多问题。

第一，校舍和食品安全问题最为普遍。当前阶段的寄宿制学校大部分是在原有学校的基础上进行扩建而来，由于当时建校局限、经费短缺和住宿人数的增多，很多的宿舍设计存在着不合理的现象，不安全因素较多。同时由于农村地区经济条件的限制，寄宿制学校的食堂存在着操作间简陋、就餐环境较差、菜品单一等程度不同的问题，对于住宿学生的身体健康极其不利。此外，很多寄宿学生从家里到学校有很长一段的距离，不仅加大了学生家庭的经济负担，学生上下学路途中的安全问题以及长期脱离家庭环境所缺乏的情感依赖也对寄宿制学校的管理提出了严峻的考验。

第二，寄宿制学校由于自身条件的限制，很多都缺乏相应的教学配套资源和教育经费，不少学校甚至没有专门的阅览室和实验室，课程设置单一，学生的业余生活单调乏味，对学生的学业成就提出了严峻考验。

第三，寄宿制学校对教职工人员的要求相对较高，由于管理理念和体制等方面的混乱，很多学校现行的管理体制和学校的发展计划相冲突，很多校长未经过培训便上岗，缺乏先进理念的指导；很多地区由于人员的紧张，教师在担任任课教师的同时还要兼任生活老师；很多学校的生活老师素质偏低，管理混乱，也无法发挥出生活管理的育人功能。这些问题都对农村地区寄宿制学校甚至整个农村地区教育质量的提高与均衡发展提出了挑战。①

J 市 A 县 C 镇寄宿制小学现阶段有学生 244 人。调查中发现，由于学生人数相对较多，学校对于学生安全与卫生方面的管理存在着巨大隐患。学生宿舍内部有些电源插头裸露在外，学校没有及时进行修理，很容易发生学生触电的情况。学生宿舍的房屋质量不太理想，房间的通风效果较差，如果发生火灾，将造成无法挽回的严重损失。还有些男生宿舍气味十分难闻，由于学校宿舍管理的疏忽，卫生方面也存在着脏乱差的情况。

通过对 J 市某寄宿制小学教师的访谈了解到，由于农村中小学校布局结构的调整，很多教师不得不从离家很远的地方来上班，每周末回家一次，回家时间最长的教师需要一个半小时，学校教师长期脱离家庭生活，造成了很严重的家庭矛盾。L 姓教师表示，自己已经 50 多岁了，由于离家较远不可能每天在家里与学校之间奔波，所以选择住在学校宿舍。但是自从自己住校以来，时时刻刻担心自己老伴的身体，由于儿女都不在身边，她十分担忧家里有些意外情况自己无法处理。更何况自己还有年迈的父母健在，无法时时在父母身边也成为她日常工作中的一大顾虑。而 M 姓教师则表

① 参见 21 世纪教育研究院：《农村教育向何处去——对农村撤点并校政策的评价和反思》，北京理工大学出版社 2013 年版，第 47—52 页。

示，自己家里离学校也较远，自己也选择一周回家一次，但是自己的孩子还很年幼，长时间见不到孩子对于一位年轻母亲是一种很大的煎熬，孩子生病自己都不能及时在身边照顾，这对于她的日常工作也提出了很大挑战。其他一些中年教师也面临着很多类似问题，其中个别教师甚至因此还萌生出辞职的念头。

四、办学主体单一 民办教育占比过低

毫无疑义，普及义务教育和促进义务教育均衡发展的责任主体是各级政府，而促进义务教育乃至整个城乡基础教育均衡发展，应是政府为主、政府主导、社会力量参与的共同事业。随着市场经济主体的多元化和民营经济的快速发展，社会力量、民间资本进入公共服务领域的门槛在不断降低。

但是河北省允许民间资本进入城乡义务教育均衡发展的大门并未完全敞开，缺乏明晰的系统设计，鼓励政策不配套，支持力度不大，在用地、贷款、税收、招生、职称、社保等诸多方面，不能与公办学校一视同仁，不能享受公办学校的同等待遇，特别是对举办民办基础教育，还有颇多限制。

社会上对于民办教育也存在诸多偏见。有些人认为民办教育的目的就是为了赚钱，没有从根本上把民办教育看作是社会主义教育的重要组成部分，没有把办好民办教育当作政府的事业去办。甚至有些政府机关工作人员将民办教育打入另册，利用有些政策的漏洞，与自己直接管理的公办学校一起，采取不正当的竞争方式，对民办学校进行限制和打压。

目前民办教育在全省教育总量中的比重过低，力量微薄。全省共有义务教育学校 14919 所，经教育行政部门审批的义务教育阶段民办学校只有 642 所，占义务教育学校总量的 4. 3% 。民间资本对促进教育均衡、公平发展的积极作用没有充分发挥。

第二节　城乡学校办学条件不均衡软硬件建设不同步

一、城乡学校办学条件差异明显

近几年，各地加大了学校标准化建设，加大了向农村地区的倾斜力度，在办学硬件条件方面，城乡差距有所减小，但农村地区未达标学校依然很多。应该说，学校基本条件达标水平偏低，越来越多的县出现越来越多不达标学校，学校基础建设、设施配备的比较薄弱。总体上来看，农村学校教育教学配套设施、生活服务设施建设还不完善，主要是缺乏多媒体教室、实验室、食堂、餐厅、浴室等，难以满足正常教学和学生日常生活需要，仍需要各级财政保证必要的建设投入。

以河北省J市为例，虽然近年来不断出台相关政策法规，在农村小学的基础设施建设方面的投入力度和重视程度显著增加并取得了明显成效。但由于城乡之间长久以来形成的巨大不平衡，使得目前全市范围内农村地区小学的基础设施建设与城镇基础设施建设之间的差距仍然存在且十分明显。

2013—2014 学年J市范围内共有小学 1314 所，其中城镇地区小学共 417 所，农村地区小学共 897 所。其中城镇地区学校固定资产总值为 12.7 亿元，其中教学仪器设备资产值为 1.29 亿元，占全部固定资产总值的 10.17%；农村地区固定资产总值为 14.8 亿元，其中教学仪器设备资产值 1.17 亿元，占全部固定资产总值的 7.9%。城乡地区小学校均固定资产总值分别为 287.8 万元和 165.0 万元，即便是考虑到城乡学校办学规模上存在的差异，其办学条件上的差异也是非常明显的。

城镇地区小学图书总数为 504.4 万册，平均每所城镇小学拥有图书 1.21 万册，农村地区平均每所小学拥有图书 0.61 万册，相对来说，城镇地区小学拥有图书册数将近农村地区小学的两倍。

在学校教室数量上，城镇地区共有8230间教室，其中多媒体教室占全体教室总数的28%，农村地区拥有教室13399间，其中多媒体教室数量为1010间，仅占全体教室数量的7.5%，城镇地区多媒体教室所占比例是农村地区的3.7倍。

城镇地区体育运动场面积达标的小学共有220所，占城镇地区全部小学的52.76%，而农村地区达标小学为389所，仅占897所农村小学的43.37%；在体育器材配备达标的学校中，城镇地区的达标学校为228所，达标率为54.68%，而同一时期农村小学的体育器材达标率仅为35%。

在音乐器材配备达标学校中，农村小学的达标率比城镇地区低了19.48个百分点，为34%；在美术配备达标学校和数学自然实验仪器达标学校中，城镇地区的达标小学分别为220所和242所，各占城镇地区全部417所小学的52.76%和58.03%，而农村地区小学在这两项上达标的学校仅分别占农村地区全部897所小学的34.34%和39.58%。

在计算机的配备方面，城镇地区平均每所小学拥有41.32台计算机，其中教学用计算机为33.44台，而农村地区平均每所小学拥有计算机21.44台，其中教学用计算机为18.57台，与城镇地区相比仍然存在较大差距。在不断加强中小学校信息化教育的今天，J市全市范围内建有校园网的学校共230所，其中城镇地区有小学112所，而在广大农村地区仅有118所，所占比例仅为农村全部小学的13.14%。由此可见，在全市改善学校办学条件，加强学校基础设施建设以及推进学校信息化建设的过程中，农村地区的学校发展水平以及信息化建设水平与城镇地区相比还存在着巨大差异，尤其是农村小学的信息化建设水平还有很长的路要走。

在校园卫生建设方面，J市范围内的小学均面临着重大的挑战。但是相对于农村地区来说，城镇地区的小学校园卫生建设依旧相对较好，在校医院、学校校医和保健人员配备方面依然高于农村地区。在农村小学中，有校医院或卫生室的小学数量为129所，而有专职校医和专职保健人员的学校仅分别为34所和37所，在所有农村小学中所占的比例还不足5%，仅分别为3.79%和4.12%。

除此之外，很多农村小学实验室用房十分紧张，实验室与其他教室合用，在很大程度上也无法满足教师上课需求。同时，有些学校教学设备不配套，存在一种教学设备较多而另一种教学设备严重紧缺的情况。

值得注意的是，近几年农村学校办学条件的不断改善，却掩盖了一种更大的不公平，且差异越来越大，那就是农村中心小学与分散在各个村庄的教学点之间的不公平。当前，在推进城乡一体化办学的过程中，最受关注的一般都是区域内农村学校和城市、城镇学校之间不平衡，而中心学校与教学点之间存在的落差反而不为人知。实际上，当前在农村教育各种资源都不丰富的情况下，农村中心小学是最大的受益者，优势资源相对集中，教育部门也为其提供了足够的便利。教学点在这种情况下显得可有可无，基本上处于自生自灭的状态，根本无法与中心校的条件对比，办学条件极端落后，师资力量也非常薄弱，中心校和教学点的差距正在越拉越大，农村学校均衡发展的要求和现实之间是充满着矛盾的。[①]

以河北省F市L县为例，B镇学区6个被调查的教学点，都没有多功能教室和体育器材室，只有2个点有图书室，1个点有操场但无跑道；都没有少先队部或活动室。全部未达到2008年《农村普通中小学校建设标准》的要求。6个教学点共有8台电视机、两台DVD、两台电脑、一台投影仪，都没有条件连接互联网；没有任何可以使用的实验器材配备，仅有的一些设备都是近几年上级配发的，但是有些设备发下来的时候就是坏的，根本不能用，只能充当“门面”。6个教学点都没有食堂，每天中午由教师义务为学生做午饭，上级按3元/生/天的标准为学生发放生活补贴。现有图书大部分来自捐赠，少量由上级配发。很多图书破损严重，且内容过时，与现行课程不符，基本没人翻阅。

同时被调查的Z镇的部分农村小学情况也大致相同。教学设备、仪器非常少，更没有计算机、图书馆、实验室等。可以说相当一部分

① 参见陆斌：《农村教学点办学条件的问题与对策研究》，西北师范大学教育学院2013年硕士学位论文。

只有一些桌椅板凳和一些必不可少的教育工具。一些农村的小学特别是边远山区学校中基本上没有体育活动场地，课间学生们只能在比较狭窄的小院子里进行简单的活动。学校仍然使用土炉子来取暖，有时候生炉子使得教室里乌烟瘴气，而且教室的保暖性差，冬天还是比较冷的。

然而该镇中心学校的基础设施则基本实现了标准化配置。该镇中心小学近几年新建了几排教室，教室宽敞明亮，配备了新的桌椅，每间教室都配备着多媒体设备和丰富的教学专用用具，一到六年级，全部实施标准化现代化教学。学校新建了一个很大的食堂，食堂的饭菜还是相对丰富的，学校不仅有了食堂，学生们不用在寒冷天气中端着饭出去了，而且还在食堂的一端搭建了一个很大的舞台，这个地方也成为全校师生联谊汇演的舞台。食堂一地两用，承担起了全校的文艺重任。新建的宿舍楼非常漂亮，装修得也很好。暑假调研中我们参观了教师的宿舍，教师们也从原来的小办公室搬进了宿舍楼，一般两个老师住一个房间，房间宽敞明亮，有一张很大的双人床，还有比较大的空间来放置一些家具，有一个很宽敞的窗户，阳光照进来，显得格外明亮舒服，宿舍还有独立卫生间，每天可以洗热水澡。这里的图书馆也扩建了一些，把旁边的一个教室也扩建了进来，变得更大了，藏书也很丰富了。学校配备有专门的舞蹈教室、音乐教室，教室里面也有先进的教学设备，音乐墙、钢琴、电子琴、把杆、音响等都有。这里的计算机教室也进行了改造，投入更多的计算机，不再是三人一台，基本上可以达到每节课每人一台的标准，而且每周都会进行正常的计算机授课，有专门的计算机教师。取暖设施也已经改造成了暖气片，学生们再也不用担心煤气中毒或者因生炉火而弄得教室乌烟瘴气了。

走进县城，这里从幼儿园、小学到初中，教学基础设施则是非常完善的，家长、社会人士的满意度也是最高的。县城内有三所初中学校，分别是××中、××中和二中。其中前两所是私立学校，招收一些成绩优异的学生，当然学费也比较多。二中是公立学校，实施的是划片招生，教学设备配套，教学理念先进，是该县的优秀初中。县内的小学比较多，最优秀的是一小、二小，是公立学校，办学条件优越，生源很多，大家都比较喜欢和热衷这两所学校。因此在今年将一小搬进了滨湖新区，一个很大的新的校区。[①]

二、教学仪器设备和技术装备利用率不足

现在我国的县域城乡义务教育一体化发展成就最大的依旧是对于农村薄弱学校的硬件设施的建设，在硬件设施的建设上已经取得了相当大的成果，为农村教育信息化提供了有力的保证。

但是，承认硬件设施建设成绩的同时，我国也应当清楚地认识到仅仅单纯地加强硬件设施建设效果不尽如人意，甚至可以这样说，我们在大力发展农村学校硬件设施建设的结果是花大力气建设了一批薄弱学校。这一批学校花费了大量的人力物力财力，但是其教育教学效果是非常有限的，甚至其日常教育教学工作的开展都存在着十分严重的问题。这种问题的存在究其根本原因在于目前我国农村教育发展中硬件、软件发展失衡。大量的资金投入硬件设施建设，而软件建设十分乏力。

设施设备利用率低，浪费现象严重。各学校新配置的标准化的教学仪器设备和技术装备，利用率普遍不足，农村学校更为突出。大量教学场地、仪器设备闲置，看不出有使用过的痕迹，有的甚至还没有打开包装。图书资料摆放整齐，散发着浓浓墨香，很明显，平时无人问津，只是有领导视察的时候，临时组织学生摆摆样子，围坐阅览而已。信息技术装备偶有运用，但显得很初级，未能充分发挥效用，有时甚至仅仅成为应付检查的摆设或表演。主要原因是不适用、不会用。师资和管理不匹配。

以J市某县为例，该县范围内共有农村小学15所。这15所小学普遍存在着学校硬件设施管理粗放的现象，几所学校的多种配套教学仪器的管理和学校相关学杂事务的管理均由一人完成，管理员日常工作琐碎繁杂，

① 节选自河北大学管理学院2015级本科生刘路路等2016年11月的调查报告《供给侧视角下河北省县域城乡义务教育一体化研究——基于河北省三县的调查》。

甚至个别学校老师一人身兼数职，很少有闲暇时间对各种教学设备进行精心呵护，造成很多教学设备和实验仪器严重老化。而且由于部分学校个别领导及教师意识的淡薄，学校根本不重视实验教学的开展。该县部分地区农村小学虽然建有图书室与阅览室，但是使用频率相对较低，某小学甚至出现所存图书发霉的现象。

通过对学生的访谈了解到，有的学生小学六年仅去过几次图书室，部分低年级学生甚至不知道学校还有图书室的存在。与此同时，多数学校图书室内图书陈旧，图书种类与期刊种类较少，即使公开向学生及教师开放，图书内容也完全不能满足学生及教师的日常需求，学校图书室的设立存在明显的作秀色彩。在计算机教室等多媒体教室的设置方面，虽然大部分学校都设有微机室，但是仅有少数学校的计算机实现了上网功能，很多学校仅在领导办公室配备电脑上网，有 80% 的学校仅在五六年级教室内配备多媒体设备。

在调查中，某小学教师透露，学校虽然设有实验室和器材室，但是日常对教师教学工作的考核根本不会涉及实验室的管理和实验教学方面，所以自己和学校其他很多老师一样，根本无法熟练使用教学仪器，使用教学仪器给学生上课更是不可能的情况。

第三节　教师队伍数量不足　结构失衡　质量不高

一、教师编制总量不足

教师编制问题是推进教育均衡发展过程中最突出的问题。目前河北省执行的教师编制为 2006 年核定。十年来，教育规模明显扩大，高中阶段教育和学前三年教育的普及，音体美、外语、计算机等课程的开设，寄宿制学校的学生生活管理，教学仪器设备和教育技术装备的管理维护等，直接导致教师需求量的增加，原有编制远远不能满足当前教育发展的需要。同时，农村学校及教学点办学规模小但教学任务不减，现行简单按照师生比配置的教师编制，不符合实际情况，不能满足农村学校的办学需求。再加上行政、教辅、宿管等岗位挤占编制，造成教师普遍缺乏，农村地区尤其严重。

很多学校缺乏专职生活教师、实验教师和图书、仪器、设备的管理维护人员，只能由班主任和科任教师兼任或轮流值班，一方面造成教师超负荷工作，进一步加剧了师资不足的矛盾。另一方面造成工作效率低下，甚至大量设备闲置。

在对河北省J市全市范围内的农村小学教师的调查统计中发现，大部分地区的小学老师身兼数职，不仅需要教授语文或数学等主要学科，还要同时兼任学校的一门副科教师或生活老师等。在个别小学或教学点，甚至还大量出现了教师全包现象，即一个教师包班教全部学科。如X小学共六个教学班，但教师加校长才8个人。他们为保证开全开足国家规定课程，教师多学科教学十分普遍。

某农村小学英语教师，每周要教五、六两个年级六个班的英语课，每个班一周四节，一共是24节英语课，其次还要教一、二两个年级五个班的体育课，每个班一周两节，一共是10节，她每周只算必须要上的课程就有34节，其中还不包括有些老师临时请假需要她代班的课程。这样再包括她每次上课所需的备课时间和课后批改作业所需时间，算下来她每周的工作量十分沉重，整天处于忙碌状态，甚至对她自身家庭生活都造成很大影响。

专职生活管理员配备明显不足。如石家庄市人民政府办公厅印发的《石家庄市教育扶贫工程实施意见》（石政办发［2014］15号）规定："专职生活管理员配备标准为师生比小学1:80、初中1:160。"经测算，山区教育扶贫工程82所项目学校共需配备专职生活管理员331名（小学239名、初中92名），实际配备专职生活管理员61名（小学41名、初中20名）、缺口为270人，目前均由项目学校任课教师兼职生活管理员，很大程度上增加了教师的负担，影响了正常的教育教学活动，同时由于任课教师对学生的生活起居照顾并不专业，还存在一些安全隐患。

二、教师结构比例失衡

首先表现在区域结构上，农村教师数量不足，在编不在岗的挂编现象突出，而城镇学校大班额现象造成生师比过大，教师负担过重。

其次表现在学科结构上，音体美、外语、计算机教师奇缺，大部分由其他学科教师兼任。

目前，农村地区的小学教师主要配备在语文和数学这两门主要学科上，外语教师的配备相对短缺，而对于体育、科学、美术、音乐和劳动技术等学科上的教师配备则严重不足。且在实际教学活动中，农村地区的小学还普遍存在着“全能”教师的现象。A 市实施农村教育扶贫工程的六个县中，有五个县的项目学校共缺少 287 名专任教师，其中音体美教师缺少 125 名，导致部分国家规定课程不能开全，非音体美专业老师教专业课现象普遍，一个教师身兼多个学科教学任务的情况非常普遍，在实际教学中往往显得力不从心，导致学生艺体素养整体较低，制约了学生的全面健康发展。

以 F 市某郊区为例，其辖区的五个乡小学共有音乐教师 2 人、美术教师 3 人，无体育教师。由于编制紧缺，为满足考试科目开齐开足，小三科（音乐、体育、美术）教师被迫转教考试科目。据对 A 市某半山区县农村中小学教师的调查发现，该县的农村教师大部分都是全能型的人才，每位教师几乎都是身兼多门科目。该县农村中小学教师每周上课的课时数大都在 20 节以上，专业课教师少之又少，特别是英语、音乐以及信息技术等方面的专业教师。

笔者所带研究生的一位同学为该县一所小学的特岗教师，当时报考并被录取为小学语文教师，但是在谈论起自己现在工作时说道：

> 我们这里特别缺少专业化的教师，我考的是小学语文教师，除了数学和地理以外，其他的课都是我上，甚至让我上音乐课。我是五音不全的人，每次上这音乐课的时候我特别有一种犯罪感，什么都不会我教学生什么啊？体育课是最好应付的，操场就一点儿，除了两根单

杠什么也没有，只要把学生带出来看着他们不打架，其他的，他们爱怎么玩怎么玩。这节课是学生们最喜欢的课了。但当学校就要期中期末考试的时候，这节课连带音乐课是取消的。可怜的孩子们只能每天面对课本，稀里糊涂地背诵，要不就是做那些永远都做不完的练习册。

再次是年龄结构失衡，大龄化现象严重，受思想观念和身体健康等因素的影响，难以胜任教学需求。总体情况是50岁以上教师比例明显偏高，30岁以下教师出现断档。近些年，农村教育中有相当一部分小学教师是由于初中学校布局结构调整而由初中教师转岗而来的，这些教师大部分专业素质相对较低且年龄偏大，因此上形成了“哥哥姐姐教高中，[①] 叔叔阿姨教初中，爷爷奶奶教小学”情况。有的市、县45岁以上的教师占比达到50%—60%。特别是教学点上教师一般年龄更加偏大，在被调查的B镇学区的17所教学点中，41—50岁和50岁以上的教师占全部教师的比例分别为35.19%和40.74%，总计达到了将近76%。其中4所“一师一校”的教学点，全部都是45岁以上且在此教学点工作多年的大龄教师。

J市全市范围内农村地区小学教师的年龄主要都在45岁以上或30岁以下，教师年龄断层现象非常严重。在所有的被调查的160名农村小学教师中，年龄在45岁以下的教师虽然占大多数，但是年龄超过45岁的教师所占比例也近43.13%，其中还有21名55岁以上的老教师，占了总比例的13%。有的区县，教师整体平均年龄达到了44.2岁，后备力量出现严重断层。

而在所有45岁以上的老教师中，也普遍存在着学历及职称较低的情况。这些教师整体上自我进修学习的能力较差，更无法通过计算机等手段自行学习先进教学方法和教学内容，对学生的教育一味采取填鸭式教学法，老师至上的思想有些根深蒂固。同时，这些老教师自身的科研能力都普遍较差，50%以上的教师是迫于评职称的需要“被逼迫”才进行教研活动，80%以上的教师认为教师的职责就是简单地传授知识，并未意识到素质教

① 近些年，各地大力普及高中阶段教育，高中阶段学校补充了不少新毕业的大学生，故有了“哥哥姐姐教高中”的说法。

育的真正含义。一位老师在接受访谈时提到，如果不是职称评比需要，她基本上不会花时间再进行自我学习，生活与学校日常的工作压力已经使她每天都在团团转。

在J市全市范围内来看，农村地区很大一批有能力的中青年骨干教师都被城镇地区学校挖走或自行离开，教师流失现象十分严重。而年龄在30岁以下的教师，主要是政府或教育部门通过“特岗教师”或“三支一扶”等相关政策招聘而来，这些教师虽然学历相对较高，但主要群体是刚刚从学校毕业的本专科毕业生，自身教学经验不足，且由于年轻人不稳定的自身特性，都对农村地区小学办学条件的改善造成一定的困境。

最后是农村教师职称晋升困难。J市某乡160名小学教师中，拥有高级职称的教师仅4人，占所有教师总数的2.5%，其余有51.25%的教师为中级职称，但是这51.25%的教师中又有84.15%的教师仅为小高级别。在拥有初级职称的67名教师中，有85.07%的教师仅为小二级别。由此看来，农村地区小学教师的职称水平与城镇教师相比还存在很大差距，对于农村小学办学条件的整体改善仍提出着严峻考验。

乡村教师的职称评定面临着很大的压力，高级教师职称的评定指标较少，而且规定的硬性条件也很多，工作十年以上的教师只能评上中教二级职称，而且在学校中评职称还存在“论资排辈”“找关系、走后门”的现象，因此，广大教师对于中学高级教师的职称只能是望洋兴叹了。如J市某乡镇中学现有初中教师223名，其中，10.7%的教师具有高级职称。这些具有高级职称的教师平均年龄是40岁，教龄大多在15年以上，但在学校中不担任主干课程和班主任，他们是学校里最清闲的人。54.1%的教师是中级职称，这些教师是学校骨干教师，他们在教学过程中发挥着重要的作用。33%的教师是初级职称，这些教师是工作两年以上的年轻教师，他们是学校未来发展的希望，是学校应该重点培养的教师。2.2%的教师没有职称，他们是刚走上工作岗位的大学生。

三、编制管理缺乏弹性和动态性

教师编制由省编办统一核定，下达到具体的法人单位（学校），且十年未做过较大的调整，而且，市、县编制管理部门不能统一调整使用。不少农村学校，教师编制充裕，但占用该编制的教师早已到县城学校任教。这些教师的年度考核和职称评聘还要回到原来编制所在学校，而原学校不了解他们的教育教学实际情况，只能在考核时弄虚作假。同时，由于各学校职称晋升指标过少，要留给在本校工作的教师使用，所以这些教师基本上没有职称晋升的机会。

同时，教师编制管理缺乏规范，一方面，近十年教师自然减员后空留下来的编制得不到及时补充。另一方面，部分县区教师在编不在岗现象严重。由于政府机关、教育行政部门及其下属事业单位借调、学校内部行政后勤管理服务、年老体弱在家休养或调整岗位及其他各种原因，有相当数量的教师编制被非教学人员占用，造成整体超编但一线缺编的不正常现象。

F市某区10年来退休800余名教师，仅于2005年进50余名教师，现阶段编制只减不增，教师队伍结构性问题严重。2014年该区教师队伍平均年龄44.2岁，45岁以下教师少。该区共2174个教师编制，学生4.3万余名，师生比太低。在这2174个在编教师中，基本不上课或仅仅少量兼课的学校各级管理干部有300余人、抽调到局机关或被其他行政机关借调的有100余人，再加上在编不在岗的“吃空饷”人员和各种原因无法参加正常工作人员，实际上真正在一线从事正常教育教学工作的教师也就是3/4。

这种情况在其他各地也都程度不同地存在。A市某开发区小学，1—4年级共4个班，正式教师10名，其中学校和中层干部就有4人，基本不任课或担任德育、安全、心理等课程，剩下6名教师承担四个班级的几乎所有课程。

A市某半山区县还有历史遗留下来根本不可能从事教学工作的200多个工人占用教师编制。而在编教师中，又有相当一部分不在岗，造成严重的隐性缺编。一些教师由于年龄偏大，不愿继续在一线教学，还有一些在编教师不愿意待在农村中小学教书，认为没有前途可言，又不愿意放弃稳定的教育工作，所以就请人代替自己去上课，本人就留在城镇找份工作，自己拿两份工资，同时，付给代课教师微薄的报酬。这些代课教师被称为“假代课教师”，因为他们并没有在教育局登记注册。他们基本上还是能够胜任教学工作的，而且也担负着较重的教学任务，但他们却没有像入编教师那样的工资待遇，只有不足千元的代课费。该县地处山区的一所小学共有 21 名教师，这 21 个人当中竟然有不在编代课教师 12 人。某中学有教师 22 人，不在编代课教师有 13 人。这种“假代课教师”现象在该县其他学校也普遍存在。

四、教师素质差异较大　总体偏低

目前河北省中小学教师基本上由转正的民办教师、师范类大中专毕业生和县职教中心师资班毕业生组成，大体上各占三分之一。其中转正的民办教师绝大部分已接近退休，县职教中心师资班的毕业生的素质普遍偏低。现阶段有些县小学教师队伍中仍有 30% 以上的教师为历史原因形成的“职教中心师资班”毕业的教师，这些教师在当时的历史环境下缓解了农村教育对于教师的需求，为义务教育，特别是农村义务教育的发展，作出了重要贡献。但随着教育的发展，大部分当时的教师已经不能满足现阶段教育对于教师素质的需求。

教师的学历说明了教师的受教育程度，是衡量教师教学能力和教学水平的标准之一。当前 J 市全市范围内的所有专任教师中，拥有专科或本科及以上学历的教师共有 31244 人，占全部小学教师人数的 87.87%，但是绝大部分的本专科学历教师都在城镇地区任教，全市农村地区的小学教师基本上为专科或高中及高中阶段以下毕业。本科毕业生在全部农村教师的队伍中只占很小的比例。A 市某半山区县被调查的 348 位农村中小学教师中，其有 164 位是大专毕业，比例竟达到 47%，有的甚至是高中毕业。

笔者在调查中一共走访了 J 市某县 15 所农村小学，在调查中发现这 15

所农村小学共有教师 160 人，其中现有学历为专科的占半数以上，为 63.75%，本科和中专的教师，分别占 20% 和 15%，拥有研究生学历的教师仅 2 人。在所有被调查的教师中，其原始学历更低。这 160 名教师中，将近一半教师的原始学历为中专，占所有教师的 49.38%，还有 35% 的教师原始学历为高中及以下，专科及以上学历教师仅点 15.62%。某刘姓教师向笔者反映，学校很少有针对中年教师的培训活动，很多活动都派年轻老师去参加，自己学得慢，即使去了也不太能学会。年轻老师培训回来，虽然也会对培训内容做一些讲解，但是实际上还是大多靠自己练习与理解。更何况自己家里和学校的日常教学活动繁重，在时间上，也是不允许的。

教学点教师的学历问题是整个农村教师学历问题的缩影，反映出当下农村学校师资水平低下的一个重要方面。

在被调查的 B 镇 6 个教学点的 9 名教师中，有两名代课教师，学历是初中，还有 6 名教师是过去的高小毕业。9 名教师，没有一名艺术、体育等专业课老师，基本上所有的课程都由一位老师来完成，很难保证教学效果。而且教学点教师学历低，年纪大，对于新课程没有接受能力，中心校也没有配备相应的专业培训，使得教学点教师的专业化发展无从谈起，随着时间推移，教学点的教育质量只会越来越差，学生没办法接受新的知识，权利也就自然受到了损害。

由于教学点学生少，教师相应配备得也少，大多是复式教学，特别是“一人一校”的学校，年级多，又带幼儿，所以课程设置单一，以数学、语文为主，其余课程基本未开。B 镇 6 个教学点中，只有 2 个教学点正常开设了除数学、语文之外的课程（体育和美术）。

其他教学点的音乐、体育、美术课也偶有开展，但是音乐课是带着学生唱流行歌曲，或者指名清唱，没有节拍，只为开心，起不到教育的效果。美术就是指导学生画张铅笔简笔画，或学生自由画。体育课上得较多些，多采用“放羊式”，有时组织学生跳跳绳。现在，为了保证学生安全、不出事，体育课上得也很少了。

不少农村学校位置偏远，信息交流不畅，教师离岗进修、外出参观等接受学习培训的机会少，与城市教育名家对话沟通少，通过公开课、示范课、观摩课共同交流提高少，理念陈旧、知识老化、技能落后，一些年龄偏大的教师接受新事物慢，个别人甚至连远程教育设备都不能熟练使用。这些都严重影响了教学质量的提高。

现阶段在编教师无动力进修、职业倦怠严重、无动力参与培训等，也是值得关注的问题。

五、教师队伍不稳定

教师待遇的低下直接造成了教师资源尤其是优质资源逃离乡村，这是一种必然的规律。事实上在宏观层面，教师资源长期以来也是向城市倾斜的。在人事制度层面，农村教育因为教师编制缺乏问题造成了教师职称名额少的现状，在有限的职称名额中，教师的晋升难度也因此大大增加，再加上农村教师本身工资待遇与城市教师有很大的差异，工作条件更赶不上城市教师，使得优质教师资源很难向农村流动。由于农村地区条件艰苦，再加上工资待遇不高，工作条件简陋，晋升相对困难，难以吸引优秀人才进入教师队伍，教师队伍在一定程度上存在“招不进”“留不下”“教不好”的现象。各地虽然实施了一些倾斜政策，但是杯水车薪，效果不大。

农村地区骨干教师流失严重，一些农村小学和教学点的教师入岗伊始，便考虑如何向城镇流动，心思没有真正放在教学上。有的地区的特岗教师的流失率竟然达到一半以上，而有的县招聘教师时竟然没有足够的教师应聘。

目前农村中小学教师外流的主要原因有以下几方面：教师们认为城镇的学校生活以及教学条件较优越，而且事业上有前途。因此，只要在城镇有社会关系，教师都会想尽一切办法进更好的学校。这些教师实在不愿意留在偏远、贫困的山区的农村中小学；农村教师不甘于这种平凡的教学生活，不甘于终身从事教师这个职业，看不出这个职业的发展前途，想考研究生或公务员。这部分教师一般都是自身条件较好，不是本科生就是达到同等学力的教师，他们有着执着的毅力，想通过进一步深造跳出贫困的“大山”；由于家庭生活负担较重，为了缓解家庭的经济压力，放弃农村学校的工作而应聘到发达地区学校或待遇相对较高的民办学校，抑或放弃教育工作到经济发达的地区改行去谋求新的职业。

在一些经济发展落后地区，农村基础教育的经费相当的匮乏，教师的工作生活环境非常清苦。下面是对A市某县一位“特岗教师”的访谈记录。

> “我是2009年考上特岗教师的。在学校，一年四季生着蜂窝煤炉子，上完课得自己做饭，都是一些简单的食品，大多以方便面为主。夏天就更难受了，村里经常停电不说，我们还得守着炉子做饭。到了晚上那就是煎熬，屋内屋外都是蚊子，点上蚊香蚊子还会攻过来，更让人受不了的是大量的跳蚤，就算白天撒了专制跳蚤的药都无济于事。在这段日子里我们几乎都没有睡过一天饱觉，有一位同事实在受不了这种生活，就辞职不干了。”
>
> 问：“现在河北省正在如火如荼地进行新课程改革，你们知道多少？是不是运用到了教学当中了。”
>
> 教师无奈地笑笑说：“我们是想适应新课改的要求改变教学方式，可是没有设备。好不容易有了几台电脑，可村里的电不够用，好几位教师也不会用，放在那里成了摆设。哎，我们只好跟其他的教师一样，用一根粉笔、一张嘴和一本教材进行教学。”

调查中发现，国家承诺农村“特岗教师”的月工资标准是不低于2000元，但该县没有那么多的资金支付“特岗教师”的工资。在这里大部分的“特岗教师”每月可以拿到1500到1700元左右，这其中还包括“三险”（基本养老保险费、基本医疗保险费、失业保险费）。实际上，该县“特岗教师”的月净收入大概有1200元。该县农村中小学待编教师和代课教师的待遇与入编教师的工资待遇更是差之千里。

农村教师社会地位不高，自我认同感较低，也是教师流失的重要原因之一。如今受到大学生就业难问题的巨大冲击，大多数农民开始怀疑上学的价值。由此，农村教师的地位也急剧下降。更有甚者，只要自己的孩子考试不及格，家长就会找到学校破口大骂教师，认为教师没有尽责任，没有教好自己的孩子，教师们只能默默忍受这样的委屈。

我们在A市某农村小学调查时，亲眼看见学生骂老师的情景，原因是学生没有按时完成作业，老师教育了学生几句，学生张口就骂道“你他妈的没教会老子，老子怎么会做啊!”等等不堪入耳的话语。贫困地区农村教师的地位下降，尊师重教的气氛不浓厚。农村教师叫苦连连，觉得在农村教学不但没有成就感，就连起码的尊重都没有，使得教师们的教学热情大幅度下降，甚至出现上课不教课的奇怪现象。

根据笔者带的研究生所做的一次调查发现，只有32.6%教师认为自己具有较高的社会地位，但是高达45.9%的教师认为自己得不到学生和家长的尊重，而与此相反，75.2%教师认为社会对自己的期望值过高。这就使得农村教师在较低的自我认同和较高的社会期望中处于一种非常尴尬的境地。

贫困地区农村学校教师大量流失，尤其是年轻骨干教师外流，严重影响了农村中小学的教师队伍的质量，同时也给贫困地区的基础教学带来了许多困难，使其发展步履维艰。

六、教师流动补充机制有待完善

城乡支教效果小于预期。为了完成上级下达的任务，相关部门根据教师晋级的需要安排支教，而并不是因为农村需要什么教师，城乡补给什么样的教师。城镇学校为了保持本校的教学质量，根本不把本校的骨干教师完全派去支教。在这种情况下，就使得支教教师的素质及教学水平参差不齐，支教的效果当然就不会像预期的那样好，只会产生一大批不是优秀教师的优秀教师。

对于教师个人来讲，很多人支教并不是自愿而是迫于外在压力的无奈之举，真正愿意到农村支教的教师为数并不多。因为城乡支教政策明确规定不按期支教，其晋级职称资格有可能被取消。“孩子们所喜欢的是那种本人就喜欢孩子、离开孩子就不行而且感到跟孩子们交往是一种幸福和快乐的人。”① 而支教的教师们大多数认为只有去支教才有可能获得升职的机会，这样就不能从根本上产生教学的积极性，在很大程度上来讲，这些教师根本不可能和学生们打成一片。因此，许多支教教师到农村学校后，为了按时完成教学任务，除了上课以外，根本没有兴趣把自己的教学方法、教育理念传播给农村学校，这样的支教就达不到预期的效果。

访谈中谈到当前支教活动的效果时，一位城镇小学的校长是这样说的：“有支教活动，不过规模并不是很大，效果也不是很好。支教就是去农村教学，一般就入乡随俗了，就服从那边的管理了，并不能把城里的管理带到农村。只是老师个人教学能力强，在农村上课能把自己教学成绩提高，但是他不能带动整个学校，因为他不是管理者，老师个人的一些思想不能灌输到农村学校。”

另外，各县市为了让优秀教师愿意去支教，教育部门会出台大量的优惠政策，使得本就收入微薄的农村教师感到不公平。一方面使得大部分农村教师会想尽一切办法离开农村去城镇教学；另一方面那些不能调走的农村教师由于心理的失衡，对支教教师很不友好，不能和平相处地进行教学。②

第四节　教育理念陈旧　内涵发展乏力

现阶段我国县域城乡义务教育一体化发展在教育硬件设施上投入了大量的资金，也取得了一定的成效。教育硬件设施为教育教学工作提供保障性作用，没有一定程度的硬件设施为基础，教育教学工作无法开展。但教育其自身的特殊性决定了内涵建设也就是软件的重要性，甚至可以说软件

---

① ［苏］霍姆林斯基：《帕夫雷什中学》，赵玮等译，教育科学出版社1983年版，第26页。

② 本节关于教师问题的部分内容引自笔者指导完成的四篇硕士学位论文，分别是：冀飞宇：《农村乡镇中学教师生存状态的实证研究》，2010年6月；刘蕾：《贫困地区农村中小学教师资源优化配置研究》，2011年6月；李值：《基于职业生涯规划的青年教师专业发展策略研究》，2013年6月；姜萌萌：《城镇化背景下农村小学办学困境与对策研究》，2016年6月。

的重要性高于硬件。硬件设施归根结底依旧是教育发展的外因，真正起作用的是教育内涵建设这一发展的内因。硬件设施建设的程度再高也要通过内涵建设的运用才能真正地发挥其作用。教育水平想要真正提高，根本在于教育的内涵建设，提高教育教学水平。

教育硬件设施可以通过资金的投入进行改善，而教育内涵建设不能仅仅通过加大投入的方式进行。教育内涵建设的难度要远远大于教育硬件设施建设。现阶段我国县域城乡义务教育一体化发展过程中，对于教育硬件设施的投入不能说不巨大，但教育内涵建设的乏力也是现实存在的。师资建设仍然以干部教师城乡交流支教、教师培训为主，特色课程建设也仅仅停留在为特色课程而特色课程的阶段，资源开发更是少之又少。可以说现阶段我国县域城乡义务教育一体化发展在内涵建设方面依旧乏力，这个问题亟须解决。

一、应试教育思想根深蒂固

各地基本上都是将考试成绩或升学率提高的程度作为评价办学质量，特别是评价薄弱校改进程度的主要甚至是唯一标准，而对教育本质、学校内涵、学生发展等根本性问题缺乏科学的认识，应试教育倾向未得到根本扭转。

河北省各市范围内的农村小学基本上采取的是“大一统”的课程体系。学校教育主要以升学考试为目标，忽视学生的生存环境和身心发展，在对学生个性发展有较大帮助的文艺、体育或劳动技术课上开展的活动较少。学生在课堂中使用的是与城镇学生相统一的课本教材，学习的知识与自身实际生活的环境存在着脱节现象。很多农村生活中所必需的实用知识在学校中无法获得，学生学习到的知识在实际生活中并没有太大作用。

在对 A 县 X 小学的调查中笔者了解到，按要求现阶段小学 3—6 年级的英语是每周四节课，但是由于学校英语教师的缺乏，X 小学 4—5 年级的课时安排每周只有三节。而 Y 小学由于音乐、体育和美术等方面教师的缺乏，采取的竟然是挪课补充的方式，应该开设的音乐、体育和美术课由班主任或语文、数学和英语老师占用。学校的计算机课、劳动课和相关的学校及班级文化、安全等方面的地方课程甚至在日常教学中完全不予涉及。

很多学校课程表上的安排严格按照国家规定标准进行，但是实际上课过程中违规情况十分严重。学校不按照国家规定开设课程，由全面发展向考什么教什么学什么方向发展，尤其是小学四年级后这种倾向更加明显。考试科目课时超量，非考试科目形同虚设。

A市某县城小学，是当地素质教育先进学校和标准化学校，各种设施配套达标，课程表上显示的国家规定的课程全部开齐开足。我们调研的时候，是5月份，正好碰上学生们在上美术课，看着孩子们专心致志、饶有兴趣地作画，我们也感到一种欣慰，当场就跟学生做了简单的交谈。我们问："你们喜欢画画吗?"孩子们高兴地说："喜欢!"我们又问："这是你们今年第几次画画呀?"孩子们齐刷刷地回答："第一次!"大家顿时无语，陪同的教育局和学校领导也面露尴尬。

在以高考升学率高而闻名于全国的T市，被调查的几个县的部分学校中，普遍存在着两张课表的现象：一张课表按照国家规定设计，应付外人参观考察用，另一张课表才是真正开设的课程，几乎全部开设升学考试的课程，且课时量严重超标。

二、表面化　形式化　教育内涵不足

当前，在学校办学过程中，出现了许多急功近利、东施效颦，与教育长足发展、与学校的办学需要不和谐的现象。

不少学校都在搞教学改革和校园文化建设，这种勇于探索的精神值得肯定，但是削足适履、邯郸学步式的表面化、形式化、模式化甚至弄虚作假的现象却让人印象深刻。漂亮的硬件设施掩盖不住落后混乱的管理，访谈中教师鹦鹉学舌、言不由衷的回答中隐隐显现的无奈与倦怠，等等，无一不反映出学校文化的匮乏和底蕴的不足。

有的县市热衷于出政绩，急于出经验，大同小异的各种教学模式不断翻新，外地改革经验不加分析地生搬硬套。最为普遍的问题就是行政推动且朝令夕改的课堂教学改革，争前恐后地推出自己创立的所谓新的教学模式，然后通过行政命令的手段而且是大张旗鼓地鼓噪声势，强制推行。不管什么课程、什么内容，也不管教师的实际水平和学生的接受能力，千篇一律地统一为一种教学模式。然后，再经过某些媒体的包装宣传，就成了地方教学改革的经验。实际上都是“各吹各的特色，本质上是一路货色”。削足适履，生搬硬套，涉及千万学生终身发展的课程改革改成了一场场轰轰烈烈的闹剧。

校园文化建设缺乏文化内涵，尤其是所谓的国学教育甚至让人哭笑不得，严肃的教育教学过程成了一场场作秀式的表演。最为普遍的是将《三字经》《弟子规》《论语》等中国古代典籍奉为经典，不经取舍地盲目推崇，而且变着花样搞“创新”。如有的学校让学生边打鼓乐、边变魔术、边诵经典，美其名曰寓教于乐，寓教于游戏之中，殊不知国学的精髓在于内化于心；有的学校购置了非常精美大气的孔子雕像，但却将雕像放于学校最南端，让孔圣人日日夜夜、时时刻刻地面北背南向着行政办公楼躬身作揖；有的学校还别出心裁装备了专门的国学阅览室，且不论装备专门的国学阅览室是否必要，一进阅览室的门就让人感觉不伦不类，对门墙上非常醒目的名人名言落款是“乌申斯基”。

在学校校容校貌和班级班容班貌方面，有的学校，教室墙上虽然张贴了文化标语或名言警句，但是竟然存在标语用词不准确、错别字和表达内容出现歧义等令人啼笑皆非的情况。即使在班级内张贴了课程表、标语或名言警句的，也有很多已经陈旧或磨损严重，某小学的一位教师在与笔者的交流中甚至觉得班级的白墙比张贴标语更好看、更整洁。

三、同质化 城市化 学校缺乏特色

同质化、城市化明显，学校特色欠缺。随着工业化和城市化进程的发展，农村教育也明显地走向了城市化，除了教育资源分配不均衡以外，其教育目标、教育内容、课程、教材、教学全都出现了城市化特征，致使教育教学与农村、农民的生产生活实践相脱离。

目前中小学的教材本身就存在内容偏难、城市化倾向严重，难以适应地区差异特别是农村地区特点等问题。而在完成学校标准化建设之后，各学校并没有根据学校的地域特色、师生特点推进教学内容和教学方法的改革。对教育核心要素的激励不够，对教育思想、教师素质、教学管理水平等教育核心要素缺乏应有的关注。盲目城市化，脱离学生实际，没有找到适合自己学校人才培养特点的内涵发展之路。

千校一面、万人一书，基本上没有发现系统完整且富有特色的校本课程体系。长期以来，农村中小学统一使用国家课程。而且，受应试教育思想的影响，学习课程主要是为了升学服务，课程的内容缺乏与当地教学资源的整合，严重脱离了现有的农村实际生活。“唯升学”思想统治着教师、学生以及学生家长，农村学校的教育教学不能满足他们发展的需要。

根据建构主义学习理论的观点，学习是学生在原有的知识基础上，对新的知识进行同化顺应，最终达到平衡。农村教育课程应当与农村学生原有经验作用，进行同化顺应平衡，以达到学习的目的。而我国现阶段农村教育的教材是与农村学生的原有知识结构脱节的，无法与学生原有知识结构进行建构性的学习。在这样的课程体系下，教育内容与学生实际大大脱钩，造成学生眼中学的内容与自己“无关”的印象，这样的脱钩造成了所学内容成为家长眼中“无用的学问”，家长眼中的“无用”会潜移默化地影响学生，家长眼中的“无用”和学生眼中的“无关”又进一步成为农村学生厌学、辍学的重要原因之一。目前，新的“读书无用论”在农村教育尤其是在城市近郊农村有很大的市场。

乡土文化教育严重缺失。由于目前大部分农村中小学课程设置的内容来源主要是教育行政部门统一编写发放的教材，缺乏具有区域特色的校本教材，导致当地农村学生只了解了城市化倾向的知识，对当地乡土文化一无所知，对所学知识不但不能进行实践运用，而且也会对当地乡土文化产生质疑与忽略。农村学校的活动课，或是改成自习课或语文、数学等课，或是简单的学生无组织、无活动目标的自由活动，场地只局限于操场，最大不过校园，很少有组织地结合当地乡土文化进行有意义的活动。大部分农村中小学只是盲目地追求城市化的优越条件，严重忽视了乡土文化的渲染。校园内的橱窗、教学楼走廊墙更多的是各项活动的评比结果，而没有当地文化的宣传；校园广播也只是每天课间操、集体活动时播放些流行歌曲而已。

四、资源整合忽视文化的冲突

校园传统文化的冲突是制约资源输出的关键。优质教育资源除了学校所占有的良好硬件和师资等各种物力和人力以外，更重要的是学校的无形资产，包括融洽的师生关系、活跃的学习气氛等长期或者短期建立起来的卓越的校园文化。任何一个学校都会形成独一无二的校园文化，这就不可避免地造成了名校在扩展过程中的文化冲突。例如优质教育资源拥有较高的管理水平，有一套经过实践和时间检验的管理制度，其中并非是简单的规章制度，而是已经蕴含着管理文化。如果将母体的管理移植到新建的学校，可能比较顺利，因为在一片空地上种的植物总是比较容易存活。但对于一所薄弱的学校，问题就比较复杂。一者许多老师心理不认同，对许多管理事宜不以为然，或者不能适应新的管理规章而人心惶惶；二者学校的管理支撑不同，母体学校实施较好的多媒体授课和与家长的网络沟通制度，在兼并学校未必有条件来进行。再如课程的输出，学生原有的认知水平、知识基础、情感态度与价值观等参差不齐，导致一些特色课程、经典课程难以实现有效的扩展。

优质学校中的特级教师、学科带头人等都是优质资源中的重要组成部分，学校规模的扩大必定会牵涉到优秀教师的流动问题。如果不注重资源均衡过程中母体的“造血”能力，办学规模扩大后，面对巨大的师资需求，把名校多年积淀下来的优秀教师资源调到其他学校，而教师后备力量没能得到及时的补充，在一定程度上造成名校精力不足，很可能造成“牛奶稀释”的现象。

兼并或者联合办学之后，学校权责边界不清，协调成本增加。联合办学之后，校长之间的权责难以有效地分配协调，通常情况下会出现“好学校通吃，好校长同行”的现象，有的学校校长权力受到压制。一位被兼并学校的校长在访谈中讲道："现在几乎天天开会，比之前的会议多了好几倍，原来几个人就能立即拍板的事情，现在要好多个人几个来回也讨论不出结论，议而不决，议而不敢决和不能决的事情太多了，已经无暇思考学校的核心工作了。"

学校之间的竞争意识和自我发展能力弱化。优质资源的共享性和外生性导致学校缺乏内在的发展动力。原来底子差一些的学校变得更不思进取，有特色得到一定认可的学校因为失去自主权也不得不服从名校的办学模式。一位被兼并学校的老师在访谈中说道："其实我们学校原来虽然规模小一些，生源质量不理想，但我们也有一些自己的想法和做法，一些特色项目很受学生欢迎，也得到不少家长认可，这几年发展还是很不错的，现在突然宣布我们归A学校管了，他们要求我们按照总校的模式来办学，可是我们的老师和学生根本适应不了，也不知道怎么做。"

衍生出"借壳贴金"现象。教育资源均衡化意在为适龄少年儿童提供公平的接受教育的机会，缓解"择校热"问题。重点学校和基础较弱的学校通过兼并、帮扶、手拉手办学等实现名校优质资源效益最大化，最终使大众受益。而目前有些学校办学目的违背了教育的公益性原则，一心以营利为目的。一些基础较弱的学校，借重点学校的名气，用资源共享的条件来招生，抬高自己的身价。

五、弱势群体教育基础薄弱

特殊教育对于帮助残疾人回归主流社会具有十分重要的意义，没有特殊教育的发展就不会有整体教育的公平。目前，全省特教学校157所，实现了县县有特教学校的目标，适龄残疾儿童、少年入学率已达到90%。但入学率不稳定，应收尽收不到位，尚有一定数量的残疾儿童不能入校接受教育。许多残疾儿童因为家庭贫困、生活不便等原因而中途辍学，能够完整接受九年义务教育的学生不多，能够继续接受高中、中职乃至高等教育的更是凤毛麟角。

许多特教学校教师编制严重短缺，教师队伍专业化程度低，绝大多数教师是普通师范毕业或从普通教师转岗过来，经过专业特教训练的教师更是缺乏，无法适应特殊教育需要。大多学历层次不高，教育教学水平偏低，根据不同残疾类别和接受能力而实施的针对性教育极少。

特殊教育的办学经费依然捉襟见肘，很多地方未能落实特殊教育生均公用经费 6000 元的标准，进一步制约了特教学校的发展。同时，缺乏支持保障体系，家庭和社会参与不够，学校教育、社会救助、家庭教育三者不能很好地结合。

留守儿童教育未形成合力。从本质上讲，留守儿童问题并不是教育问题，而是社会问题，是经济社会发展的不平衡和社会管理的不到位导致的。孩子们主要缺失的并不是与同龄人一样的学校教育，而是家庭和社会的关爱，是一种与其他同龄孩子一样的平等的生活方式和情感依托。解决这个问题，需要各方合力，特别是地方基层政府、社会管理部门、群众团队和社会组织的积极参与。目前，仅仅或者主要靠中小学的力量，实际上是难以取得明显成效的。

流动人口子女入学还存在着政策性歧视。目前各设区市基本上都出台了相关政策保障流动人口子女在当地公办学校就读。但是，对于区域内的优质学校增加了诸多限制，而真正对流动人口子女开放的学校是当地本来就生源不足、办学质量较低的薄弱学校。

第四章　问题原因与困境节点

第一节　二元经济社会结构与城乡发展不平衡

受城乡二元经济结构以及固有的户籍制度的深远影响，我国城乡之间的社会发展的差距逐步出现并不断增大，形成了“城市中心”的城乡二元社会结构。受社会、政治、经济与文化等多方面的影响，教育作为其中的一部分，也产生了城乡之间的两极分化。特别是在“效率优先、兼顾公平”的思想提出以后，国家的财政投入开始明显向城市倾斜。随后又提出了“以县为主”的管理体制，虽然在农村义务教育的发展初期起到了关键作用，但是这也在一定程度上造成了财政支付能力较强的省市级政府全力支持城市教育的局面。城镇建校政府出资、农村建校农民出资的情况最终衍生出了城乡二元的教育结构。

在这样的前提下，尽管随着改革开放国家经济实力不断增强，政府对于农村教育的投入大大增加，意图改变农村教育的落后现状。“普九”达标、“两基”攻坚计划、特岗教师计划、国培计划、城乡义务教育全面免费等等政策的实施也使得农村教育有了很大程度上的发展，但城乡差距依旧存在且有愈演愈烈的趋势。城乡教育无论是从公平还是从平等两个方面都未能得到良好的调节。

因此可以说，我国城乡二元结构的阻碍是根本性问题。城乡二元经济结构导致的城乡教育二元结构是城乡教育一体化突破现阶段瓶颈的关键点。

一、计划经济体制下的城乡工农关系

城乡二元结构是社会由传统型向现代型过渡阶段所共有的特征。我国城乡二元经济社会结构的形成可以追溯到新中国成立后的国民经济快速恢复时期，即1949年10月到1952年底。国家为了快速实现我国工业化尤其是重工业化，集中有限人力、物力、财力搞重点建设，实施了重城市、轻农村的非均衡经济发展战略，集中力量发展城市以及交通枢纽地和工矿区，使城乡经济发展逐渐出现分化。国家实施了统购统销的方式对工业发展进行了倾斜，通过压低农产品原料价格，支持工业发展，从而赚取剪刀差利润。统购统销与其之后一段时期内的一系列措施政策和制度形成了一个完整地刚性制度用来确保农业发展对工业发展、农村发展对城市发展的巨大贡献和牺牲，且这种贡献和牺牲被制度和法律不断固化。

根据陈锡文的研究，从1953年实行农产品的统购统销到1985年取消统购统销期间，农民对工业化的贡献大约是6000亿—8000亿元，亦即国家通过工农业产品价格剪刀差无偿从农民手里拿走了6000亿—8000亿元资金用于支持城市和工业体系建设。① 有数据显示，1978年，国家工业固定资产总计也不过9000亿元。这也就是说，新中国成立后30年，中国农村农业所创造的绝大部分财富，被无偿转移支持了国家工业化和城市化投入，农民劳动所创造的剩余，几乎全部用于国家国民经济体系的建设。②

在新中国成立后我国落后的发展状况中，实施不均衡发展，大力发展重工业是正确的。用工农业产品价格剪刀差方式，筹措国民经济和国防建设的资金，是新中国夯实国力基础，恢复大国地位的最重要路径，既是无奈之举，也是必由之路。它是一种特定历史时期特定国情条件下，高度政治经济集权体制里有效的社会设置，也符合中国历史延续的文化逻辑。在政权面临生存危机和外部政治经济封锁压力下，唯有这样才能集中国力和

① 参见王丹莉：《统购统销研究述评》，《当代中国史研究》2008年第1期。

② 参见巴志鹏：《建国后我国工农业产品价格剪刀差分析》，《临沂大学学报》2005年第2期。

资源，自己解决国民经济和国防建设的资金和技术，自力更生、奋发图强，以抵御国家面临的政治和地缘风险，这是国家利益的需要。在当时的政治精英和国民主体共同努力下，新中国正是借此铸造了整个冷战时代世界大国的地位和威信。①

但民生与国力的透支，客观上牺牲了广大农民和农村的利益，也导致了农村的贫困，其危害是不可忽视的。这一系列制度的实施严重阻碍了中国“三农”的发展，加深了我国城乡分离的局面。

首先，工农产业比例失衡，二者之间本应存在的联系被切断。工农业被分割在城市和农村两个生态圈分别发展、独立运行，工业反哺农业的效果不明显。根据辛逸、高洁的研究，1952 年工业总产值指数为 100，1979 年则达到了 1734. 4，其中，重工业指数竟高达 2991. 6；但同期农业总产值指数只有 249. 4。②

其次，农业基础地位不强，农业发展相对滞后甚至相对衰退，农业商品经济不能得到良好的发展，农村生产生活条件落后。城乡差距、城乡居民收入差距继续被拉大。工业化建设对农业剩余长期、巨大数量的攫取，使广大农民常年生活在赤贫状态之中。根据统计分析，截至改革开放之初的 1980 年，在总共 529. 57 万个农村基本核算单位（生产队）中，人均年收入低于 50 元的有 145. 17 万个，占核算单位总数的 27. 41%，即有 25% 的农民终年得不到温饱；同期人均年收入低于 100 元的基本核算单位达 391. 69 万个，占核算单位总数的 73. 96%。③

最后，城乡二元的政治结构、经济结构、文化结构、社会结构形成并得到固化。城市在发展的进程中，往往由农业乡镇转变为工业城镇，再由工业城镇转变为产业城市。城市的发展，致使农村的地位越来越低，从而导致了农村的“边缘化”。而这种边缘化又进一步导致城乡公共服务不均衡，农村教育、文化、医疗等社会服务事业发展的边缘化。义务教育作为一种特殊的公共产品，在资源配置上必然表现出明显的城乡二元结构特点，

① 参见吴凯之：《论中国农村改革的政治与经济起源》，《社会科学论坛》2012 年第 9 期。

② 参见杨瑞毛：《安徽农村改革的起源》，《党史纵览》1996 年第 1 期。

③ 参见陈大斌：《中国农村改革纪事》，四川人民出版社 2008 年版，第 182—186 页。

有限的教育经费主要用于城市，而农村义务教育所需的资源配置则被置于次要地位。这不但加剧了我国原有的乡村教育的弱势，使得乡村教育地位不断下降，而且加剧了农村教育的不公平，使得农民和他们的子女受教育的权利和机会受到进一步的影响。目前城乡义务教育在办学条件上的不均衡现状，正是城乡二元经济体制作用的历史反映。

二、城乡分割的户籍制度与社会管理

户籍制度的形成有其深刻的政治、经济原因。它背后承载的劳动就业制度、医疗保健制度，以及在接受教育、转业安置、通婚子女落户等方面所衍生出的许多具体规定，整体构成了一个利益向城市人口倾斜、包含社会生活多个领域、措施配套、组织严密的体系。

正是在新中国成立初期我国实施重城市、轻农村的非均衡经济发展战略的背景下，城乡二元分割的户籍制度应运而生。1958 年 1 月 9 日，新中国第一部户籍制度《中华人民共和国户口登记条例》颁布，我国的户籍制度由此建立。该条例确立了一套完善的具体管理制度，内容包括常住、暂住、出生、死亡、迁出、迁入、变更等 7 项人口登记制度。这个条例以法律形式严格限制农民进入城市，限制城市间人口流动，在城市与农村之间构筑了一道高墙，城乡分离的“二元经济模式”从此在中国根深蒂固。

1964 年，国务院转批公安部户口迁移相关规定的基本要点时提出两个“严加限制”：对从农村迁往城市、集镇的要严加限制；对从集镇迁往城市的要严加限制。1977 年，国务院第一次正式提出严格控制“农转非”，此后公安部具体规定了“农转非”的内部控制指标，即每年从农村迁入市镇的“农转非”人数不得超过现有非农业人口的 1.5‰。

在长达 50 年的时间里，户籍政策构筑了“农业户口”与“城市户口”在实际利益上的不平等。两种户口成为差别化分配各种利益的最直接标签。

两类户口在一定程度上衍生出具有不同等级的社会身份，非农业户口在各项待遇上明显优于农业户口，而且其辐射力量是惊人的。人们很快发现，其背后逐渐附加了从社会保障到教育、医疗、公共服务等几乎所有公民权益的城乡化差异。在改革前近30年的国家工业化初期阶段，城市人口享受到了从出生到死亡的各种保障制度，这些保障靠国家财政补贴维护。然而，占人口80%、只能提供积累不能分享工业化收益的农民一直与这种制度无缘，土地成为他们唯一的保障。

城乡之间建立起了一种在政治、经济、文化、社会基础上的全方位不平等，由此也衍生了长期二元社会结构下城市市民的“一等公民”与农业人口的“二等公民”的社会地位。

改革开放后，农村联产承包责任制从根本上解决了我国农产品短缺问题，同时私营企业、乡镇企业的大量涌现及地区经济发展的差异需要劳动力的流动，政府才开始放松对人口迁移的控制，形成了大量农民工涌向城市的打工热潮。客观来讲，长期以来农村人多地少和农业收益低的状况使得农村中的剩余劳动力达到三分之二左右，这些剩余劳动力必然要向非农产业转移，而且大部分人向大、中城市转移。

1984年，户籍坚冰出现首道裂缝：当年国务院批转公安部《关于农民进入城镇落户问题的通知》规定，有经营能力、有固定住所或在乡镇企业单位长期务工的，公安机关应准予落常住户口。统计为非农业人口，吃议价粮，办理《自理口粮户口簿》和《加价粮油供应证》。这无疑是一个里程碑，给了部分人以“迁徙自由”，农民由此获得了在城市合法生存的权利。

随后，商品粮分配制度实现改革，农民进入城市少了“自带口粮”障碍，事实上形成了大量农民工涌向城市的打工热潮。1994年公安部的户籍制度改革文件草稿基本精神就是改变管理原则，按照职业和居住地来建立户籍管理制度。然而，1994年以后的宏观环境变化阻挡了这一改革的进程。本来已经起草户籍制度改革的文件暂时搁置，这一搁置就到了2002年，期间户籍政策一直未有实质性松动。[①]

2003年开始，国家加快了城镇化建设的步伐，同时，大力推进城乡户

① 参见《中国城乡二元户籍制度的历史解读》，人民网，http：//history. people. com. cn/n/2015/0105/c372326－26325529. html，2015年1月5日访问。

籍一体化制度，此后多次出台推进城镇化建设和户籍制度改革的文件，除几个特大城市以外，大部分地区全面开放落户限制已成为大势所趋。

但是，在改革开放之后的这30年里，总体上来讲，尽管城市发展市场经济的相当动力来自于大规模的人口流动，然而这一流动是以无数外来务工人员“两栖身份”的委曲求全为代价的。进入城市的农民工在城市可以“立业”，但无法“安家”，城市不给他们“户口”，意味着没有城市居民的身份，也就享受不到城市居民可以获得的一切福利待遇。近几年，虽然户籍制度改革加速推进，但历史上长期以来成的受户籍制度影响的教育制度、保障制度、人事制度、医疗制度等的改革并未协同跟进。①

传统的户籍政策对教育的负面影响是显而易见的。接受九年义务教育本来是每一个适龄儿童都应该平等享受的权利，但是在接受义务教育的年龄，一个孩子如果离开了自己的户口所在地，那么他接受义务教育的权利也难以得到有效保障，这也就是流动人口子女入学问题的核心原因之一。即使是经过多年努力，流动人口子女大部分能够进入流入地的公办学校就读，但也面临难以进当地优质学校、最低户籍年限限制等诸多不公平的待遇。而县域范围内城乡自然条件和经济社会的发展水平，依然是制约城乡教育均衡发展的根本原因。

三、城乡居民收入差距加大

改革开放以来，我国城乡居民收入随着经济的高速增长，有了大幅度的提高。全国城镇居民人均年可支配收入从1978年的343元提高到2013年的26955元，提高77.6倍；同期农村居民人均年纯收入由134元增加到8896元，增加66.4倍。但与此同时，还应该看到，由于农村居民收入增长速度明显慢于城镇居民，导致城乡居民收入差距呈现出波浪式扩大的态势。1978—2009年，全国城乡居民收入比（以农村居民收入为1，下同）由

① 参见冯革群：《中国户籍制度对劳动力流动的阻碍》，腾讯财经，http：//finance.qq.com/a/20081114/002964.htm，2008年11月14日访问。

1978 年的 2. 57∶1 扩大到 2009 年的 3. 33∶1，其间经历了“两降、两升”的过程，其中，1984 年为近 36 年我国城乡收入差距最低点，收入比为 1. 84∶1；2009 年收入差距达到最大，收入比为 3. 33∶1。从 2010 年起，城乡收入比出现连续 4 年缩小的趋势，到 2014 年为 2. 92∶1。虽然城乡收入比在缩小，但收入差距的绝对额仍在扩大，自 2008 年突破 1 万元后，到 2013 年这一差距扩大到 1. 8 万元。①

1978 年以来，河北省城乡居民人均相对收入差距与全国的变化趋势一样，也是经历了一个“由缩小到扩大”的波浪式的变化过程。1978—1984 年是城乡居民人均收入相对差距逐步缩小的阶段，到 1984 年缩小到 1. 51 倍，这是整个 20 世纪八九十年代城乡居民人均收入相对差距最小的年份。1984—1994 年间城乡居民收入差距逐步拉大，到 1993 年差距达到最大，城市居民人均可支配收入达到农村居民人均纯收入的 2. 74 倍。“九五”以来，城乡居民人均收入相对差距虽有所回落，但随后又有逐年扩大趋势，1995 年回落到 2. 20 倍，以后由 1996 年的 2. 16 倍上升到 2003 年的 2. 54 倍。到 2004 年城乡居民人均收入比率有所缩小为 2. 51 倍，但缩小幅度很小，2005 年城乡居民人均收入比率继续上升为 2. 62 倍，接近历史最高点位。②

“十二五”期间，河北省各地积极统筹城乡经济社会发展，不断关注民生、惠及民生、扶持“三农”，全省农村居民人均收入水平呈现快速提升，2011—2015 年每年上一个千元台阶，连续突破 7000 元、8000 元、9000 元、10000 元、11000 元 5 个大关。从城乡居民收入对比看，2015 年，全省城镇居民人均可支配收入 26152 元，农村居民人均可支配收入 11051 元，城乡居民收入比率为 2. 37 倍。③ 以农村居民人均可支配收入为 1，城乡居民人均收入之比由 2010 年的 2. 7∶1 逐步缩小到 2015 年的 2. 4∶1，相对

① 参见曹光四、张启良：《我国城乡居民收入差距变化的新视角》，国家统计局统计科学研究所发布，http：//www. stats. gov. cn/tjzs/tjsj/tjcb/dysj/201505/t20150528_ 1111158. html，2015 年 5 月 28 日访问。

② 参见李洪娟：《影响河北省城乡居民收入差距因素的计量分析》，《经济研究导刊》2007 年第3 期。

③ 参见河北省统计局：《河北省 2015 年国民经济和社会发展统计公报》，中国统计信息网，http：//www. tjcn. org/tjgb/201603/32602. html，2016 年 3 月 28 日访问。

差距持续下降，但下降幅度有限，而且绝对差距依然是扩大的。

河北省贫困县农民人均可支配收入水平提高，但依然低于非贫困县和县域，且呈拉大态势。2015 年，62 个贫困县农村居民人均可支配收入达到 7733 元，比 2013 年增加 1469 元，仅相当于非贫困县的 62.9%，相当于县域水平的 74.7%，分别比 2013 年降低 0.8 和 1.5 个百分点。62 个贫困县城乡收入差距大，62 个贫困县城乡收入比为 2.7，比 2013 年下降 0.1，但比非贫困县城乡收入比高 0.6，比县域城乡收入比高 0.4。[①]

2016 年上半年，河北省 GDP 增长 6.6%（低于全国平均 6.7% 的水平），城镇农村居民可支配收入分别增长了 8.1% 和 8.2%。河北省城乡一体化住户调查资料显示，上半年，河北省城镇居民人均可支配收入 13585 元，同比增加 1023 元，增长 8.1%，农村居民人均可支配收入 6149 元，同比增加 467 元，增长 8.2%。这意味着农村居民收入增速略快于城镇居民。但城乡居民收入的差距却扩大到了 7436 元，城乡居民收入比仍为 2.21。[②]

虽然省范围内居民人均可支配收入都有不同程度的增加，但由于城镇地区居民收入与生活水平比较高，经济条件普遍较好，城镇地区政府对教育的投入资金较为充足，因此全省范围内城镇小学与农村小学的办学条件仍旧存在着明显差异。同时，由于城乡居民收入水平差距的加大，使得城乡间对教育资源的需求也出现了差异。城镇经济发展水平的程度较高，对优秀教师的吸引力就较高，再加上当前并没有特别全面有效的教师保障体系，农村地区教师流失现象较为严重，这也在一定层面上造成了城乡之间小学办学条件差异的逐步扩大，形成了教育界的“马太效应”。

从另一个角度讲，居民家庭收入差距会直接导致农村学生学习环境和学习资源的差距，导致贫困家庭的学生获取文化知识的渠道单一，甚至是缺失。尤其是在城市文化成为社会主流文化的当代，农村学生在获取城市

① 参见《缩小城乡收入差距助力城乡统筹发展——基于泰尔指数实证分析城乡收入差距》，河北省统计局网站，http：//www.hetj.gov.cn/hetj/tjfx/101462762815623.html，2016 年 6 月 28 日访问。

② 参见河北省统计局、国家统计局河北调查总队：《2016 年上半年河北省国民经济形势新闻发布稿》，河北省统计局门户网站，http：//www.hetj.gov.cn/hetj/xwfb/101462762819337.html，2016 年 7 月 20 日访问。

文化时处于劣势，家庭教育投入的不足更加大了这方面的差距。与农村学生相比较，城镇学生可以说“非常富足”，他们拥有包括传统方式在内的完整的获取文化资讯的手段，而且在获取社会主流文化方面更是占尽天时、地利、人和。

第二节　落后的教育理念与管理思想

一、精英取向的教育理念与重点学校制度

“精英教育”自古以来就深深地植根于我们的民族文化之中。从曾为读书人立身处世信条的“修身、齐家、治国、平天下”（《大学·礼记》）到中国古代文献典籍中第一次出现“教育”这个词语的名言——“君子有三乐……得天下英才而教育之，三乐也”（《孟子·尽心上》），再到人人皆知的“望子成龙”“望女成凤”“金榜题名”等成语，无不反映出我们这个民族的文化土壤中对于教育目的的一种根深蒂固的认识，那就是培养英才。或是出人头地，光宗耀祖，或是治国安邦、平定天下，都是要培养出与众不同、出类拔萃的精英，而不是普通劳动者。这本身无可厚非，这反映出我们这个民族重视教育、崇尚人才的优良传统，也是这个民族自强不息、奋发图强的不懈追求。但当这种“精英至上”的教育思想在当代社会变迁和教育环境之中，被逐渐赋予了新的内涵甚至是“扭曲”时，则对当代中国的教育改革与发展产生了更加复杂而深刻的影响。

1977 年，我国的高考制度恢复，在百废待兴、急需人才的社会背景下，国家恢复了这一选拔人才的重要途径，被压抑了 10 年的知识精英也终于盼来了施展自己才华的出路。而高考制度在通过选拔培养大批人才而有力地推动了中国经济高速发展的同时，也将中国的教育带入了“应试教育”的轨道。而作为求学之路的起始阶段，义务教育阶段自然也逐渐确立了以培养在高考中能够取得好名次为目的的培养模式和发展取向。为了让

子女在应试中能掌握更大的主动性、取得更好的成绩而设法让他们接受到更优质的教育，尽可能多地占有优质教育资源就成了家长们的普遍追求。学校为了自己的生存与发展，为满足社会的这种价值追求，也尽可能多地从外部获取优质资源，并在学校内部将优质资源尽可能集中到有升学潜力的精英学生身上，以追求最高的升学率，获得更好的排名和社会影响力。而处于经济基础非常薄弱，教育资源严重不足背景下的国家及各级政府，也选择了"效率优先、兼顾公平"的分配政策，采取了"梯度发展"和"重点发展"的办学政策，最终导致并逐渐加重了教育内部的资源配置失衡。

1978 年，教育部制定《关于办好一批重点中小学的试行方案》，提出在以后的重点中小学建设调整长期规划上，全国重点中小学要形成"小金字塔"结构，在经费投入、办学条件、师资队伍、学生来源等方面向重点学校优先倾斜，由此形成了国家级、省级、地级、县级的重点学校"层层重点"的格局。1980 年，教育部又发出了《关于分期分批办好重点中学的决定》。该《决定》对重点中学的师资提出了较高的要求，其中有：高等师范院校的毕业生要由省、市、自治区教育厅（局）择优分配给重点中学；重点中学的骨干教师比一般中学多，今后调整工资或晋级等，比例应大于一般学校。①

到 1981 年底，中国的重点学校已经较有规模。全国共有重点中学 4016 所，占全部中学的 3. 8% ，其中首批办好的重点中学 696 所；全国共有重点小学 5271 所，占小学总数 89. 41 万所的 0. 6% 。② 各地区也纷纷建立自己区域内的重点学校，省里有省重点，市里有市重点，县里有县重点，层层设立重点学校，办学层次上也层层下移，从重点高中到重点初中、重点小学直至重点幼儿园。

根据办学主体的不同，在城市内部有市属学校和区属学校之分，在县

① 参见王爱云：《中华人民共和国历史视野中的重点学校》，中国社会科学网，http：//www. cssn. cn/jyx/jyx_ jys/201602/t20160202_ 2856109_ 1. shtml，2016 年 2 月 10 日访问。

② 参见《中国教育大事典（1949—1990）》（下），转引自王爱云：《中华人民共和国历史视野中的重点学校》。

里，初中和小学也有了“国办”（县教育局直属）和乡办（乡镇所属）之分。很显然，不同层级的政府具有不同的权力资本，地位高的政府一定占优势。主管的政府层级不同，资源配置也就不同，这就人为地扩大了不同办学主体学校之间的差距。

客观地讲，几十年来的重点中小学为提高我国基础教育的水平和质量，为向高校输送高质量的生源以加快高级人才的培养，发挥了极其重要的作用。但同时，也产生了严重的负面影响，即人为地扩大了城乡间在资源配置上的差距。由于不同层级区域内的教育资源都被聚集到了重点学校，致使办学资源配置的严重失衡，造成了学校间的巨大差异和分化。重点学校（现在称为“示范性学校”）由于其本身的优势，不断地聚集着各种优质资源，而普通学校由于自身的不足而停滞不前，甚至自己所拥有的少量的优秀教师和学生也流向重点校，这就是教育领域的“马太效应”，城乡办学条件和教育质量走向两个极端，造成了一大批基础薄弱的“差校”“垃圾学校”。

从学校的空间布局来看，绝大部分重点学校设在区域的政治、经济中心所在地，也就是地级市和县城，极少数在经济比较发达的乡镇，而大部分所谓的普通学校分布在广大的乡镇村庄。实际上，重点学校与非重点学校的差距，在很大程度上，就是城乡差距，城市与农村、县城与农村的差距。

当前，国家虽然已经提出要取消重点中小学政策，但其后期影响依然不容小觑。由于大多数重点学校多年来已经聚集了大量的优质教育资源，在区域内明显处于较高水平和地位，在当地具有非常明显的品牌效应。所以，重点学校制度的影响在短期内是难以消除的，原重点学校虽然被取消了重点学校的称谓，但他们在获取各种优质资源方面，仍然远远强于处于弱势的农村学校。

在全面推进城乡教育一体化，促进教育公平的今天，这种“精英教育”的思想仍然支配着包括政府官员在内的很多人对于教育发展的态度。他们始终认为目前政府财力仍然有限，且经济下行压力加大，不可能照顾到所有地区、所有学校。因此，应该集中财力物力，突出发展重点，将有限的资源，投入到最能发挥效益的地方，应用在重点区域和重点人群身上。如果覆盖面过大，势必造成资源分散，四面出击，难以取得任何效益。①

“精英教育”取向不仅导致了教育资源配置失衡，同时也严重影响着学校的内涵发展和具体的教学行为。在我国现阶段精英取向的教育理念中，教育很大程度上承担了筛选的作用，这一点在学生家长的教育理念中体现得最为明显。“学生上学的目的是为了考好大学，考好大学是为了找好工作，找好工作是为了挣钱。”而“上好学”则是实现这一切的前提。在这样的思想和现有高考选拔制度的共同作用下，教育目的已经由“身心和谐，全面发展”转向了“比别人学得好”“比别人考的分数高”。人们似乎已经不再关心孩子应该学什么，而更加关心的是考什么学什么和怎么学，最关注的是孩子在选拔考试中所处的位置。而地方政府则将考试成绩和升学率作为学校教育评价的非常重要的参考指数，评价的导向作用明显偏颇。

当人们的关注点都在统一考试的分数和排名的时候，自然就不会去考虑学校特殊的区域环境、教育资源和自身特点，更不会去考虑学校特色、校园文化、校本课程等内涵发展，导致广大中小学“同质化”“城市化”，千校一面，万人一书，没有办学特色，也就谈不上各具特色、优势互补的城乡教育一体化。而当前国家的统编教材和考试内容是以城市为中心，存在着严重的城市化倾向，脱离农村学生的生活实际，就造成了大量的农村学生学习困难，丧失兴趣最后导致学生辍学。与此同时，当家长们看到孩子升学无望，所学知识又与现实生活相距甚远，或者升学毕业后又找不到工作的时候，新的“读书无用论”就开始盛行，由此，城乡教育差距进一步扩大。

二、传统观念中的城乡二元与城优乡劣思维

城乡二元的经济社会结构不仅造成了城乡在区域间和经济社会发展上

① 参见旭东英、邢顺林：《义务教育发展不均衡的现状及对策研究》，《西藏大学学报（社会科学版）》2011 年第 4 期。

的割裂，同时也是人们在考虑教育问题，形成了一种就城市说城市、就农村说农村的二元思维方式。改革开放以来，中国教育政策的主要特点是效率优先，城市优先，非均衡发展，并提倡教育为城乡各自经济服务。[①] 我们不仅将大部分的资源——资金、师资、荣誉等倾斜性地投向了城市，而且在教育目标要求上，也表现出了城乡二元的差异，强调城乡教育各成体系，为各自的经济社会发展服务。农村教育的教育目标曾经被界定“培养社会主义新农民”“为社会主义新农村建设服务”。城乡教育分别走上了不同的发展路径，并逐渐影响人们对城乡教育发展的思考，也形成了城乡二元分离的思维定式。

尽管自20世纪90年代，我国就开始提出城乡教育均衡的发展战略，但在决策过程中，始终没有摆脱城乡分离的思想观念，还是将城乡当作两个不同的教育领域来看待。无论是布局结构的调整，还是人力物力资源的配置，都是分别考虑，没有放在城乡经济社会一体化这个大背景中考虑教育问题，始终没有将城乡教育作为一个互补、互融的整体来看待。忽而“一刀切式”的农村学校布局调整，忽而“大跃进式”的农村“普九”和标准化建设，忽而“运动式”的教师下乡支教，结果发现问题重重，要么花巨资建设了一大批薄弱学校，要么刚刚建起的标准化学校成了空心学校，回头一看，城市学校的大班额已经达到令人无法忍受的境地。然后，又在城区建设新学校，而很多农村学校校舍闲置。实际上，城市，特别是县城学校的大班额并不完全是由于大规模人口向城镇流动造成的，很多时候，是由于农村学校教育质量过低，不能满足新一代农民家长对子女教育的需要造成的。只有城乡一体地合理调整学校布局，统筹配置优质资源，才能从根本上解决城镇学校大班额和农村学校空心化的问题。

城乡二元的思维方式还影响到人们社会观念和对人的态度。在城市社会中，还存在着根深蒂固的区隔“城市人”与“乡下人”的观念。城市代表着先进，农村意味着落后；城市代表着文明，农村意味着愚昧；城市人

---

① 参见何东昌：《中华人民共和国重要教育文献》，转引自曾祥利、蒋花：《基础教育城乡发展不均衡的成因探讨》，《经济研究导刊》2010年第27期。

是“上等人”，农村人是“下等人”；城市人是聪明的，乡下人是愚笨的。在这种二分的思维中，既然农村人是“下等人”，所以就不应该享受“上等人”的教育服务。这种封建的等级观念不仅在普通民众的观念中存在，甚至在一些政府官员的观念中也存在。[①] 同样的观念不仅存在于大城市与农村之间，也同样地存在于县城与农村之间。在教育资源配置中，优质资源要优先给城市或县城学校，因为他们要求高，而农村人没有这么高的愿望，没有很宽的视野，有基本条件就不错了，甚至新的先进的设备给城市、县城的学校，淘汰下来的东西再配置给农村学校，而且这样的事例并不少见。

在城乡接合部、在流动人口较为密集的城市内部，这种观念更为深刻。原有的城市、城镇户口的人（包括某些政府官员，虽然他们不久以前也是“乡下人”）一方面享受着农村来的务工人员的服务，另一方面又视外来务工人员的子女为“下等人”，为城市优质教育资源的掠夺者。他们为维系自身已有的特权和优势地位，强烈地排斥着流动人口子女进入当地的优质学校。有些在政治、经济、社会某方面属于“特权”或“强势”的阶层或群体，本身已经享受了优质教育资源，但却有一种近乎病态的对优质教育资源的需求的无限性。他们甚至希望仅有自身享受优质教育资源，而其他群体享受一般甚至劣质教育资源。这些观念又程度不同地对政府的决策产生影响。这就是导致城市内部教育二元分割的重要社会原因。

长期的城乡分割的二元结构所形成的社会文化背景和家庭特点，也深深地影响着学生家长们的思想观念以及对教育的理解，使城乡间家长对子女教育的价值追求也存在显著差异。城市青少年的父母在受教育程度、工作性质、经济收入等方面和农村青少年的父母相比处于明显优势地位。城市的父母比农村的父母，对子女的教育更加自觉、全面、科学，其投入的精力和物质也更多。[②]

---

① 参见邬志辉：《城乡教育一体化的制度束缚与破解》，《华南师范大学学报（社会科学版）》2013 年第 1 期。

② 参见旭东英、邢顺林：《义务教育发展不均衡的现状及对策研究》，《西藏大学学报（社会科学版）》2011 年第 4 期。

三、管理理念上的教育弱化与急功近利

除了自然条件和历史欠账等客观原因，最主要的还是党委、政府部门及其主要决策者的重视程度，是否将教育置于优先发展的战略地位，是否将义务教育视为关系到国计民生的重要基础，是否将教育事业发展作为自己获取政绩的重要内容。

目前，各地方政府普遍存在着“经济功能取向”的职能定位。虽然政府的最基本职能应该是公共服务，对于其经济职能来讲，也主要是提供法律保护和政策规范，而不是直接从事经济行为。然而，当前的地方政府较多地承担了经济主体角色，公共服务和社会建设职能相对偏弱。这就导致地方政府官员的政绩是GDP，地方政府把大部分精力都放在了经济建设上，有的地方政府甚至把自己当成了企业或公司，找项目、跑市场，大量征用农民土地以换取土地出让金，但土地出让金却几乎不用于教育。①

特别是在某些财政收入相对较低的地区，原本就不充足的财政收入大部分被挪用到发展经济上，造成农村学校办学条件与城镇之间差距的进一步加大。“教育优先发展”思想并没有从根本上树立起来，“再穷不能穷教育”更没有成为领导干部的自觉行为，对教育公平的认识也存在一定误区，欠缺解决自身所在地区教育问题的能力，致使学校发展得不到财政上的大力支持，最终导致了办学经费的短缺和教育资源难以改善的局面。

近几年，各级政府确实是在教育上投入了大量的资金，城乡教育面貌也确实取得了很大的改观，因此，我们不能说各级政府不重视教育。但与重视经济的程度相比而言，教育仍然处于次要地位或者说是被弱化的地位，这也是一个不争的事实。

---

① 参见周志忍、陈家浩：《政府转型与制度构建——中国教育资源配置的政治分析》，《政治学研究》2010 年第 4 期。

各级干部管理理念的急功近利是制约学校内涵发展的重要原因。人所共知，硬件建设投资摸得着，见效快，效果明显，容易出政绩，而这种追求短期、快速效益的做法恰恰是与教育工作的本质规律相违背的。只满足于改善办学条件和新校建设，对如何解决公共教育资源和服务水平的公平，保证受教育结果的公平考虑不多。教育投资较多的集中在窗口单位或窗口区域。每个县都有能够代表本县最高水平的中小学，其硬件条件甚至可以用“几近奢华”来形容。即使是用于农村办学条件改善的专项资金，也主要集中在学区中心校，而对于广泛分布在偏远地区的学校或教学点则很少关注，学校间的办学差距进一步被拉大。

某些教育行政部门领导，对教育公平的内涵和要求缺乏全面了解，甚至违反教育规律，用管乡镇的办法管教育，用办企业的思路办学校，甚至用行政手段和“搞运动”的方式，强制学校搞形式化的改革，甚至是作秀，以换取工作上的突破。基层学校校长和教师被动应付、机械执行，表面上轰轰烈烈，实际上毫无新意。同时，有的校长本身底蕴不够，力不从心，南橘北枳，东施效颦。有的教育部门领导甚至对具体的教学方法也采用商业运作方式，热衷于通过媒体包装宣传，以制造出开创性、轰动性的成果。这种情况在调研过程中是屡见不鲜的。

第三节　教育投入总量不足与结构失衡

一、财政性教育经费总额不足

与先进省份比，河北省人均财政性教育经费支出总量偏低。2013 年京津冀三地财政性教育经费投入比例基本相当，但是人均财政性教育支出北京市为 4228.3 元，天津市为 3386.8 元，河北省仅为 1169.7 元。除高等教育外，其他各类教育的生均公共财政预算公用经费，北京是河北的 6—7 倍，天津是河北的 3 倍左右。特别是 2014 年以来，随着国家产业结构的调整，经济下行压力加大，财政资金主要用于保工资、保运转，很难拿出更多的资金用于学校建设和办学条件的改善。70 多个未通过省级教育均衡发展验收的县市，经济基础和教育发展都是相对薄弱的县市。而且预计今后几年这种状况会持续加重，急需各级政府加大均衡发展专项资金投入和给予政策倾斜。

以河北省 J 市为例，2011 年至 2013 年，全国农村小学生均公共财政预算教育事业费和生均公用经费都有了较大幅度的增长，但是 J 市的生均教育事业费并没有明显增长，而且生均公用经费还出现了负增长。

2011 年 J 市农村小学生均公共财政预算教育事业费为 4787. 17 元，略高于全国农村地区 4764. 65 元的平均水平。但自 2012 年开始连续两年时间，J 市农村小学生均公共财政预算教育事业经费与全国平均水平相比都有明显的差距，并且这种差距还有不断扩大的趋势。2012 年 J 市农村地区与全国平均水平的差距为 1008. 58 元，2013 年与全国平均水平的差距为 1845. 96 元。在生均公共财政预算公用经费方面，除去 2011 年 J 市农村地区与全国平均水平有较小差距外，2012 与全国的差距为 541. 41 元，2013 年与全国的差距为 730. 53 元。由此可见在公共经费方面，J 市 2012 年和 2013 年与全国的差距也进一步加大。

纵向比较来看，J 市农村地区 2011 年小学生均教育事业费为 4787. 17 元，比上一年增加了 5. 57%。2012 年小学生均教育事业费为 5009 元，比 2011 年增加了 4. 6%，但是在 2013 年，却出现了与 2012 年持平没有增长的局面。在农村小学生均公共财政预算公用经费方面，2011 年 J 市为 1157. 21 元，比上一年增长了 22. 76%。2012 年为 1202 元，比上一年增长了 3. 87%。但是 2013 年为 1063 元，与 2012 年相比整整下降了 11. 56%。

在 J 市某县的调查中了解到，国家和地区虽然每年都在不断加大对农村地区义务教育整体发展的财政投入力度。但是，在实际工作中，还是经常出现捉襟见肘的情况。该县 X 镇教育部门工作人员告诉笔者，县城的教育经费总体上来说还是不足的。与 J 市其他县相比，该县经济发展水平还是比较好的。即使在这种情况下，仍然有拖欠学校办学经费的情况出现。教师们的工资要保障，学校的发展要保障，部分地区的补助也要保障，这样算下来，再去提高部分地区的学校办学条件，能力真的十分有限。

经济发展水平相对较好的县市尚且如此，可见一些贫困地区教育投入不足的情况更是十分严重。但是同时，在很多地区还存在着一种突出矛盾。由于农村地区学校布局结构的调整和国家城镇化布局的加快，很多适龄儿童转移到教育水平相对较高的中心校或跟随进城务工人员转移到城镇小学，这又造成了很多学校“有钱无学生”的局面。学校花钱进行学校办学条件的改善，但是改善之后学生并不见增多甚至还有减少的趋势，最终导致了学校教育资源很大程度上的浪费，这与一些地区学生多但是办学条件改善困难的情况形成巨大反差，这在很大程度上对于农村地区小学办学条件的整体改善造成了严峻的考验。

二、投资结构与方式有偏差

投资重在硬件，软件投入不足。调查数据显示，这几年各地增加的教育资金，绝大部分用于学校危房改造、校安工程、学校标准化建设和新学校建设等硬件投入上，应该说，这些投资都是必要的，是教育事业发展的基础。但同时也应该看到，在配套的管理维护费用、管理和使用人员的培训以及其他保障运行而需要增加的开支方面，就显得相形见绌，明显不足，导致很多设备要么没人管，要么不会用。

尽管近几年各地加大了对县级以下农村和偏远地区的教育投入，但由于资金额度有限，出现顾此失彼现象，城市边缘的农村反而成为投资的死角。部分财政困难的县市财力有限，难以投入配套资金，导致越是困难的地区，越得不到专项投入。张承地区，公用经费中的绝大部分用于了冬季供暖，根本没有剩余财力或者只有很少一部分用于学校发展。

作为农村义务教育办学的重要形式之一，教学点是农村学校中最小的办学单位，其经费短缺主要涉及中心学校与教学点之间经费分配的问题。2006 年，财政部、教育部在《关于确保农村义务教育经费投入　加强财政预算管理的通知》中规定：农村中小学预算以学校为基本编制单位，村小

（教学点）纳入其所隶属的中心学校统一代编。可见，从教学点与中心学校的关系上看，教学点从属于中心校，资金与行政管理均由中心学校负责。县财政性预算经费直接拨付到中心校，并由其进行分配。一般包括：基本支出（人员经费支出、公用支出、各种福利补助支出）和项目支出等。但是中心校给教学点的经费支出是没有标准的，当教学点有需要的时候，向中心校提出申请并获得批准后，才能得到拨款。但当前农村义务教育经费总量上依然短缺，农村中小学布局调整过程中各地将集中资源建好中心学校作为工作重点，将资金集中到中心学校建设上。同时，中心校与教学点关系上的不平等以及中心校缺乏对教学点投资的动力，就导致教学点难以获得运转经费。而且，随着国家全面实施城乡免费义务教育，教学点基本上已经没有了任何收入。[①]

经费投入过于强调了专款专用和配备的标准化，一刀切配置，有些地方脱离当地实际，缺乏针对性，不适合学校的特殊需求，也是造成资源浪费的重要原因。

三、政策不配套　县级财政负担重

2000年税费改革之前，农村义务教育是采取多项措施来筹集经费的，包括县级和乡镇财政拨款，还有农村教育附加费、学生杂费之类的各种渠道。通常来讲，教师工资是由县财政拨款和教育附加费组成，而农村教育费附加和农民集资解决的问题一般都是学校建设方面的支出，学校购买设备的经费也来自这一部分。学生的学杂费主要用于学校的公用经费支出。据调查：农村教育费附加、教育集资和学杂费等主要来自农民负担的教育投入一般会占到县教育经费的40%。自从2000年税费改革开始大力实行后，国家禁止任何人再向农民征收教育附加费和教育集资，原本由农民承担的教育经费除了国家和省级财政增加的转移支付的部分，全部改由

① 参见陆斌：《农村教学点办学条件的问题与对策研究》，西北师范大学教育学院2013年硕士学位论文。

县级财政承担，包括危旧房改造经费、公共经费、教学条件改善经费、学校运转经费以及各种补助费用，农村义务教育经费开始出现严重不足的情况。

为打破制约农村义务教育发展的瓶颈，2005 年中央政府颁布了《国务院关于深化农村义务教育经费保障机制改革的通知》（以下简称《新机制》）。于 2006 年 6 月新修订的《义务教育法》也规定了要确保农村义务教育经费保障新机制的有效运行。但《新机制》仍然存在照顾不周的地方：农村代课教师和后勤人员的工资未计算在内，对于以前各个学校的欠费该怎么解决也没有提出对策。因此，由税费改革而产生的一系列关于教育经费短缺的情况一直持续了下来，地方政府也无力提供相关配套政策，也就使得作为弱势的农村学校经常陷入经费紧张的困境中。①

在贫困县以及其他财政收入偏低的县市，一定程度上无法保障农村义务教育的经费有效供给，有些县财政负担过重，甚至难以保证教育工作的正常开展。县作为一个管辖范围有限的行政区划，在面临财政压力时，其本身可调控的资源非常有限。尤其是近年来，伴随新型城镇化发展，县城进城务工、经商、购房人员逐渐增多，随迁子女急剧增长，造成县城优质资源短缺问题日益突出。例如县城大班额、大校额、县城学校师资短缺等问题。

根据河北省 D 市 Q 县的统计数据，到 2018 年，全县中小学就学人数将达到高峰，每个年龄段约 5000 人，现有教学设施将更加难以满足适龄生就读的需求。若计划在 2018 年前在县城再新建 1 所 6 轨制小学、1 所 20 轨制初中和 1 所 20 轨制高中，约需投入资金 2. 3 亿元。但是，由于用于义务教育学校建设的资金有限且县域经济基础差、底子薄，仅靠县财政投入完成上述几所学校建设难度非常大。

---

①　参见贺晋秀：《我国基础教育非均衡发展的原因分析》，《内蒙古师范大学学报（教育科学版）》2007 年第 12 期。

第四节　新型城镇化建设带来的冲击

一、城镇化的概念与内涵

城镇化，就是打破长期以来形成的城乡二元结构，实现城乡一体化发展的过程。主要包括化“农民”、化“农业”、化“农村”三个方面。化“农民”就是指农民市民化，把具有一定综合素质和职业技能的农民转化为城镇居民，使他们享有与城镇居民同等的社会保障服务。化“农业”是指运用现代科学技术和先进管理经验，实现农业现代化的过程。化“农村”是指把具备一定经济基础和发展潜力的农村乡镇发展为中小型城镇。这“三农”问题是城镇化的根本问题所在。

但是当前随着近年来中国经济的高速发展，我国的城镇化建设发生了巨大的变化。国家在对城镇化的进程与要求不断完善的同时，对城镇化的内涵也进行了重新定义。因此，我们当前所说的城镇化主要是指新型城镇化。新型城镇化的主要特征在于以人为本，坚持可持续的发展观，统筹城乡，促进社会和谐发展。

城镇化的内涵主要包括速度与质量两个方面，速度是城镇化的一种现象或形式，而质量则是城镇化的本质与内容。城镇化的速度主要是指城镇数量的增长速度、城镇居民的人口增长速度和居民生活质量的提高速度等方面。城镇化的质量则包括居民生活质量、城镇基础设施建设和城镇经济发展水平等。

具体来说，城镇化的内涵主要体现在五个方面。一是城镇化不仅是人口转移的过程，而且是坚持以人为本的城镇化；二是城镇化不仅是二、三产业向城镇聚集的过程，更是走以产业为支撑的发展道路的城镇化；三是城镇化不仅是农村面貌向城镇转变的过程，还是以提升内在质量为标准的城镇化；四是城镇化不仅是农村生产生活方式、农村文化和意识向城镇转化的过程，还是坚持走有序发展道路的城镇化；五是城镇化是有特色的城镇化。

二、城镇化的历史过程

我国的城镇化建设起步于新中国成立之后，以1978年为界限，分为计划经济体制时期的城镇化和市场经济体制时期的城镇化两个时期。

在1949年新中国成立前后，中国共产党为了巩固新生政权、恢复国民经济，开始了城镇化建设。首先是工业布局向内地倾斜，加速内地的城镇化进程，并且随着国家相关政策的出台，大量农村人口的迁徙，在扩大了原有城市规模的同时还形成了一大批新兴城镇，城镇的中心作用开始凸显。

20世纪50年代后期，我国进入城镇化建设波动时期。受“大跃进”的影响，新中国的城镇数量出现猛增，大量农村人口涌入城市，我国的城镇化水平达到19.7%。“大跃进”后，中国共产党认识到“左”倾的错误，及时采取措施出台了一系列政策，农村劳动力出现了向农村的逆转，但是随着后来“文化大革命”的发生，我国的城镇化建设又进入了停滞发展时期，国家的经济建设也受到了严重的损伤。

改革开放后，我国开始进入市场经济体制下的城镇化发展进程。从1979年开始，我国的城镇化建设蓬勃发展，全国进入建设高潮，许多新兴中小城镇开始出现，大量的人口又一次出现了向城镇聚集的场面。随着就业机会的不断增加，经济的不断恢复与增长，我国的城镇化建设开始回暖并逐步发展。中国共产党在改革开放后积极探索我国的城镇化发展道路，制定并调整了一系列大中小城镇的发展方向，从1985年起，我国的城镇化建设开始进入平稳发展阶段。

世纪之交，我国的“十五”规划把推进城镇化建设提升为国家战略，并对城镇化的发展进程提出了更加具体全面的方针政策。随着城镇化建设的不断发展，党的十七大又进一步指出要更加积极地发挥中心城镇的带动作用，从实际情况出发，要求各级政府因地制宜，走中国特色的城镇化发展道路，全面促进城镇化建设的和谐发展。

党的十八大报告中，又进一步指出城镇化是一个系统的工程，要进一步消除城乡二元结构，促进服务业的创新与升级。在推动城镇化建设的过程中，积极发展现代化农业。为城镇发展提供保障的同时，既要注重中小城市和中小城镇的发展，也要培育新的城市群，进一步促进国家的城镇化建设。

2011 年，河北省政府出台《关于加强推进城镇化进程的若干意见》，指出要重点解决城镇化发展的突出矛盾，加快城镇化推进步伐。在全省范围内以开展“三年大变样”为抓手，优化城镇空间布局。加强区域内产业和基础设施建设，注重区域文明延伸，推动地区整体发展。其次，采取措施消除城乡壁垒，推动农村人口的城镇化转移，并从整体上增强城市综合承载能力，合理规划城市管理与土地的流转与使用，优化城镇区域布局，建立长效有序的城市治安管理体系，节能减排，推动城镇化的可持续发展。

2014 年发布的《河北省新型城镇化规划》根据国家城镇化规划发展要求，在全省范围内优化城镇化发展格局，打造“一区两翼多点”空间布局结构，增强城市间协作能力，加强交通运输网络支撑，培养城市发展的同时建设一批特色小城镇。从整体上增强城市创新能力和就业环境。健全人口管理保障制度和城镇住房保障机制。推动河北省城镇化进程的不断发展。

三、城镇化对教育的需求与挑战

城镇化过程中对教育挑战最大的就是户籍制度改革。我国现行的户籍制度主要是为适应改革开放后所带来的一系列社会变化所不断调整与完善而形成的。自 21 世纪以来，国家进行户籍制度调整的步伐不断加快。2003 年，国务院下达指令，要求各地区取消农民工进城务工的职业工种限制和行政审批，企事业单位在用人期间应当一视同仁。2006 年下发文件再次要求取消对进城务工人员的就业歧视，加快推进城乡一体化建设。同时，大力推进城乡户籍一体化制度，截至 2007 年底，全国范围内已有 12 个省、自治区和直辖市实行了统一的户籍管理制度。尤其自 2010 年以来，国家的城镇化建设飞速发展。2012 年，国务院办公厅发布《关于积极稳定推进户籍管理制度改革的通知》，要求按县级市、市和直辖市、省会间不同地域的实际情况分类明确户口迁移政策，满足条件的人员可以依法申请登记常住人口。对已落户的农村人口要保障其与原城镇居民享有相同的权益。2013年，在《中共中央关于全面深化改革若干重大问题的决定》中指出，要特别创新户籍管理制度，控制特大城市人口规模，逐步开放中等城市落户限制，对小城市的落户限制要全面开放。2014 年 3 月，国务院颁布《国家新型城镇化规划》，提出户籍方面要不断推进差异化落户政策，并在推进农村人口转移的过程中加大公共基础服务力度，充分调动社会各界力量，健全农业人口市民化推进机制。2014 年 7 月，在《国务院关于进一步推进户籍制度改革的意见》中又进一步明确要严格控制人口规模，可以采取积分制度，逐步透明落户程序。2015 年，河北省各地市也纷纷出台了《关于深化户籍制度改革的实施意见》，要求在全市范围内全面开放落户限制，放开投靠类落户条件和人才落户限制，并有条件地限制城镇人口迁落农村地区。

城镇化快速发展和户籍制度的放开，农业人口大量涌入城市，造成城市教育刚性需求急剧增长。而城市发展规划中教育规划滞后，不能及时依据人口、区域变化对学校布局做出必要调整。许多城镇的领导只注重新住宅的开发，注重人口的城镇化转移，严重忽视新增人口所需要的新校建设，城市发展规划预留教育用地不足使土地供需矛盾突出，城区在学校建设用地方面存在政策上的瓶颈。有的地方因地价上涨，原有规划预留用地也难以开发使用，使得学校建设不能与住宅小区同步规划、同步建设。不少地方住宅楼如雨后春笋，连苑而起，新学校却像雾里看花，难觅踪影，个别地方多年未建一所小学或初中。因此，新建居民区学生不仅难以就近入学，而且还要支付更多的上学成本去择校，上学远、上学难、上学贵等问题成了新区新增人口甩不掉的沉重包袱，造成了新老城区居民之间的矛盾。同时，随着户籍制度的放开，这种问题还会更加突出。

调查中发现，随着城镇化步伐加快，大量农业人口涌向城市或城镇，由于教育资源有限，原有的教育规划与建设速度，短期内难以满足学龄儿童爆炸式增长的需要。一方面，城区学校普遍存在大班额、大校额问题。另一方面，农村适龄学生逐年减少，导致部分乡村学校空心化，有些刚刚完成标准化建设的学校几近空校，造成教育资源浪费。与此相对应，城区在学校建设用地方面存在政策上的瓶颈，农村闲置的校址又因产权不明而造成了教育资源的流失。

随着进程的加快，导致了教育观念与办学模式的变化。当前，整个中国的乡土性不断受到城市化的冲击，人们乡土意识的逐渐淡漠进而导致乡土文化走向荒漠化。在这个过程中，农村教育也明显地走向了城市化，除了教育资源分配不均衡以外，其教育目标、教育内容、课程、教材、教学全都出现了城市化特征，致使教育教学与农村、农民的生产生活实践相脱离，乡土文化作为一种重要的教育资源更是被束之高阁。在这个过程中，人们的文化观念、思维方式和生活方式，却没有自然地发生同步的转变，身体已经进入城镇，头脑还留在农村。同时，很多所谓新型城镇也只不过是换了个称谓，农村还是农村，或者成为都市里的村庄，同样是过着“楼道里放农具，阳台上养家禽”的生活方式。在这一背景下，更加强化了农村教育的窘境，使得农村学校两头不靠，目标不明，定位不清，非常尴尬。

第五节　管理体制僵化　机制不健全

一、“以县为主”的教育管理体制　中央地方权责不对称

1985 年发布的《中共中央关于教育体制改革的决定》提出基础教育实行“地方负责，分级管理”的原则，教育体制实行以国家为主体，社会、企业、个人多渠道筹措教育经费的措施办法。基础教育经费主要由地方政府负担，尤其是县、乡政府。此后一个时期，农村基层乡、村的政权组织办学积极性高涨，形成了“县办高中、乡办初中、村办小学”农村基础教育办学格局。

但是，这种“地方负责，分级管理”的体制，明确了各级地方政府承担主要的基础教育经费支出，而中央采取转移支付项目配比方式补助。这

就直接导致了中央与地方政府权责的不对称，管理重心偏低，县、乡、村承担了大部分的教育经费支出。这也就意味着从制度上确立了本来经济上就存在巨大差距的各地方之间必然存在教育经费投入的巨大差距，导致各地学校办学条件、办学水平的不平衡。特别是一些经济落后地区，县、乡级财政能力不足地区的义务教育受到很大的冲击。再加上乡镇和村等办学单位的经济水平和对教育的重视程度的不同，则进一步导致县际、乡际之间的教育差距的拉大。1995—1998 年，在整个基础教育经费中，地方财政支出的比例一直占 70% 以上，而中央财政支出则一直维持 0.07% 的水平。1995 年在基础教育财政性经费中，中央与地方所承担的比重分别为 0.04% 和 99.96%，这表明，中央财政对基础教育的资助比例明显有限，对于平衡各地区基础教育发展水平的差异所起到的作用微乎其微。[①]

为进一步完善农村义务教育管理体制，2001 年国务院下发《关于基础教育改革与发展的决定》，规定“实行在国务院领导下，由地方政府负责、分级管理、以县为主的体制”，[②] 县级人民政府对本地农村义务教育负有主要责任，即“以县为主”对中小学的规划布局、教师工资发放、学校教学工作等实行统一管理。提出“以县为主”，旨在改变过去过于分散的教育投资配置模式，把政府对农村义务教育的责任从以乡镇为主转到“以县为主”。但是，这种体制在统筹城乡义务教育发展方面，其重心仍然是偏低的，只能实现在一个县的层面上调控，县域之间、县市之间的统筹则无力达到。县与县之间、县与城市之间的财政收入存在巨大差距，这种财政上的巨大差距必然造成城乡义务教育经费投入的不均衡。因此，这种体制仍然未能从根本上改变义务教育资源配置向经济发达地区以及城市倾斜的政策导向。

更为重要的是，县作为一个管辖范围有限的行政区划，其可调控的资源非常有限，在这样有限的资源中很多问题无法得到切实有效的解决。甚

① 参见贺晋秀：《我国基础教育非均衡发展的原因分析》，《内蒙古师范大学学报（教育科学版）》2007 年第 12 期。

② 《关于基础教育改革与发展的决定》，中国改革信息库，http：//www.reformdata.org/content/20010529/6183.html，2010 年 5 月 29 日访问。

至有些经济特别欠发达的县难以保证教育工作的正常开展。乡政府办学积极性不高，造成管理缺位。各级政府权责不清，农村学校难以获得有效管理和及时资助。在一个连基本的教育经费都难以保证的县，不可能去推进城乡教育均衡。如果说要均衡，那也只能是一种低水平的平均主义。

而且，这种体制并没有改变中央政府与地方政府的权责不对称，同时，客观上进一步确立了城市负责城市、农村负责农村的格局。据 2004—2009 年的统计，掌握近 60% 支出的中央财政，没有责任也没有具体的项目支撑，其中用于教育的比例最高年份也只有不到 17%，也就是说，占 40% 的地方财政要承担 83% 以上的教育经费。[①]

2008 年，新的《义务教育法》又将义务教育管理体制调整为："实行国务院领导，省、自治区、直辖市人民政府统筹规划实施，县级人民政府为主管理的体制。"[②] 这一新体制突出强调了省级政府的统筹作用。省级政府要统筹落实辖区内农村义务教育经费，确定省以下各级政府的经费分担责任，落实中央安排的转移支付和地方各级政府应承担的资金，承担与其职责和财力相应的义务教育经费数额，制定辖区内经费保障机制改革的各项政策措施。[③] 但省级以下的经费保障责任模糊。有些地方政府，特别是地市和乡镇一级政府，对于教育投入持消极态度，甚至对于教育经费投入责任互相推诿。同时，也再次明确了"以县为主管理"，这一方面平衡了县级对义务教育的事权和财权对称，调动了基层政府管理和实施义务教育的积极性，但是另一方面，并未改变县级财政为义务教育支出主体的体制。由于地方财政状况差异很大，造成了教育投入差异有进一步扩大的趋势。

---

① 参见李秉中：《实现 4% 教育经费的路径建议——2004—2009 年中央财政教育支出比较分析》，《中国教育报》2010 年 9 月 21 日。

② 《义务教育法》，律法网，http：//www.88148.com/Info/201503133485.html，2015 年 4 月 24 日访问。

③ 参见蔡亮亮：《"以县为主体制"对农村义务教育管理的挑战与对策》，《教育科学研究》2013 年第 7 期。

二、政出多门的教育管理体制 办事效率低下

教育事业的管理涉及多个层级的政府，也同时涉及同一个层级政府的多个部门及其所属事业单位。理论上讲，多个部门都共同关注教育事业，有利于统筹各方面资源，促进教育的协调发展。但是在实践中发现，不同管理部门之间的统筹协调非常困难，政出多门，群龙治教，一件看起来很明显的事情，往往要多部门协调。但各部门又往往从本部门的利益出发，思路难以统一，甚至相互掣肘，导致办事效率低下，落后于当前城乡经济社会和教育事业改革与发展的步伐，使问题越积越多，各种矛盾也就越来越突出。

教育系统中的很多事务，特别是涉及用人、用钱、用地等重要的关键事务都是如此。

教师编制短缺以及结构失衡是各地多年来一直反映最为强烈的问题，多地十年来未补充新的教师。但是教师的编制、选聘、考核、职称等事务涉及财政、编制、人事以及教育系统内部多个部门。据了解，这些问题政府领导都很清楚，就是解决不了，根源就在于多部门协调难以达成一致。

学校建设则涉及国土资源、城乡建设、发展改革、安全监管、水利水务、审计监察及教育系统内部若干部门，而现在校舍浪费与校舍不足的矛盾越来越突出，就是解决不了。一方面城区教育用地不能满足需求，另一方面，农村土地产权问题严重。X县县城义务教育学校的发展过程中，对教育用地的规划是建立在当时的人口及入学率的基础上，经过几十年的发展，人口数量和入学率均有了提高，但是学校用地已经无法扩张，一定程度上加剧了义务教育阶段大班额、大校额的问题。同时，农村的义务教育用地存在着土地产权问题，义务教育用地应为国家所有制土地，而农村的集体所有制土地建设学校时，无法得到相关部门的批准。

学校经费则不必多言，教育系统本身的财务权力是非常有限的。调研中有的领导曾提到，直接参与教育事业决策与管理的政府部门就有教育局、教育督导室、发展改革委、财政局、人社局、编办、规划局、国土资源局、住建局、审计局、监察局、安全监管局、公安局、卫生局及防疫站、水利

局等政府部门。在这些与教育系统有关的多个政府部门中，很明显，教育部门在资源整合能力上又处于比较弱势的地位。可以想象，一个不管人、财、地的教育部门，还能管什么？任何一部门扯皮，教育上的事情就干不成。

多部门治教的状况不仅仅存在于教育事业的政策制定和宏观管理层面，也存在于学校的具体办学行为中。各种检查、评估，跟教育教学无关的各种社会活动层出不穷。一位校长说，他自己都记不清兼任了多少个领导小组的组长了。有时候，一个总结刚写完，还没送走，另一个文件就又下来了。这些工作对学校干扰太大，学校也因此承担了过多的非教育教学方面工作，校长、教师疲于应付，难以集中精力干好学校分内的事情。

三、管理评价体系不完备　办学缺乏活力

近年，政府在促进城乡义务教育均衡发展方面采取了诸多措施，但由于我国现代教育督导制度建设存有很多缺陷，目前的教育评价考核体系已不能完全满足社会发展的需求，监督机制难以发挥效力，某些政策也因此而难以落到实处。这无疑在另一层面上助长了城乡教育发展不均衡的态势。

我国教育督导的法制建设跟不上形势发展的要求。国家目前关于教育督导的专门性法规仅仅限于1991年原国家教委颁布实施的《教育督导暂行规定》，已有20多年，教育督导自身的立法工作进展缓慢，严重滞后于教育督导的实践。

现行的管办评合一的教育管理体制，政府集“管、办、评”于一身，政府及其教育行政部门既是规则制定者，又是制度执行者，又是绩效评估者，被形象地称为“既是运动员，又是教练员，还是裁判员”。这样的“管、办、评”三者合一的体制，缺乏真正意义上的教育督导评价。一方面会造成管理上的疏忽，另一方面会造成办学积极性与组织性懈怠，最后在教育评估问责方面也会出现疏漏。而且，目前我国各级政府的督导机构，实际上是挂靠于教育行政部门，说到底还不是政府监督，而是教育行政部门的自我监督，这样就难以客观、有效地监督义务教育城乡一体化过程中

的各种问题与薄弱环节。

同时，面对庞大的教育领域，仅有一个挂靠在教育行政部门内部的教育督导机构也难以应对众多的教育督查工作，其督导范围连教育系统内部都出不去，根本谈不上对政府及其各个职能部门的督查。例如，我国《教育法》规定教育经费要做到“三个增长”，强调要增加各级财政对教育的投入，并逐步提高财政性教育经费占国内生产总值的比例，但并未建立相应的监督保障机制来确保教育投资“三个增长”的落实，而且，也没有相应的监督机制约束地方政府尤其是基层政府对教育经费的分配使用，以致它们常常因各种动机驱使而将本应用于农村义务教育的经费挪作他用。[①]

尚未建立起一套适合于学校内涵发展的评价管理体系。现有的义务教育均衡发展评价指标体系明显侧重办学资源的配置和办学条件的标准化，而在学校教育教学、特色建设和质量提升等方面，比重不足或基本不做要求。

以河北省J市为例，全市范围内并没有一个明确的适应性的城乡教育均衡化发展的考核体系，在实际的工作中所出现的财政投入及教育经费向城镇地区倾斜的局面并没有明确的部门或机构进行监督。部分地区在对农村小学办学条件进行改善的过程中，由于缺乏相对应的专业客观的监督机制，导致农村地区小学办学条件的改善成果与预期也存在一定差距，甚至农村义务教育公用经费与基本建设费被挪用、被扣留的现象时有发生。

四、“城市决定农村”的权力结构　城乡地位不平等

新中国成立以来，我国形成了城乡二元的发展格局，也形成了城市控制农村、城市支配农村的权力结构。从空间布局来看，各级政府都是设立在所在区域的城市或城镇，农村位于城市或城镇辖区之内，农村事务由城市或城镇来决定。而我国在资源配置上的突出特点就是各类资源以行政中心为中心配置，行政层级越高，其聚集的优质资源越多，这就形成了一个个大小不同的以各级行政中心为中心的“同心圆”，离圆心越远，其拥有

① 参见俞海洛:《城乡义务教育资源均衡化探析》,《河南社会科学》2012年第5期。

的资源越少。行政层级越低的农村，则越是处于远离圆心的边缘，被边缘化的态势越明显，其拥有的资源就越贫乏。这种格局反映在权力结构上，就形成了从圆心向外渐弱辐射的格局，也就是以城市、城镇为权力核心，而农村地区则逐渐远离权力的中心。

有学者认为，在当前中国政治体制下，“城市利益集团与权力中心距离较近，与权力中心往来密切，个人所分享的集团利益比例较大，成员集体行动积极性高，游说政府制定倾向于保护城市利益集团的政策的成本较低，因此城市利益集团在义务教育财政体制变迁的过程中始终扮演着‘第一行动集团’的角色”。[①] 城市利益集团的人，不管他原来是否来自农村，他们总是从自己的社会背景出发，按照有利于自己现在所属集团的利益的方向去影响决策。在涉及农村教育发展的重大问题时，在某种程度上，是城市利益集团替“乡下人”在做决策，在决策过程中的主流意见是城市的意见而不是农村的声音。在这里农村只是处于远离权力中心的弱势地位，而且由于农村的居住环境和文化观念，松散且相对封闭，难以形成有力量的统一的声音，对政府决策的影响力相对有限，难以产生较大的压力，他们只能盼望城市的道德觉悟和悲悯施舍。[②]

在这种权力结构下，制定出来的城乡教育均衡政策、城乡教育一体化政策，在多大程度上符合农村弱势群体的利益，在执行过程中，能够多大程度上实现教育公平的内涵，是一个根本性的问题。实际上，在一定程度上，就是这种权力上的政治影响力导致了多年以来已经固化的城乡义务教育发展水平的巨大差距。

同时，中国的城市化、城镇化的进程是以城市或城镇的扩张为主要形式的，是通过对周边农村地区的优质资源越来越多地吸纳、聚集实现的。所以，伴随着城市进程的加快，如何消除或者减弱这种政治影响力，是推进城乡教育一体化过程中一个不容回避的关键问题。

---

① 刘颂：《义务教育财政体制变迁的经济学分析——从城乡义务教育发展不平衡角度》，《云南社会科学》2006 年第 5 期。

② 参见邬志辉：《城乡教育一体化的制度束缚与破解》，《华南师范大学学报（社会科学版）》2013 年第 1 期。

第五章　发展理念与对策建议

近年来，河北省及各市县出台了一系列推动城乡一体化发展的政策，探索出许多成功的经验与成果，城乡教育均衡有了显著的成效。但是我们还要深刻认识到，推进城乡教育一体化发展仍有很长的路要走，城乡办学条件和学生的教育质量仍存在很大的差距，在教育投入、师资队伍、课程设置、教学方式和培养质量诸方面还存在许多不完善的地方，尤其是农村地区的办学条件和教育教学水平迫切需要提高。这些问题的解决不是一蹴而就的，需要教育理论工作者与相关教育行政部门长时期的共同努力。

第一节　坚持城乡教育一体化发展的科学理念

观念是行动的指南，要不断改善农村地区小学办学条件，推动义务教育均衡发展，首要任务是转变传统教育思想观念，树立正确的教育发展观。首先，当地政府领导应当认识到义务教育在整个国家教育体系中的地位，应当认识到农村义务教育在整个义务教育体系中的比重，应当认识到办学条件的改善对农村义务教育发展的作用。要了解教育是一项需要长远奋斗的工程，要摆脱思想的束缚，看到教育发展对经济发展的长远利益。其次，教育领导部门也要积极争取教育投入，积极改善农村地区小学办学条件，摒弃重点学校重点扶持的陈旧思想，推动城镇化背景下农村小学办学条件的改善。

一、教育与经济、社会协调发展的理念

（一）城乡经济社会一体化是城乡教育一体化的基础

城乡二元的教育结构源于城乡二元的社会结构和经济结构，而城乡二元经济结构是人类工业化初期必须经过的一个阶段，也是新中国成立初期，为实现国家工业化而采取的重要战略。城乡教育差距是城乡二元结构长期发展的必然结果，缩小城乡教育差距当然也不能一蹴而就，这是我们研究城乡教育一体化必须承认的一个基本事实。

改革开放以来，随着国家经济体制改革，城乡间生产要素的流动，需要打破原来城乡二元分离的经济结构，实现城乡经济一体化发展。由此，落后的城乡二元的社会结构就成为经济发展的桎梏，从而使构建城乡一体的社会治理结构，实现城乡经济社会协调发展、一体化发展成为必然。在此背景下，教育领域逐渐成为国家经济社会一体化发展中重点关注领域之一。

城乡教育一体化源于城乡经济社会一体化，推进于城乡经济社会一体化的过程之中，作为一种社会现象，也必然受经济社会发展实际水平的制约。逐步实现经济社会一体化是实现城乡教育一体化的前提，没有城乡经济社会一体化的推进，单纯地、孤立地谈城乡教育一体化是不科学的，也是不现实的。没有城乡经济社会一体化，就不可能实现真正意义的城乡教育一体化。

我们在推进城乡教育一体化过程中的很多问题，都受制于城乡经济社会一体化进程的滞后。如城乡间经济发展水平、人民生活水平、社会管理方式、服务保障体系、人口流动趋势、思想文化传统等，无一不在深刻地影响着城乡教育一体化的各个方面。脱离开这个背景，脱离开城乡经济社会一体化发展的历史阶段和具体实际，就教育谈教育是没有意义的。因此，任何城乡教育一体化的政策调整都必须放在这个大的背景下来思考。

当前，实现城乡经济社会一体化的重点之一就是推进农村新型城镇化，但是这个过程绝不是一朝一夕的事情。城镇化的发展是要将城乡居民之间的生产生活方式不断融合，逐步达到协调发展的一个过程。要在推进城镇化发展的进程中认识到城乡之间的巨大差距。除了农村生产相对薄弱，农民收入相对较低，农村教育相对落后这些基本现实外，城乡之间思维方式、生活方式、文化意识方面的差距短期内难以消除。因此，实现城乡教育一体化是一个相当长的渐进的历史过程。

（二）城乡教育一体化是城乡经济社会一体化的重要条件

城乡教育一体化以城乡经济社会一体化为基础，并不是意味着要等城乡经济社会一体化完成之后再考虑城乡教育一体化。而是在充分认识经济社会一体化的推进为农村地区办学条件的改善提供物质基础的同时，更要认识到农村学校办学条件的改善和办学水平的提高也是城乡经济社会一体化的重要组成部分，并起着重要的推动作用。也只有充分认识城乡教育一体化对于城乡经济社会一体化建设的重要意义，才能从根本上提升对城乡教育一体化的认识，解决教育地位弱化的问题，解决城乡教育一体化的动力问题。

城乡教育一体化是消除贫富差距的需要。贫富差距既包括经济收入和生活消费等物质水平上的差距，也包括思维方式和精神生活等文化水平上的差距。而教育是消除这两种差距的非常重要也非常现实的需要。教育被普遍认为是改变整个家庭贫穷落后生存状态的出路，甚至是唯一出路。虽然我们并不是在宣扬“上学为了考大学，考大学为了找工作，找工作是为了挣钱”的这种狭隘功利的价值取向，但是，“知识改变命运”这句话已经被许多人实践，并成为人们的共识。教育同时更是提高孩子综合素质，提高生存能力，提升人生境界和生活品位的重要途径，这同样也是消除城乡之间精神文化生活领域贫富差距的主要途径。

城乡教育一体化是推进社会和谐的基础。社会和谐既包括城乡社会之间的和谐，也包括个人的个体内部的和谐，二者都需要教育作为基础。只有通过教育，培养出身心和谐发展的人，最大限度地减少不和谐的破坏性因素，才能真正实现城乡社会的和谐。也只有将城乡居民最为关注的子女教育问题解决好，特别是把农村教育越来越弱的问题解决好，消除愚昧，也才能够最大限度地消除城乡不和谐因素，实现城乡社会的和谐。

城乡教育一体化是解决民生问题的重要内容。中国现在的重要社会矛盾几乎都是由民生问题所引发的，民生问题成为中国目前社会矛盾的基本根源。中国社会已经进入全面建成小康社会的新阶段，人民对于生活的期望已不仅仅限于温饱生活，而是有更高的生活追求。民生问题已经成为现阶段中国民众最为看重的、最为基础性的、最为普遍的利益诉求，而且这种重视程度也是几千年来前所未有的。教育问题已经成为社会最关注、最重要也是最薄弱的民生问题之一，只有推进城乡教育一体化，实现教育公平，才能更好地改善民生。

城乡教育一体化更是实现社会公平正义的重要途径。促进社会公平正义是我国当前全面深化改革的重要目标。教育公平是社会公平价值在教育领域的延伸和体现。促进教育公平是国家的基本教育政策，是社会公平的重要基础。保障所有适龄儿童平等接受义务教育的权利，全面推进城乡教育一体化，合理配置教育资源，扶持弱势群体，消除城乡差距，实现义务教育均衡发展是教育公平的基本要求。同时，只有实现城乡教育一体化，提高全民素质，消除城乡差距，构建起合理的社会治理结构，也才能够实现社会的公平正义。

因此，县域城乡义务教育一体化的建设是在农村城镇化建设的大背景下进行的，同时也是农村城镇化、城乡一体化、社会公平化三者共同的需求。教育作为重要的基础性和先导性事业，在城乡经济社会一体化的过程中，必须纳入城乡经济社会一体化的范围中，协调发展。在县域城乡义务教育一体化的建设中要将农村教育与新型城镇化建设同步，城镇化建设也必须把教育一体化规划进去。尤其是在加快推进农村新型城镇化建设的今天，不能忽视了城乡教育一体化的建设。但同时，在推进县域城乡义务教育一体化建设的时候，也不能脱离了城乡一体化、农村城镇化的建设现状。滞后代表了缓慢，而超前也将造成不良的后果。

二、城乡平等　共同发展的理念

教育是崇高的公益性事业，理应对全民负责。中国特色社会主义性质决定教育具有全民属性、国家属性，应当是全民平等、公平、共同享有的。

（一）消除歧视追求平等

实现城乡教育一体化首先要建立城乡平等的价值理念。长期以来，城乡经济社会的二元结构形成了城乡不平等的价值理念，如城市代表着先进，农村意味着落后；城市代表着文明，农村意味着愚昧；城市人是“上等人”，农村人是“下等人”；城市人是聪明的，乡下人是愚笨的等观念在中国社会根深蒂固。城市一方面不平等地吸纳着农村的优质资源，一方面又形成了对农村各方面的歧视和偏见。优先发展城市、资源集中于城市、城市支配农村等已成为常态。这些观念一直影响着而且还将继续影响着人们的思维、政府的决策和教育实践。

推进城乡教育一体化，必须建立在城乡平等的基础之上，要求全社会，特别是政府决策者，必须从观念上平等看待城乡关系，彻底摒弃观念上的歧视，真正建立城乡平等的价值理念，才能够解决制度上的障碍。纠正长期形成的城乡不平等、城市为中心的“重城轻乡”观念，把公平正义作为教育工作的出发点和归宿，在一切工作中平等地对待城市教育和农村教育，不可有任何忽视、漠视和歧视农村教育的倾向和现象。把建立面向城乡全体人民的普惠性教育体系，办好城乡每一所学校，教好城乡每一个学生作为城乡教育一体化的价值追求。

（二）城乡均衡共同发展

城乡教育均衡发展是实现城乡教育一体化的前提，没有均衡发展，就没有教育公平，也就谈不上高质量的一体化。就目前我国的实际情况来看，在相当长的一段时间里，城乡教育一体化的工作重点还应该是均衡发展。

第一，要保证城乡间教育投资和办学硬件条件的均衡配置与改善，保证基本的物质基础。根据调研，目前城乡学校之间办学条件的差距依然很大，特别是农村学校之间的差距被表面的浮华所掩盖，有逐渐扩大的趋势。当前，县域范围内形成了县城优质学校（实际上就是原来的县教育局直属的重点学校）、县城普通学校、乡镇中心学校（含寄宿制学校）、农村小微学校或教学点多层次并存的格局，但是各个层次之间的差距却有明显加大的趋势。这几年，随着投资力度的不断加大，县城的优质学校本身就有雄厚的历史积淀，办学条件最为优越，各地农村乡镇的中心学校办学条件有了相当大的改观，但是，处于偏远地区大量的农村教学点却几乎被边缘化，成了政策关注的盲区。县域范围内办学条件差距之大，令人瞠目结舌，不少已经实现教育均衡的县也是如此。

第二，要实现城乡间教师数量和结构的均衡。教师配置在数量上存在的问题与硬件条件的问题相似，城乡差距的程度人所共知，在此不必多言。即使是数量上基本均衡的条件下，农村和城镇普通学校的师资结构也存在着明显失衡，重点反映在年龄结构、学科结构和岗位结构上。城乡间教师结构差距太大，这是比办学硬件条件差距更难以解决的问题，而且是在大规模办学标准化进程中极易被掩盖的问题。

第三，则是投资结构的均衡。近些年来，各地大规模增加教育投资，城乡办学条件大大改善，这是不争的事实。但是教育投资大部分被投入到校舍建设和设施设备的配备等硬件条件的改善中，而用于保证学校正常运行、改善教师基本办公条件、提升教师专业能力等方面的公用经费的提高则不明显，导致大量设备利用效率低下，教师教学水平依然如故，整体办学质量未见提升，没有从根本上改变“农村弱”“城里挤”的局面。因此，要树立教育投资结构均衡的理念，保证教育投资的效益最大化并最终落实到教育质量的提高上来。

（三）平等前提下的差异与补偿

在我国目前的情况下，城乡平等并不意味着教育资源的平均分配。我们应该正确理解平等理念的内涵，要考虑到城乡办学实际状况的巨大差异，更应该向处于相对边缘弱势的农村学校和特殊群体倾斜，让困难人群率先享受到阳光。

当前，城乡教育在办学条件、教学水平、师资队伍以及教育环境上的差距是根深蒂固的，这一方面是自然条件和发展水平的差异造成的，但是更大程度上是多年来的地区二元结构造成的，是城市多年来近乎掠夺式地吸纳农村资源造成的。农村地区因为长期资源匮乏以及自身长期处于被掠夺、被支配的弱势地位，在思想方式、文化观念、素质修养上与城市之间形成了根深蒂固的差异，单纯的资源的平均配置并不能抵消他们固有的弱势与缺陷。因此，仅仅实现城乡之间在教育资源配置上的表面平等是远远不够的。现阶段，对于农村教育，特别是那些自然条件艰苦、经济发展迟缓的偏远农村地区的教育应该给予更多的倾斜，对长期处于弱势地位而遭受不平等待遇的农村地区给予更多的补偿，从而以表面数量上的不平等实现实际质量上的平等。

三、城乡一体　互补互融的观念

（一）秉持一体化的思维方式

均衡是一个量的概念，是独立的分离的双边或多边在数量、程度、水平上的一致或者稳定的一种状态，是一种相对静止的状态。一体化则是建立在一个整体基础之上，是各种要素在整体内部流动、融合从而促进各部分之间相互补充、相互支撑的过程和状态。其前提是一个整体，而且整体内部各种要素根据整体功能的需要，顺畅流动而达到动态的平衡。

在统筹城乡教育发展过程中，不能孤立地按照区域空间分别看待城市教育或农村教育，要逐步形成一体化的思维方式。过去在学术研究和政策制定过程中，为了突出对农村教育的扶持，我们经常把农村作为一个独立的系统提出来。后来，随着城镇化步伐的加快，城市大班额问题凸显，人们又将焦点转移到城市。这种就农村说农村、就城市说城市的思维方式，在目前中国快速城镇化的过程中，是无法构建起适合城乡教育一体化发展的体制和机制的。实际上，当前城市或城镇学校大班额问题，在某种程度上来说，就是这种城乡二元思维的政策方式导致的。

大量农村学生之所以进城择校，一方面是城镇化进程加快，大量农村人口转移到城镇而导致适龄儿童大量增加造成的，但是还有一个重要原因就是近年来农村学校布局调整后造成农村学生走读上学距离远，住宿上学条件差，而且城乡学校办学水平差距过大，无法满足农民对子女教育的高期望，而造成农村家长不得不到城市择校造成的，是长期以来城乡分离、重城抑乡政策导致的农村家长无奈的选择。如果片面强调扩大城镇学校规模，改善城镇学校条件的话，不仅无助于问题的解决，而且还会进一步导致“城内更挤，农村更空”。因此，必须用城乡一体化的思维研究解决。既需要按照城市化进程和人口发展规划同步建设城镇学校，在城区新建和扩建学校，满足进城务工人员随迁子女的教育需求；同时，要通过资源下沉、强基固本改善农村学校，吸引农村学生回流，这是解决大班额问题的治本之道。①

因此，再也不要就农村说农村，就城市说城市，要改变“城乡两策，重城抑乡”的思路，从城乡各自的小循环、小系统走向城乡统一的大循环、大系统，树立城乡一盘棋的总体思想，发挥城市辐射带动优势和城乡之间的关联优势，使城乡资源共享，共赢共荣。②

（二）促进一体内的资源流动

教育资源是对教育活动产生影响的各种要素的总称，它既包括以教育投资、设施设备、校园环境为主体的物质资源，也包括以教师、学生、教育管理者以及其他利益相关者在内的人力资源，而人力资源不仅仅是作为自然人的数量的多少，更重要的是凝结在人身上的知识、经验、技能、人格、理念、人际关系等在内的内在素养。

城乡教育一体化仅仅是城乡教育资源的均衡配置是远远不够的，必须在均衡配置的基础上，使各种资源能够合理顺畅地流动起来，在动态调整

---

① 参见杨东平：《实事求是、因地制宜推进城乡教育一体化发展》，《中国党政干部论坛》2016年第8期。

② 参见李广舜：《国内外城乡经济协调发展研究成果综述》，《地方财政研究》2006年第2期。

的过程中，实现合理配置。具体来讲，就是城乡教育融为一体，使教师、学生、资金、设备、管理、教学方法和手段、教育信息等教育要素在城乡间流动畅通，充分发挥城乡教育各自的优势、特色，互相吸收有利因素，疏通交流渠道，双向沟通、良性互动、相互支持，促成各种教育资源合理配置，实现城乡教育的双向一体化。①

首先是干部教师资源的合理流动。“实现城乡义务教育一体化关键在教师一体化。”② 近年来，各地实行了各种政策措施，促进城乡干部、教师交流。干部、教师的流动不顺畅的问题非常突出，现有的支教、帮扶机制收效并不明显。城乡间的干部教师的双向交流往往是一种政策控制下的被迫的行为，大多流于形式，并没有实现教学与管理质量的提升，优质教育资源始终难以真正地辐射到偏远乡村。

其次是教育信息的合理流动。要整合县域各种教师培训、教育科研资源，通过利用信息技术手段、创新教研模式、组建教师发展共同体等方式，促进区域内先进教育理念、教学方法和手段等教育信息在全体教师之间的流动，最大限度地提升农村地区教师的专业水平。

同时也要考虑教学设备的流动。目前，各级政府投入了大量的资金改善办学条件，但具体到学校，却存在着大量的闲置与浪费现象。其主要原因就是推进学校标准化过程中，以“一刀切”的方式，给城乡学校配置同样的教学设备，甚至不管是完全小学，还是仅有一、二年级的不完全小学，都配备同样的图书，忽视了不同学校之间、不同年级之间的差异。因此有必要建立一种教学设备的调整流动机制，以充分发挥资金投入的效益。

城乡教育资源，特别是优质教育资源流动的根本目的，是以此带动城乡间学生资源的合理流动。通过提高农村学校的办学质量，引导城镇学校学生回流，从根本上解决“城挤乡空”的问题。

---

① 参见邬志辉：《城乡教育一体化不等于“教育城镇化”》，中国教育科学院网站，http：//www.nies.net.cn/ky/jypl/pl_ rdjj/201208/t20120816_ 306066.html，2012 年 8 月 16 日访问。

② 王定华：《实现城乡义务教育一体化关键在教师一体化》，中国教育新闻网，http：//www.jyb.cn/basc/xw/201607/t20160722_ 666317.html，2016 年 7 月 22 日访问。

（三）形成一体内的特色发展

城乡教育一体化不是城乡农村教育城市化，也不是城乡教育同质化、一样化，更不是“削峰填谷”的平均化。它应是保持各自特色的一体化，是和而不同、相互补充、共同发展的一体化。

诚然，多年以来，农村教育发展的确落后，城乡差距确实很大，农村教育应该得到大力的倾斜与扶持。但不能由此认为农村教育就应该向城市看齐，将城市的教育看成农村教育发展的方向。“在价值取向上，应该把城乡教育放在完全平等的地位加以对待，不能将农村教育作为没有特色的、弱势的、需要改进的一方，必须发掘农村教育的特色和农村教育的真正需要。”①

建构主义认为，学习者对于新知识的学习都是建立在原有知识结构基础之上的，都是用已有的知识去同化新的知识以形成新的知识结构。任何脱离学生的生活实际和已有知识结构的教育都是低效的，不适宜的。必须要结合学生、学校的实际环境，走特色发展之路，寻求最适合孩子的教育。

由于自然条件和经济社会发展的水平差距，也衍生出城乡各区域内部不同的特点与优势，这就为城乡教育的特色发展提供了可能。城市有城市的优势，农村有农村的特色，甚至可以说任何一方的资源优势都是另一方无法比拟的。城市地区拥有现代科技、城市规则、公园街市、建筑风光以及无孔不入的现代生活方式，农村地区拥有山川河流、花鸟鱼虫、风土人情、文化传统。不同地域的城市、农村又是万紫千红，各有所长。白洋淀的荷花、太行山的果林、坝上草原的骏马、燕赵古国的历史，处处都有滋润孩子成长的阳光雨露，都是当地学校特色发展的不竭之源。也只有实现这种平等均衡基础之上的特色发展，才能有一体化的发展。

① 褚宏启：《城乡教育一体化：体系重构与制度创新——中国教育二元结构及其破解》，《教育研究》2009 年第 11 期。

四、实事求是　因地制宜的观念

中国幅员广阔，经济社会发展极不平衡，区域之间、城乡之间，特别是各地农村之间的情况差异极大，地理生态环境、人口结构禀赋、历史文化传统、经济发展水平、社会结构变迁各不相同，教育条件、发展水平和政策倾向差异极大。因此，决不能采用“一刀切”的方式齐步走，决不能像当年“撤点并校”时运动式地推动，必须要坚持实事求是、因地制宜的理念，有步骤、有重点、稳步地推进城乡教育一体化。

目前，我国学术界对于农村教育的未来发展方向一直存在着比较大的争议，实际上，是出于对农村这个概念的现实状态的不同理解造成的。从宏观角度讲，东南沿海经济发达的长三角、珠三角，城市化进程远远领先于全国，城乡融合基本上成为常态，传统意义上的农村已基本消亡，其城市化的程度是我国广大的中西部以及东北部农村地区无法比拟的，巨大的城市化和社会发展程度的差距，自然会派生出对农村教育发展方向的不同价值取向。

从省域范围内来看，省内不同区域的发展差距依然巨大。以河北省为例，从经济发展水平上比较（截至 2016 年），既拥有像迁安、三河这样的全国经济百强县，同时也拥有燕山—太行山连片特殊困难地区县、片区外国定重点贫困县、省定重点贫困县以及后续扶持县（享受省定重点贫困县政策），共计 65 个，占河北省县（市）总数的 37.8%，差距之大，显而易见。作为全国经济百强县之一的三河市，首轮通过廊坊市政府和河北省政府教育督导评估验收和河北省义务教育发展基本均衡县验收，并被省政府授予“河北省教育工作先进市”称号，其城乡教育均衡发展模式受到了国家领导的高度关注。教育部办公厅、教育部基础教育一司和教育部教育发展研究中心均以“河北省三河市大力推进义务教育均衡发展”为题，向中央政治局、各部委和各省份介绍了该市的经验。① 但是，面对65个贫困县，三河市的经验能否推广，如何推广，恐怕是更应该思考的问题。

从县域规模来看，河北省面积最小的县是廊坊市的大厂回族自治县，只有176平方公里，同时也是人口最少的县，只有11.8万人。承德市的围场满族蒙古族自治县最大，9220平方公里，相当于52个大厂县。而人口最多的县级市是定州市，有121.5万人，是大厂县的10.3倍。大厂县位于交通顺畅、经济发达的京津之间，县境东西最长距离22.22公里，南北最长距离17.89公里，从县城到任何一所学校，半天都可往返；围场县位于坝上草原，地广人稀，经济落后，交通不便，是国家重点扶持的太行山连片特殊困难地区县，县境东西长138公里，南北宽118公里，到离县城最远的学校，开车绕行，当天都难以往返。

从自然条件看，河北省既有东部的宽阔的渤海之滨，也有西部起伏的太行山地，既有物产丰富的华北平原，也有冬季寒冷的坝上高原。南部已经鲜花盛开，北部依然是雪花飞舞。同样的公用经费，在南部地区就可以维持学校正常运转，而在北部高寒地带，有限的公用经费恐怕连冬季取暖都不够。有如此大的县域差距，不可能采用同样的标准，实施同样的政策，同步推进。

从城乡社会发展变迁的形势上看，河北省乃至全国当代的城乡经济社会结构是空前的复杂。目前的城乡结构已经不是传统意义上的城乡二元分割的状态了，已经发生了很大的变化。既有高度发达水平的现代城市，也有几乎处于原始状态的偏远山村；既有交通不便、信息闭塞的草原山地，也有一马平川、四通八达的现代乡镇。在广大的地域内，农村地区出现大量新兴的城镇，城市内部及边缘区又存有大量"城中村""城边村"，农村有大量长期在往返于城乡之间的"城里人"，城市里也有大量外来务工的"乡下人"。城乡之间、区域之间的差距不是越来越小，而是越来越大了。在这样的背景下，必须共性与个性相结合，既要考虑到城乡一体化过程中

---

① 参见廊坊日报通讯员：《风正海阔千帆竞　百尺竿头再攀登——三河市站在新的历史起点上再谱教育新篇章》，中国廊坊政府门户网，http：//www3. lf. gov. cn/Item/28192. aspx，2014年7月1日访问。

存在的一些共性的问题，也要考虑到各地不同的实际情况，因地制宜、分步骤、有重点地推进城乡教育一体化。

五、以人文本　促进发展的理念

（一）确立以生为本、全面发展的办学理念

多年来，我们在城乡教育目标上一直存在着偏差。20 世纪八九十年代，一直倡导城乡教育分别为各自的区域范围内的经济社会发展服务，特别是农村教育，一直被确定为为培养社会主义新型农民服务。而与此同时，以追求应试、追求升学为主要目标的精英教育逐渐成为了城乡教育共同的主流价值追求。而在国家统编教材和考试内容是以城市为中心，存在着严重的城市化倾向的背景下，这种精英教育必然是一种以城市为中心的教育价值取向，脱离农村学生的生活实际，进而导致农村学校学困生增加，学校办学也缺乏内涵。一方面强调的是为农教育，另一方面追求的是城市化倾向浓厚的精英教育，这两种价值倾向始终相互矛盾地交织在一起，这就使得农村教育多年来一直处于一种尴尬和矛盾之中。

首先，摒弃城乡二元分割培养取向。不管是城市教育还是农村教育，都是国家义务教育的重要组成部分，都是为国家的经济社会发展和提升国民素质服务，城乡没有差别。不管是农村的孩子，还是城市的孩子，他们将来都应该是合格的高素质的公民，都是社会主义现代化的建设者，城乡更没有差别。不能再强调城乡学校为各自区域的经济社会建设服务。特别是“农村教育的价值选择应该定位在为城乡共同发展服务上，定位在培养合格公民而不是局限在培养‘新型农民’上”。“从而走出农村教育发展目标上的是为了‘离开农村’还是为了‘为农村服务’的困惑。”[①]

同时，更要消除片面追求升学率的应试教育倾向。特别是农村学校，

---

① 褚宏启：《教育制度改革与城乡教育一体化——打破城乡教育二元结构的制度瓶颈》，《教育研究》2010 年第 11 期。

决不能单纯以学习成绩作为评价学校、教师和学生发展的标准。要树立包括学业成绩、身心健康、良好的行为习惯、健康的生活方式、健全的人格素养在内的综合素质、能力为导向的价值取向。要回归育人的宗旨，帮助孩子们消除厌学情绪、热爱学校生活、改善身心状态、适应生存环境，为今后的工作、生活、自我发展和终身的幸福打好基础。丰富充实的学校生活、健康向上的校园文化、兴趣盎然的校园活动、富有生活气息的教学内容、心理相融的师生关系等高品质的教育生活，比精英化导向下的考试成绩更重要。

（二）加强对弱势群体的人文关照

以人为本，让城市流动人口子女享受与城里人一样的教育。毋庸讳言，城市流动人大部分生活在城市最底层，从事着城里人不愿从事的工作，享受着与城里人不一样的待遇，甚至是受歧视。在这种环境中成长的孩子，他们眼中世界的颜色是和传统城市家庭里的孩子不一样的。受家长的影响，他们往往会有一种农民与城里人相比的自卑心理，对社会的认知往往也会带有一种灰蒙蒙的色彩。如果我们不能让这些孩子享受到与城里孩子一样的阳光，他们的心理发展会发生扭曲。他们长大以后，会成为一种什么样的社会力量呢？因此，对城市流动人口子女的教育问题，不仅仅是一个现实的当代的社会公平问题，更是一个长远的、影响今后社会发展方向的大问题，这一点，必须引起足够的重视。

另一个重要群体就是农村留守儿童。在留守儿童教育问题上，教育系统有其特殊的优势，各级农村学校应该对留守儿童给予更多的关注，使他们在学校中获得与其他同学同样的快乐，取得同样的进步。近年来，各级政府和学校也为此做出了不懈的努力，寄宿制学校就是目前解决留守儿童教育问题最好的方式之一。

近年来农村留守儿童出现了很多问题，但是决不能简单地由此将留守儿童等同于问题儿童，不能将社会上出现的极端个案当成留守儿童的群体特征。据我们调查，农村学校中，留守儿童的学业成绩和行为习惯与其他非留守儿童并无显著性差异，学生中出现的很多问题，并不是留守儿童所特有的，孩子们身上展现出来的优良成绩和优秀品质，也不都是体现在非留守儿童身上。实际上，留守儿童最缺乏的是家庭的关爱。由于孩子年龄尚小，长期缺乏父母在身边的呵护，在心理上会产生孤独和压抑，并得不到及时的疏导，由此可能会导致心理异常或是极端行为的发生。

农村留守儿童问题是伴随着城乡经济社会发展所产生的农村人口向城市流动而产生的。从其本质上讲，这不是一个单纯的教育问题，是一个深厚复杂的社会问题。社会问题需要放在社会的视角下解决。面对这个问题，学校教育的作用是有限的，学校不可能解决孩子家庭关爱缺失的问题。因此，如果将这个问题简单地看成一个教育问题，那是不可能使问题从根本上得到解决的。

从学校角度来看，解决留守儿童问题，最主要的是平等对待所有孩子，让留守儿童感觉不到歧视，得到与其他同学同样的温暖。同时，对留守儿童从侧面给予更多的关注，最好是在学生不知情的情况下，关注孩子的心理变化，即可能的异常反应，及时采取个别化的应对措施。人为地将留守儿童作为一个特殊群体公开化，让孩子们感觉到自己属于与其他孩子不同的另类群体，不但对问题解决无益，反而有害。

解决农村留守儿童教育问题，应该统筹各类社会资源，建立以村委会等基层政权组织为主体，学校、家庭、社会组织、群众团队等全社会各界共同参与的关爱网络和服务体系。同时，要按照教育规律，避免功利的、形式化的、矫枉过正的方式，不能让孩子们感受到一种不平等的待遇，从而人为地对孩子心理造成伤害。

城乡教育一体化要求平等地对待农民工子女，使他们享受与城里孩子一样的教育。要创造城乡一体化的文化氛围，形成正确的教育价值观念，使农民重视和支持教育。要更多地关注流动人口子女的思想、愿望和要求，使这些孩子健康成长。

（三）制定具有人文情怀的教师流动政策

近几年，各地都实施了各种安排和鼓励城乡教师流动的办法，也取得了明显成效。但总体来说，问题依然突出，所取得的成效也低于预期。究其原因，主要是一种政策性的强制流动。新入职教师是受身份制约必须到偏远农村任教，在职教师是为了评职称不得不下乡支教而获取晋升的资格。支教教师未必都是优秀教师，优秀教师也未必能够真心投入到农村的教学工作中。这种迫于外在压力而形成的教师流动，未能从根本上调动起下乡支教的积极性和主动性。同时，有些地方针对支教教师制定的一些特殊政策以及某些支教教师在农村学校不尽如人意的表现，还在农村教师心目中形成了巨大反差，挫伤了农村教师的积极性。

实事求是地讲，现阶段无论是工作环境、生活环境，还是薪资待遇、福利待遇、上升空间等，城区与农村教师之间都存在着巨大的差距。城区教师对于向农村流动有很强的抗拒心理。而且部分本来就工作在农村学校的教师一旦交流到城区，有了更好的平台学习先进的教学经验之后，对返回农村也有了抗拒心理。这是我国现阶段的国情决定的。教师个体作为有思想的人，希望自己得到工作环境、生活环境、薪资待遇、福利待遇、上升空间等方面的更好的条件，这本身无可厚非。因此，应该正视教师们这些情理之中的正常心理反应，以人为本，设计制定人性化的教师流动政策，最大限度地认同正常的教师流动，同时，也进一步调动农村教师的积极性，使优秀教师能够“下得去”“留得住”。

应该加强教师自身对于教育的热爱和发展教育的使命感，解决教师对流动的偏见，让教师真正意识到城乡义务教育的教师流动是合理配置教育资源、提升教师队伍整体素质、促进县域城乡义务教育一体化建设的需要，也是自己作为人民教师应尽的义务。

但是另一方面不能仅仅寄望于教师的“高姿态、高觉悟、高层次”的“三高”奉献精神。要建立富有人文情怀的县域城乡义务阶段教师流动的保障体系。教师对于流动的抗拒意识源自人性本身，如果想改变这种情况就必须“晓之以理”，同时“诱之以利”。要理解教师的合理诉求，并解决教师的后顾之忧。

不仅要实现农村教师的工资待遇与城区教师表面上的平等，更要考虑农村教师更恶劣的工作与生活环境、更大的工作压力。一方面加强城乡统筹，保障他们享有比城市教师更高的薪资收入，使得农村学校教师的工作环境、生活环境、上升空间等方面的条件得到提高，使他们能够感受到乡村教师职业的崇高与尊严，让城市教师不再视“下乡支教”为洪水猛兽避之不及。另一方面，对于有流动经验的教师在教师生涯进一步的发展中提供优惠，在评级评职称方面提供便利条件，使得教师交流经验成为其职业生涯中重要的经验和资本，成为体验职业幸福的重要源泉，使得教师真正从内心深处乐于流动。

第二节　深化体制机制改革　统筹城乡教育规划

当前，历史形成的城乡二元结构的制度性障碍仍未消除，不利于城乡教育一体化的体制机制因素依然存在，各种旨在促进城乡教育一体化的办学模式的效果还不明显，城乡教育资源的补充流动机制仍不顺畅，需要进一步深化体制机制改革，突破各种制度瓶颈。

一、推进教育立法　强化政府主体责任

县域城乡教育差距是人治形成的结果，县域城乡教育一体化必须建立在法治的基础上，以制度建设推进县域城乡教育一体化建设。《国家中长期教育改革和发展规划纲要（2010—2020 年）》已经就义务教育资源均衡化，推进城乡义务教育一体化提出相应措施。2016 年 7 月，《国务院关于统筹推进县域内城乡义务教育一体化改革发展的若干意见》提出了 10 条改革发展举措，但这些举措都是原则性的。迄今为止，这些原则中的多数尚未在立法层面有专门法规和部门规章予以详尽规定。因此，要尽快推进法制化进程，通过教育立法，明确教育发展各要素的配置方式及标准，建立教育均衡发展的长效机制，为推进义务教育均衡发展提供政策和制度保障。

在具体措施方面，借鉴国外全面完善的教育法律法规体系，取其精华，出台相应政策。在国家层面上进行原则性规定的同时，各级地方政府也要根据本地实际情况，因地制宜出台相应配套规定，最终形成一个完整的教

育法制体系。同时，在出台相应措施改善农村小学办学条件的过程中，要注意政策的可操作性以及与其他政策的协调性，彼此关联，改善农村小学办学条件。

总结推广石家庄市制定《教育设施规划建设管理条例》的立法经验。《石家庄市教育设施规划建设管理条例》已经河北省人大常委会审议通过，于2015年1月1日正式实施。它为建立健全石家庄市居民住宅小区教育设施配建、移交机制，解决区域内基础教育突出问题提供了法律依据和保障。建议省及有关部门总结这一经验，举一反三，尽快就教育均衡、公平中的重要问题，比如硬件设施、经费投入、师资队伍、考试招生等问题制定法规规章，强化政府的主体责任，明确各级教育行政部门、发展改革、规划、国土、建设、房管、城市管理等有关行政主管部门的职责，为解决好制约教育公平的瓶颈问题提供法律保障。

教育公平事关中华民族素质的提高，事关中国梦的实现，对国家未来发展具有重大影响作用。各级党委、政府要把促进教育公平作为义不容辞的责任，坚持优先发展教育的理念不动摇，坚持推进义务教育均衡发展的工作不松懈。实行主要领导负责制，把推进城乡义务教育一体化摆上重要议事日程，纳入年度考核体系，细化任务分工，实行目标管理，扎实向前推进。把教育公平纳入各级政府年度考核目标体系，建立考核评估机制，细化任务分工，分解责任，实行目标管理。

要从河北实际出发，像当年抓“普九”和义务教育均衡发展那样，制定河北省县域城乡教育一体化发展规划，明确战略地位、目标任务、工作重点、方法步骤、实施路径等。规划既要同河北省已有的《中长期教育改革和发展规划纲要（2010—2020年）》《关于推进义务教育均衡发展的实施意见》相衔接，又要有所发展。同时，明确将推进县域城乡义务教育一体化、促进教育公平问题纳入经济社会发展规划。

组织力量对已通过国家认定或省级评估的义务教育发展基本均衡县，以及尚未通过评估的县（市、区）分类进行调查研究，进一步摸清底数，查明问题的类别，在此基础上，按照标准，制定出城市、乡村尤其是贫困地区如何按时达到均衡的目标计划，拿出“时间表”和“路线图”。

加大舆论宣传力度。通过广播、电视、报纸、网络等媒体，运用研讨、论坛、讲座等多种形式，引导大家充分认识促进教育公平对保障社会公平、构建社会主义和谐社会的重要意义，全面领会教育公平的深刻内涵，准确把握现阶段教育公平的内在要求，理性面对发展中遇到的问题，为促进教育公平营造良好的社会氛围。

二、加大省市统筹力度　加快体制机制改革

实现城乡教育一体化要通过教育管理体制机制的变革统筹和创新人才培养体制、教育质量保障制度、教育人事制度、教育投入体制、入学招生制度、办学体制等。在城乡教育一体化进程中，教育管理制度改革最重要的就是要明确不同层级政府的职责划分，强化省市级政府统筹规划城乡发展的职能，进一步提高一体化工作的统筹层级和重心。①

当前，各个市县推进城乡教育一体化工作的力度仍有较大差异，“以县为主”的体制下形成的“富县办富教育，穷县办穷教育”的体制同样也制约着县域教育一体化的发展。因此，提升统筹层级，加大省市统筹力度，是推进经济发展落后县城乡教育一体化的必要措施。

同时，城乡教育一体化作为区域城乡经济社会一体化的重要组成部分，除教育部门外，必然需要政府其他各部门积极配合。目前，大部分分管教育的副县长，既不管钱，也不管人，也不管城乡规划，更不是县委常委，在统筹城乡各种资源上，力度明显不够。建议在省市层面，城乡教育一体化工作的领导应该由县政府主要领导或县委常委担任。同时，明确省市县三级政府在县内和县际之间城乡教育一体化发展的主要职责分工，建立高层次城乡教育一体化工作的领导协调机制，统筹协调各层级政府以及政府各部门之间各项工作，避免相互推诿、相互掣肘，提高工作效率，是进一步推进城乡教育一体化体制机制改革的重要内容。

---

① 参见孙雪莲、马思腾：《北京城乡一体化教育体制改革的实证研究》，《中小学校长》2015年第9期。

构建新型的县域义务教育一体化管理体系，是适应新时期政府职能转变的要求，目的是充分激发办学活力，发挥优质教育资源的辐射作用。“各级政府要切实履行统筹规划、政策引导、监督管理和提供公共教育服务的职责，建立健全公共教育服务体系。”“改变直接管理学校的单一方式，综合应用立法、拨款、规划、信息服务、政策指导和必要的行政措施，减少不必要的行政干预。”①

在校政关系方面，应当遵循“将教育管理还给教育者”的原则，让教育方针政策的制定、教育管理工作的实施真正从教育的本质出发，以培养人为根本目标进行一切教育活动。在现阶段，我国教育整体尤其是教育管理方面存在着明显的官本位倾向，教育的方针政策制定也渐渐偏离了教育作为一个培养人的活动这一本质。究其原因，是因为在教育的管理者中有一部分人其本身教育教学能力有限，或者是其行为的出发点和归宿并不是教育本身，而受其他利益群体的影响甚至左右。因此“将教育管理还给教育者”是十分有必要的。

建立城乡义务教育共同发展机制。继续推行多种模式的联盟办学体制改革，包括多学校联盟的集团化、学区化、协作体，一对一形式的委托管理、结对子、带分校等，打通共享渠道，搭建合作平台，盘活存量资源，实现以强扶弱、共同发展的共建机制。从调查来看，城乡学校结对帮扶并进一步建立城乡学校发展共同体，被公认是缩小城乡教育差距的有效措施。

但是，在调查过程中，不少农村校的校长和教师认为已经推行的各种联盟办学模式，形式大于内容，其效果与预先设想有很大差距。最突出的问题就是这种联盟模式主要是行政推动，优质校与薄弱校之间的动力均不足。在具体合作过程中，双方责权不分，协调不畅且成本增加；优质校往往要首先考虑自身的方便程度，对薄弱校的帮扶缺乏针对性，薄弱校也考虑尽可能地保持住自己的主体地位，缺乏主动接受帮扶的意识；优质校与薄弱校之间在学校文化、软硬件条件、生源质量、教师素质方面差距过大，

---

① 《国家中长期教育改革和发展规划纲要（2010—2020 年）》，中央政府门户网站，http：//www. gov. cn/jrzg/2010 -07/29/content_ 1667143. htm，2010 年 7 月 29 日访问。

难以发挥带动作用，甚至产生较为激烈的文化冲突；将有限的优秀教师资源分散到各个学校之中，使得优质教师资源分散，造成“牛奶稀释”的现象；由于优质资源的共享和外生性的行政干预，导致某些薄弱校竞争意识和自我发展能力弱化；等等。因此，必须要加强顶层设计，因地制宜，特别是要考虑到不同主体之间的需要、优质学校的实际能力和可能的文化观念冲突的因素，着力解决好城乡校际合作中“能帮”和“愿帮”两大问题。针对“能帮”问题，要加强需求分析和实际调研，本着双方自愿结对的原则，形成合作共同体。针对“愿帮”问题，则要建立由政府主导的评价和约束机制，强化示范校的帮扶责任，形成双方合作的长效机制。①

三、优化农村学校布局　加大资源整合力度

着力抓好农村学校办学水平提升。农村教育质量缺乏吸引力是当前农村人口向城市流动的重要推手。因此，站在城乡教育一体化的立场上，促进城乡教育均衡发展，同时提高农村教育在质量上的竞争力，努力改变城乡教育质量的差异格局，应当成为我们推进教育公平的一条重要思路。要正确判断农村发展方向，认真落实“全面改薄”20 条底线要求，切实搞好农村义务教育学校标准化建设。研究制定城乡义务教育学校设置管理办法，规范农村学校撤并程序和行为，全面提升乡村教师能力素质，大幅度提高农村学校的教学质量，增强吸引力，逐步缓解城镇学校生源压力。要高度重视留守儿童，完善相关政策，确保其享受教育的权利，健康成长。

首先要摒弃重点学校思维。我国的重点学校制度，在很多地区已经被取消，但是，历史上长期形成的重点校与非重点校之间在资源优势和办学质量方面的差距依然很大，特别是其社会影响力、资源吸纳力等方面的差距，短期内是难以消除的。政府、社会、学校各界头脑中长期形成的重点校与非重点校的思想观念和思维方式，依然根深蒂固。这在义务教育的普

① 参见孙雪莲、马思腾：《北京城乡一体化教育体制改革的实证研究》，《中小学校长》2015 年第 9 期。

及化已基本实现，均衡发展、城乡一体化正成为义务教育发展理念的今天，已经成为影响实现教育公平、社会公平的障碍，因此应彻底摒弃。在此基础上，再着力做好学校布局调整工作。

城乡学校布局必须服从于建立健全“公平高效”的城乡一体化教育体系，进而促进人的发展和城乡经济社会发展的总目标。[①] 政府准确把握区域内以及附近周边自然地理环境、地区经济社会发展水平、人口变化趋势、教育发展现状，根据城乡人口数量、流动方向、人口结构变化趋势和国家、社会的教育发展需求，提前规划和调整学校布局。建议在省市县建立区域城乡一体的数据库和教育管理信息系统，科学预测人口变化趋势，提前应对即将出现的人口流动高峰和儿童入学高峰，为教育布局调整提供全面、系统、高质量的数据基础。

当前，河北省的农村中小学布局结构调整已经暂告一段落，但是随着新型城镇化步伐的加快，很多新的问题也在不断显现，学校布局调整的任务依然艰巨。在今后的学校布局过程中，要以着力建设良性贯通的县域城乡义务教育一体化结构格局为目标，谨慎控制学校撤并的数量，合理进行农村学校布局调整，并解决好学校撤并后的遗留问题。

面对现阶段农村教育依旧落后的现状，要从实际出发，继续加大力度，发展农村教育。要充分发挥“教育对人口分布的引导作用、对城乡规划的支撑作用和对区域发展的引领作用”。[②] 特别要加强薄弱地区教育工作，缓解热点难点问题。当前，在区域空间上，城乡教育一体化的工作重点应集中在人口快速增长的城乡接合部、城镇新区和人口数量减少、学校规模小微化趋势明显的偏远农村三个区域上。在学校类别上，城乡教育一体化在继续推进办学条件标准化的同时，要突出住宿制学校和偏远地区的农村教学点。

交通便利、经济基础较好的县市，要在现有寄宿制小学、中学的基础上，按照建制小学逐步向中心村集中、初中向城镇集中的原则，加大布局

---

① 参见张旺：《城乡教育一体化：教育公平的时代诉求》，《教育研究》2012 年第 8 期。

② 参见《北京市“十三五”教育改革和发展规划解读》，人民网，http：//edu. people. com. cn/n1/2016/0928/c1053－28746299. html，2016 年 9 月 28 日访问。

结构调整力度。引入社会资本，采取多种渠道，推广宽城县“三集中一覆盖”的办学经验，有组织、有规划地鼓励和支持有条件的地方发展义务教育园区，争取用五年左右的时间，将现有教学点中的大部分集中到适宜地方，实行学区制、园区化管理，实现农村中小学师资、实验设备、图书资料的相对集中。要下大力加强寄宿制学校建设，在完成基本教学设施建设基础上，完善食堂、学生宿舍、厕所等生活设施，改善寄宿制学校的办学条件。同时更要注意完善适合寄宿制学校特点的管理制度，配齐生活教师，丰富校园活动，完善校车管理，切实保障学生的学习和生活。

对于少数确需保留的教学点，要加大财力物力的支持力度，确保配备必要设施，以满足教学和生活基本要求。决不能让这些处于离权力圆心最远处的偏远地区的教学点被边缘化，成为农村教育发展的盲区。特别要注意解决两个问题：一是县级教育投资忽略农村教学点的实际情况和需求，单纯的以学校规模和师生数量为基数，笼统地核定教育经费；二是学校中心校作为一级教育经费分配管理单位，以各种理由对农村教学点有限教育经费的截留。要积极、有计划地采取县城教师送教下乡、志愿者支教、新教师下乡锻炼等方式，解决好现有教学点因师资数量和质量导致的开课不齐、教育质量无保证等问题。

在进行学校布局结构调整的同时，要更加注重采取多项措施，解决好土地、校舍、教师等方面的遗留问题，保障学校教育资源的使用效率，尽量避免来之不易的农村教育资源的流失。目前农村学校产权不明，特别是土地问题，是必须面对的问题。原来村村办小学的时代，基本上都是村委会划拨村集体的土地建学校，期间并未涉及产权问题。学校布局调整后，一方面，被裁撤学校的土地，村里坚持为集体所有，要调整做他用，造成教育资源流失；另一方面，国家规定学校建设用地为国有土地，在农村的集体土地想新建、扩建学校却无法得到批准。因此，厘清学校用地产权归属，抓紧办理各种土地手续是当前农村学校建设中的一项十分紧迫的任务。

四、把握城镇化趋势　统筹城镇学校建设

当前，推进教育均衡的重点在农村，但从发展趋势看，城区的问题会越来越突出。要根据社会发展、城镇化建设和人口流动的趋势，统筹制定中小学发展的专项规划，建立教育用地储备制度，并将规划纳入本地区国民经济和社会发展规划、城市总体规划、土地利用规划中。城乡教育一体化发展要与城镇化发展同步进行，其中也包括户籍制度、财政制度等的同步进行。

数据显示，2014 年我国的城镇化率大约为 54.77%，而义务教育阶段学生的城镇化程度达到了 72.55%，[①] 义务教育阶段学生的城镇化率已超过城镇化率近 18%。当年，河北省城镇化率达到 49.3%，[②] 这就意味着河北省有将近 70% 的义务教育阶段学生进入城镇读书。而且，随着城市规模及人口的不断扩大和人口增长的周期性变化，未来三至五年小学学龄人口将进入新的高峰期，城区现有中小学资源总量明显不足。因此，在相当长的时间内，加强城区学校建设仍然是推进教育公平必须认真解决的重点问题之一。

建议省政府设立专项资金，专门用于支持城镇学校建设。统筹考虑城市常住人口、流动人口、学龄人口变化，考虑城镇建设特别是人口密度大的居民小区建设、新型城镇化的速度规模、自然地理环境和已有学校现状等因素，充分考虑学生的年龄特点和成长规律，以县镇为重点，统筹布局小学、初中、九年一贯制学校、职业中学、特殊教育学校和幼儿园。

建议各设区市、省直管县根据省规划安排，制定各自的教育公平规划，以利上下对接，协调联动。像抓房地产开发、小区建设那样，抓好新老城区内规模化新建住宅区的中小学及幼儿园的科学合理配置，有计划地增加

---

① 参见刘利民：《基础教育如何提升质量?》，搜狐新闻网，http://mt.sohu.com/20160331/n442999299.shtml，2016 年 3 月 31 日访问。

② 参见李巍：《去年河北省城镇化率达 49.3%》，河北新闻网，http://hebei.hebnews.cn/2015-04/10/content_4691776.htm，2015 年 4 月 10 日访问。

按照国家班容量标准设置的建制校，重点解决资金和土地问题，确保哪里有适龄儿童上学，哪里就有充足的优质教育资源，以满足人民群众接受良好基础教育的愿望和需求。

依法保障教育用地，这是当前城区学校建设必须解决的最突出问题。一是各地要结合城镇化发展的新情况，重新审视各自的城乡发展规划，凡教育建设用地预留不足的，要通过法定程序，及时调整规划，以保证按标准足额预留教育建设用地，并按照学校建设规划的要求核定用地位置和界线。二是实行义务教育用地储备制度，将规划预留的中小学、幼儿园建设用地限期纳入教育用地管理范围，实行储备管理，做到规划到位、位置不动、面积不减，任何单位和个人不得侵占或擅自改作他用，不得建设与教育无关的永久性建筑物或其他设施。三是加强对中小学、幼儿园规划建设和土地使用情况的监管。各市、县政府要把教育部门列为城市建设规划委员会成员单位，实行联审、联批制度。各地规划部门在编制、审批和更改新区开发、住宅小区规划和城市老城区改造方案时，① 要认真落实关于中小学建设与住宅小区同步规划、同步建设的有关规定，杜绝挤占、变更教育用地情况的出现。

要本着符合实际、适度超前的精神，扩大县城以上教育规模。要把缩小义务教育阶段办学条件差距作为重点任务，多办雪中送炭的实事，把关注点放在提升薄弱学校资源配置上，在校长人选、师资力量、实验设备、图书资料、生均建筑面积等方面予以倾斜，为这些学校的学生占有优质教育资源提供强有力的政府供给和保障，尽快将薄弱中小学提升为良好学校。力争在一届政府任期内彻底改变薄弱学校的落后面貌，缩小城区内部校际差距，增加优质教育资源有效供给，以满足广大群众的教育需求。

在大力缩小区域内学校差距的基础上，严格实行义务教育划片、就近、免试入学政策，杜绝择校现象。采取强有力措施，把超过国家标准的班容量坚决降下来，为学生创造良好的学习环境。

---

① 参见河南省人民政府：《关于优化城乡基础教育资源配置解决城镇基础教育资源不足问题的意见》（豫政［2014］78号），河南省政府门户网站，http：//www. henan. gov. cn/zwgk/system/2014/11/10/010506484. shtml，2014年10月13日访问。

城市化的进程中还有一个特殊的群体，就是流动人口（或称进城务工人员），他们户籍在农村，但在城乡之间流动。他们农闲时进城务工，农忙时返乡务农。随着城市化进程的不断推进，家庭化流动的比例越来越高，相当数量的适龄儿童也加入了流动人口的行列，而且在城市的滞留时间也越来越长。但是目前全国对流动人口子女却没有实行必需的登记制度，各级教育部门难以摸清其基数，难以对其就学的要求做出准确的判断，以至教育部门在调整学校布局，制定规划时缺乏依据。

因此，需要继续深化户籍制度改革，促进二元社会管理体制的整体变革，把流动人口子女教育问题纳入到城市经济与社会发展的统一规划当中。建议国家或省要进一步完善流动人口管理制度，逐步实行流动人口及其随迁子女登记制度，将16周岁以下流动人口随迁子女纳入公安部门登记范围，建立流动人口子女信息平台和流动人口子女数量、年龄结构和分布的预测系统。[①] 定期为教育部门提供该群体适龄学童的基本情况，以便教育部门准确把握其实际数量，尽早进行科学的教育规划，调整学校资源，接收他们入学。

明确义务教育阶段属地服务责任，畅通渠道、简化手续、规范程序。利用全国中小学电子学籍信息管理系统，探索建立与流动人口紧密结合的转移支付体制，实行“教育券”（或称学券）制，逐步实现义务教育阶段经费“钱随人走”。

切实提高残疾儿童受教育水平。要把特殊教育纳入教育公平之中，全面落实特殊教育提升计划，像扶贫攻坚那样对适龄残疾儿童建档立卡，以保证应读必读。要深化特殊教育的教育教学改革，建立布局合理、学段衔接、普适融通、医教结合的特殊教育体系。要建立和加强特殊教育经费的保障机制，加强特殊教育师资队伍建设，努力破解难点问题。要挖掘社会潜力，组织建立特教志愿者队伍，开展送教上门活动，推动特殊教育发展。

---

① 参见刘善槐：《进城务工人员随迁子女公办学校入学机会问题探讨》，《教育发展研究》2009年第2期。

五、大力支持民办教育　扩大优质教育供给

民办教育是教育事业发展的重要增长点和促进教育改革的重要力量。[①]目前，在民办教育的实际管理中，仍缺乏具体的操作细则指引，使部分法规难以真正实施，而各地尚缺乏成熟的管理经验。各级政府要切实转变观念，高度重视民办教育发展。要充分发挥民办教育在促进教育公平中的重要作用，努力形成以政府办学为主体、公办教育和民办教育共同发展的良好格局。

（一）制定完善促进民办教育发展的优惠政策

在《民办教育促进法》及其实施条例的基础上，应制定更为细化的办法或实施意见，使民办教育的管理更加有法可依、有章可循。

落实民办学校的优惠政策，努力减轻民办学校负担，鼓励民办学校合理多方筹措资金，解决办学经费短缺问题，改善办学条件，为教育教学提供良好支持。健全公共财政和人事管理对民办教育的扶持政策，鼓励社会力量和资本按照国家标准，规范地、成建制性地、规模化地兴办教育。政府通过保证合理用地、减免税费、购买服务、派遣公办教师等方式予以支持，引导他们提供普惠性服务。

要抓住京津冀协同发展的契机，吸引省内外特别是京津两地的组织和个人以及开发建设单位依法捐资或出资建设中小学，让其在用地、建设、税收等方面享受与公办学校同等的优惠政策。

（二）依法落实民办学校及其师生的法律地位

依法落实民办学校与公办学校及其学生、教师的平等法律地位。应尽快清理并纠正对民办学校的各类歧视政策，出台有关民办学校教师管理办

① 参见《国家中长期教育改革和发展规划纲要（2010—2020 年）》，教育部门户网站，http：//www. moe. edu. cn/publicfiles/business/htmlfiles/moe/moe_ 838/201008/93704. html，2010 年 7 月 29 日访问。

法，制定民办学校教师在资格准入、聘任、档案管理、职称评聘、业务培训、表彰奖励等权益方面相关政策，稳定民办教师队伍，提高民办教师整体素质。

教育行政部门应主动加强管理和指导，将其纳入全省教师队伍管理体系之中，在职称评定、奖励惩戒、教师培训、考核评价等方面，对民办学校教师实行与公办学校教师同等的待遇，保证他们的合法权益。积极探索民办教师的人事代理制度，建立民办教师流动电子档案管理制度；完善公、民办教师流转机制。

依法落实民办学校办学自主权，对于招生、收费、课程设置、教师招聘、专业规划等方面的自主权，让民办学校享受充分，不打折扣。

（三）积极推行混合办学体制改革

支持和鼓励社会力量和资本为改善提升义务教育阶段的薄弱校做贡献。政府及有关部门每年应采取项目发布的形式，向社会公布拟改造提升的薄弱校名录，制定鼓励社会力量进入的倾斜政策（合理减免项目投资人税负和有关费用、允许冠名等），调动社会力量和资本的办学积极性。要解放思想，大胆探索，积极进行混合办学体制改革，试点将一部分公办学校转为“官民合办”，或通过协议委托方式，实行“国有民办”，或公私合办，或高质量高标准独办，为改造提升城乡义务教育薄弱校，推动教育公平发展作出实实在在的贡献。

六、完善评估标准　强化教育督导与问责

（一）制定城乡一体、兼顾差异的办学标准和学生评价标准

紧扣提升教育质量这一城乡教育一体化的关键目标，尽快形成省级教育质量标准，明确城乡学生的培养目标和标准，从而对提高农村教育教学质量与完善各项农村教育资源保障措施形成刚性要求，促进城乡教育质量的基本均衡。在制定学生培养质量的基本标准方面，不仅要兼顾地区之间、

城乡之间的差异性（即不能用一套指标衡量全体学生），还要兼顾学生的知识与能力、身体与心理等方面综合素质的全面发展（即学生的发展一定是全面的发展），[①] 同时也要考虑学生的后续发展，保证基础教育培养目标在凸显基础教育阶段学生身心特点的同时兼顾与各级各类教育的有效衔接。

根据学生培养质量的目标与要求，依据县域城乡义务教育一体化发展思想，进一步确定建立城乡一体的学校办学条件标准、人员编制标准、课程标准、学生学业成绩标准、校长资格标准、学校办学质量评估标准等，完善学校教育的评价指标，形成符合地方区域实际情况的县域城乡教育一体化评估标准体系。

（二）健全以政府为主体、第三方积极参与的督导、检测与评价机制

坚持“管、办、评”相分离的原则，根据义务教育阶段学生的培养目标，以人的全面发展作为学生培养质量基本标准，构建以政府为主导，包括政府、学校、家长、第三方组织或机构以及社会各方面广泛参与、相互配合、职责明晰的学生培养质量监测机制，引导义务教育城乡一体化走内涵式发展道路。

进一步强化教育督导部门的职能，特别是要改革教育督导部门管理与运行体制，使之真正能够担负起代表政府监督、指导、评估和反馈教育事业发展及各相关机构履职情况。它应是政府领导独立于教育行政部门及其他行政部门之外的独立职能部门，而不应是附属于教育行政部门的一个机构。

同时要加强省政府督学队伍建设，强化教育督导的专业性和权威性，发挥好省政府教育督导室对教育发展的督导作用。通过多层次、多形式的督导评估，加强教育法律法规和有关政策的落实情况，促进各项工作落实到位，推动教育一体化发展。

支持组建以政府主导的第三方基础教育监测评价机构，实行专业化评

---

① 参见王晓玲、范魁元：《学生培养模式转变：教育发展方式转变的核心内容》，《教育发展研究》2012 年第 5 期。

估和常规动态监测，凸显学生培养质量监测与评价的公正性与客观性。在省内高校建立河北省基础教育（或义务教育）质量监测中心，全面及时系统地汇总统计各类教育数据，从专业视角和第三方视角，为政府决策提供依据。

注重过程性评价和结果性评价相结合，促进学校内涵发展。在建立学生培养质量的监测与评价制度方面，不仅要看学业成绩，更要将身心发展、核心素养等纳入其中；不仅要注重学生的学习结果，更应关注学习过程，关注教学过程中教师教和学生学的基本方式和环境，要着力改变精英化的教育方向，着力扭转单纯以考试分数为评价依据的片面追求升学率的现象，减轻学生学习负担。同时，要将国家着力推进的素质教育理念的落实情况贯穿评价的始终，从根本上转变"应试教育"和"精英教育"的倾向。

（三）强化"督学"和"督政"两个环节，建立问责制度

在城乡教育一体化推进过程中，一方面要完善"督学"功能，即教育督导要增强示范校的帮扶责任，突出农村校在城乡教育发展中的主体地位。立足于学校层面，改善教师队伍的素质、学校的管理水平、教师的教学方式、学生的学习方式、学生评价制度和学生的培养目标。同时也要注意减少教育行政部门的督导检查对学校教学工作的干扰，提高其对改进学校教学工作的帮助作用，提高教育教学质量。另一方面要加强"督政"，即建立健全教育行政问责制度。

以确定的评估标准体系为基础，以提高学生培养质量的基本标准为核心，全面进行区域教育绩效考核。并将推进县域城乡义务教育一体化发展纳入官员施政约束体系，作为党委、政府和党政主要负责人绩效考核的重要指标，实行严格的问责制度，从而达到以制度促发展的目标。特别要注意明确各级政府和部门职能，避免城乡教育一体化过程中相互推卸责任的现象发生。

采取同体问责与异体问责相结合的方式，建立健全教育问责机制。问责的机构和组织在主要考虑省、市、县政府教育督导室的同时，尝试引入

学校、学生家长、社会成员、第三方机构等社会力量，凸显学生培养质量监测与评价的公正性与客观性。

第三节　继续加大投入　优化投资方式

一、明确政府是义务教育投入的主要承担者

县域城乡教育一体化需求的成本是大量的，绝大部分应由政府承担，任何情况下都不能打折扣。要进一步明确各级政府应履行的对教育投入的法定职责，继续加大资金投入，促进县域城乡教育一体化。

进一步加大公共财政对教育的保障力度，保持财政支出中教育经费所占比重的稳定。从教育投入总量和各级生均教育经费增长情况看，在向公共财政体制转轨的进程中，作为主要公共部门之一的教育部门，虽然有支出比例提升的需求，但同时也面临着公共卫生、医疗、社保等公共部门支出增长的竞争。因此，在财政总量增长的前提下，必须保证财政支出中教育经费所占比重的相对稳定。通过积极调整财政支出结构，切实加大教育投入力度，逐步提高预算内教育经费占财政支出的比例，提高生均公用经费标准。

国内经济进入新常态后，随着 GDP 指标的下调，河北省财政收入增速也将趋缓，必将直接影响公共财政教育经费的增长。在这种情况下，要调整财政支出结构，把支持教育事业发展作为公共投资的重点，开动脑筋，以全新的思维多渠道筹措资金，保证教育经费投入的强度、力度。

各级政府要把发展教育当作重要的民生工程，作为改善投资结构的重要举措，不折不扣地落实教育法对教育投入“三个增长”的要求，要足额征收教育费附加和地方教育附加，按照比例足额计提城市维护建设税和土地出让收益金，并全部用于教育，不得截留挪用。通过各种渠道，吁请国家模仿住房公积金制度，在城乡逐步探索教育公积金制度。

在管理上，各级政府也要明确自身职能，因地制宜调整管理层级，增加对广大农村地区小学管理的灵活性，创新教育管理体制。同时转变教育管理理念，出台相应政策法规，可借鉴教育机构管理、第三方评估的方式，采取多种措施积极推进农村地区小学办学条件的改善，最大程度上改善广大农村地区小学生的就学环境。

积极探索多元投入机制，鼓励社会力量捐资助学、捐资助校，吸引民间资本投资教育，努力解决教育经费不足的问题。通过部分中小学的关闭、搬迁和调整，利用土地和资产置换筹集教育经费。

二、有步骤、有限度地调整教育投资方式

（一）在财政投入方面，要对农村教育强力倾斜

县域城乡义务教育一体化建设在现阶段一个重要的任务就是大力发展农村教育。现阶段农村教育相对落后的现状是存在且严重的，这是现实存在不应避讳的。那么农村教育落后的一个很重要甚至可以称得上是根本原因就是教育资源的不合理集中，优质资源甚至非劣质资源大量集中于城市。在现阶段的体制下，城市以其优厚的待遇、良好的生活环境、广阔的晋升空间及优质的配套设施吸引了大部分的优秀教师，甚至称不上优质的教师也想尽一切办法脱离农村进入城市，这就造成了留守农村的教师除却一小部分有理想的实践者们，更多的是自身素质与城市教师比相对有差距的年老教师。

教育资源中的人力资源尚且如此，更不用提物质资源了。在山村学校学生寄宿制改革、学校危房改造建设、农村教师住房改善等措施还在实施，也就是还没有完全普及的今天，城市的学生已经开始享受到信息化带来的便利，各中心小学也已经实现了“三通两平台”等等，这些是农村学校无法企及的。城乡教育的差距可见一斑。充足的经费是农村地区小学办学条件不断改善的重要保障。因此，把优质资源送到农村去，重点研究，强力倾斜是必要的，也是急需的。国家要在整体上加大对教育的财政投入力度，

明确国家在农村小学发展进程中的重要地位。

建立独立的义务教育财政体制，防止农村地区小学教育经费被挪用等现象的发生。建立完善的义务教育财政转移支付系统，明确各级政府职能，确保教育经费真正用于农村小学的健康发展。在现阶段，如果不能做到对农村教育进行大量的投入，是无法将现在的局面扭转过来的，差距只会越拉越大，最终造成两极分化。这不是教育应当起的作用，也不是教育希望起的作用。因此，应对农村教育进行强力倾斜，将优质资源送到农村去。

建立有效的农村义务教育财政转移支付制度。财政转移支付指的是政府间的财政资源转移，主要是上级政府对下级政府的转移支付。义务教育中相当大的一部分经费是通过上级政府的补助形式得以实现的。由于国家对义务教育的财政转移支付尚无规范制度，有些用于义务教育的专项拨款附带有对地方政府的资金配套要求（民间称之为“钓鱼式”拨款制度），有时贫困地区无力支付相应的配套资金而对这类专项拨款不得不放弃。为此，需要改革与完善现有的义务教育转移支付制度，在对财力不足的县级政府转移支付时，中央和省级政府的财政应充当义务教育财政转移支付的主体，肩负保障农村义务教育发展的最终责任。通过对财政困难的县级政府不断加大转移支付的金额，逐步缩小城乡差距。

要重点扶持省内欠发达地区义务教育发展，实行政策倾斜，改变一刀切、钓鱼式经费投入方式，实事求是地降低或取消国家、省级贫困县在义务教育方面资金配套的比例。推动城乡义务教育建设的标准化和规范化工程，针对当前农村中小学中尚未达到标准化要求的学校，政府应该及时摸清底数，列入督办日程；对于经费投入额度没有达到标准的或者经费总额达标但支出结构出现明显失衡的地区和学校，应该加大督查和扶持力度。

要着力解决城乡薄弱学校办学水平偏低的问题，适当提高中小学生均公用经费标准，特别是从实际出发，相应提高农村教学点、特殊需要地区以及张、承寒冷地区的生均公用经费标准，以保证教学活动的正常开展。

保障市区城郊地区学校的经费投入。在均衡城市和农村学校的教育投入时，重视农村和城市的过渡地段，即行政区划属于市区，但经济社会发展现状尚处于农村的市区城郊地区。

（二）努力提高教育经费投向的精准性

在加强地方财政在基础设施建设、仪器设备购置方面的专项投入的同时，加大经费支出结构中公用经费支出比例。公用经费口径小且主要用于学校日常运营开支，因此，公用经费的多少及其在教育事业费中所占的比例可以更准确地反映学校的经费充足程度。数据表明，城乡之间的公用经费支出占比虽然从全口径上来看已无差距，但从预算内经费指标来看，农村的公用经费仍略显不足。因此预算内支出中，应加大农村学校的公用经费投入。进一步将经费向农村及薄弱学校倾斜。

进一步改善同一区域内义务教育校际均衡的状况。在同一区域内教育管理机构的主导下，有计划地对义务教育阶段的学校实施强弱学校联合办学，资源应进一步对薄弱学校倾斜，以消除学校间教育资源投入的增量差别。

现阶段我国城乡教育的差距是巨大的，而在这种巨大的差距和教育发展的特性面前，物力财力投入的更主要的作用应该是吸引更多的人力资源投入到农村教育中。也就是说，城乡教育差距减小的根本在于人力资源。在农村教育已经得到一定程度的发展的今天，更多的物力财力的投入一方面是为了进一步改善办学条件，而更主要的一方面是为了吸引更多的优秀教师来农村任教，进而提高办学质量，促进学校内涵发展。

从河北省实际看，今后新增教育经费要从改善办学条件为主转到改善办学条件和促进教育内涵发展并重上来，在推进学校硬件条件标准化建设的同时，将更多的资源投向师资队伍建设和农村教学质量提升方面。围绕这一主题，政府在推进城乡教育一体化发展时，要将政策重点落到吸引、留住优秀教师方面，将更多的经费资源投入到与教师和教学相关的领域，如教师专业发展、学校内涵发展、课程与教学资源库开发等领域，加大专项投入力度，确保义务教育资源配置水平和教育教学质量同步提高。大力提高薄弱校教育管理水平，对教育管理者和教师进行定期培训，提高其基本素质，改进教育方法和教育理念、培养优良学风。同时必须注意教师人才队伍的激励机制的建设，想办法培养青年教师和留住优秀人才。要集中力量改善教育发展的薄弱环节和关键领域，向贫困地区、薄弱学校和困难学生倾斜，重点支持基层教师队伍建设、寄宿制学校建设、教育科研和信息化建设。

在学校标准化建设方面，也要考虑不同学校的特殊性，避免“一刀切”，既要满足需要，也要避免浪费。同时，调整教育投资方式，给予地方政府相应的自主权，允许对专项资金做有限度的统筹使用，提高经费的使用效率。

（三）重视教育投入相关标准的建立和细化

对河北省与教育投入有关的政策文本分析发现，政策文本主要集中在转移支付相关政策上。河北省虽然有较为细致的标准化办学标准，然而各县几乎没有根据自身实际情况以及近年发展情况进行进一步的完善和落实。在公用经费标准和教育事业费标准上，也缺乏具体的数字，而多以“保障落实”“向农村倾斜”这类话语为主。各市县应能够结合自己的实际情况制订办学条件标准以及经费标准，以提高教育投入政策的可操作性，便于执行和落实。

应尽早启动寄宿制学校和农村教学点标准化建设工程。这是当前农村教育中最为薄弱的两个环节，其中农村教学点几乎快成了被人们“遗忘的角落”。国家和省级有关部门应尽快完善寄宿制学校和农村教学点在教学设施、生活设施、人员（含生活教师）配置、管理制度、教学设备、教师待遇等各个方面的要求，集中力量，争取在较短的时间内解决农村教育中最为薄弱的环节。实际上，解决寄宿制学校和农村教学点在硬件设施标准化方面的问题，比解决城市大班额问题容易得多，就看政府决策时重点放在什么地方。

三、完善义务教育资源均衡配置的监督评价机制

建立健全预算管理机制，提高预算执行效率。坚持依法理财，严格执行国家财政资金管理法律制度和财经纪律。加强经费使用监督，强化建设

项目和经费使用全程审计，确保经费使用规范、安全、有效。建立并不断完善教育经费基础信息库，提升经费管理信息化水平。①

加强对基础教育经费使用的监管，创造教育廉政环境。为了保证义务教育经费的有效投入、均衡配置，并防止一些部门和个别领导随意挪用、挤占，必须建立义务教育经费使用管理的监督机制，逐步形成财政与审计部门的专业监督、教育主管部门委托第三方监管和学校日常监管相结合的监督管理制度，实现基础教育财政支出预算公开化、透明化。

建立义务教育资源配置多元化监督体制。义务教育均衡发展过程中的资源配置，是最为关键的环节，也是社会各界最为关注的环节，更是最容易滋生腐败的环节。除了教育行政部门自律、自检和政府的自我监督，更要接受新闻媒体和社会各界群众的监督，要建立全方位的公示和必要的听证制度，主动接受社会监督，使决策和实施过程更加公开和透明。逐步引入外部审计制度，由政府指定独立的会计事务所，每年对学校教育经费使用、资源采买购置、重大工程开支、校舍资产转移等进行核算，进而对教育资源均衡配置情况作出评估。

建立城乡义务教育均衡发展预警系统。为防止义务教育资源在配置上出现偏颇，建立预警系统是十分必要的。这就需要制定一套比较敏感而又重要的教育指标，如生均经费、师资力量、办学条件、学生辍学率等，根据这些指标数值，对城乡义务教育的发展进行动态分析，以获得阶段内城乡教育资源配置上偏离结果信息，并及时加以纠正，以促进城乡义务教育资源均衡配置。②

要加强对各级政府义务教育有效投入的考核，并将均衡发展纳入政府的绩效考评体系中，以此督促政府对区域间、城乡间义务教育均衡发展的统筹规划、经费保障。建立教育经费使用绩效评价制度，逐步建立绩效奖

① 参见《关于开展“教育经费管理年”活动　进一步用好管好教育经费的通知》（教财［2013］3 号），教育部门户网站，http：//www. moe. edu. cn/publicfiles/business/htmlfiles/moe/moe_696/201305/151571. html，2016 年 7 月 20 日访问。

② 参见薛海平、李岩：《中国城乡义务教育均衡发展预警机制研究》，《首都师范大学学报（社会科学版）》2013 年第 2 期。

励与标准拨款相结合的经费分配制度。建立教育经费执行情况的分析报告制度，对于截留、挪用、擅自改变资金用途的，依据有关法律法规严肃处理。加强学校国有资产管理，建立健全学校国有资产配置、使用、处置管理制度，防止国有资产流失，提高教育经费使用效益。

对于分布在广大区域，特别是比较偏远区域的农村学校，应该作为一个特殊区域加强监管，一方面监督资金到位情况，另一方面监督资金使用情况。建议建立由第三方组成的农村小学办学条件监督检查小组，赋予小组监督、检查与反馈的权力，切实保持小组独立性，加大对农村小学办学条件改善过程中的监督检查力度。按照专职与兼职相结合的原则，组织专职小组人员进行日常监督工作。而在兼职人员的选拔上，通过完善的选用机制，可聘请教育专家、教育部门职员、优秀教师、学生家长和财务、审计等方面人员进行不定期的工作检查，提升督导小组工作水平。完善监督工作机制，制定长远的监督工作计划和问题预警机制，发现问题，及早通知，及早解决。对办学条件改善效果较好的学校也要采取相应措施进行表彰。同时，监督小组也要接受社会监督，提高农村地区广大居民的参与热情。

第四节 改革教育人事制度 提升干部教师队伍素质

教师是优质教育资源中最重要的一环，再好的硬件设施，也要靠教师的运用才能真正地作用于学生，但这也是由于优质资源共享中存在问题较多的一环。我国城乡教育差距，很大程度上是教师资源尤其是优质教师资源的欠缺造成的。优质教师资源的有限性与教育质量提升对优秀教师的需求之间的矛盾也成为进一步提升农村学校教育质量，缩小城乡教育差距主要障碍之一。怎样改善农村教育的师资，优化校长、教师的统筹调配机制，完善校长、教师流动管理机制，实现师资力量上的城乡一体化，已成为了推进城乡教育一体化进程的重中之重。

一、科学管理教师编制　形成合理流动机制

（一）优化编制管理，建立合理的退出机制

各市县应根据教育事业发展和教育质量提升的新形势，充分考虑农村和城镇学校的不同特点和学校内部各种岗位的配置结构，科学预测教师需求，合理规划教师结构，重新调整中小学教师编制配备标准，实事求是地核定中小学及幼儿园编制，打破城乡界限，进而从整体上优化师资队伍结构，推动城乡教育一体化的发展。

下放编制管理权限，改革编制管理办法，建立省级总量控制、市级统筹协调、县级具体管理、按需校用的动态编制管理体制，取消学校编制，实现教师由学校人向系统人的转变。在总体增加教师编制、缩小生师比的同时，以地级市为中心统筹调节农村和城区、中心城市和周围县市之间的师资比例，向农村和教学点倾斜。特别是要明确幼儿教师、寄宿制学校生活教师和各类学校员工的独立编制。对学生规模较小的村小、教学点，可按照生师比和班师比相结合的方式核定教职工编制。

在义务教育教师队伍"县管校聘"管理体制改革的基础上，本着"总量控制、城乡统筹、结构调整、有增有减"的精神，鼓励地方政府在国家标准的基础上提高标准，允许各设区市统筹调整和使用本辖区内中小学教职工编制，探索更加科学的编制管理办法，满足城镇化背景下学校布局结构和办学规模变化的动态需求。

加强编制管理，严格实施教师准入制度，执行教师资格标准，提高教师任职学历标准和品行要求，严把教师入口关。建立教师资格证书定期登记制度，进一步做好现有教师编制的管理工作，深入严格地进行清岗清编工作，尽快解决部分教师"在编不在岗"的问题，严禁"空编不补"和挤占、挪用、截留教职工编制。

为了实现对农村中小学教师的优化配置，必须建立和完善教师退出机制。教师退出机制是一系列包含教师聘任、教师资格注册认定、教师考核

等内容的完整制度。一些不合格教师占据岗位，教师队伍缺乏正常的退出渠道，无法腾出编制补充年轻、优秀教师，是教师队伍建设中的一大顽疾。必须要清理并合理安排不适合继续从教的教师，退出本来就很紧张的教师编制。今后，要通过实行中小学全员聘用制度，编制对单位不对个人，面向社会招考、选拔的方式聘任教师，并对聘请教师按照合同制方式管理，签订劳动合同，工资、保险等待遇按合同约定执行。同时要彻底解决农村代课教师问题，配齐数量，优化结构。

目前，农村中小学普遍存在着一个特殊群体，他们或是年龄老化、或是能力偏低，有些教师，特别是一些中老年教师，由于各种原因已经完全不能适应当前的教学工作，缺乏提升教学能力的素质和动力，却又不愿退出教师岗位。但是他们又曾多年工作在这一岗位上，长期在艰苦环境下，为农村教育作出过突出贡献。如何妥善处理这部分教师，这是当前优化农村教师结构过程中必须面对的一个非常大的难题。

这些教师存在严重的职业倦怠，并不是因为热爱教师这个职业而占据这个岗位，而是因为退出来以后生活没有保障，这使得他们抱着教师的位置不松手。这种现象原来在我国国企中是普遍存在的，后来实行国企改革把这一问题解决了。我们可以把国企改革措施借鉴过来用在教育上，即对这部分教师和代课教师实行买断工龄或内退政策。这就需要政府部门大力支持，对那些买断工龄或内退的教师发放生活补助金，国家支付部分养老保险金，让这些教师退得没有后顾之忧。只有这些教师能够退出去，优秀的教师资源才有可能配置进去，才有可能有效地为贫困地区培养一支优秀的教师队伍。[①]

（二）法制化与制度化建立长期交流机制

县域城乡义务教育一体化建设离不开教师流动制度的建立。制定科学的义务教育教师流动政策，促进教师的合理流动是十分重要且必要的。

---

① 参见刘蕾：《贫困地区农村中小学教师资源优化配置研究》，河北大学教育学院 2011 年硕士学位论文。

由于历史原因，我国农村教师与城市、城镇教师相比，呈现出两种截然不同的发展趋势，无论是教师地位还是上升空间，农村教师与城市、城镇教师相比都有着天壤之别。因此，在农村教育相对薄弱的今天，为了实现城乡教育一体化，教育行政部门应按照一定的程序，规定教师流动支教的义务性，在法律框架内，有计划地调配教师资源向农村流动，将优秀教师向农村教育的支援性流动变得更加法制化和制度化。这样的教师流动具有以下特征：一是目的性，这样的教师流动有着十分确定的目的，即加快农村教育的发展，扶植农村教育；二是强制性，属于教育行政部门行使职权的行为，流动教师作为被教育行政部门管理的人员，对于教育行政部门的决定必须无条件服从；三是方向性，现阶段教师流动主要以城市向农村的支援为主，以发达地区向欠发达地区的支援为主，以优质学校向薄弱学校的支援为主。

就各地已经采取的措施来看，比较常用的方式有农村支教、交流学习、轮换执教等等多种措施，其目的都是为了弥补师资力量上过分悬殊的差距，从而使得农村教育得到发展，保障农村学生能够平等地享受到应有的接受教育的权利。

但是，各地城乡教师交流多以短期支教、送课下乡等短期交流方式为主，而长期的教师交流方式开展得较少，所取得的帮扶效果也很有限。只有通过开展城镇优秀教师长期驻校帮扶、定期的骨干教师往农村校调动等方式的长期交流，才能真正发挥这些骨干教师的辐射作用，才能真正地提高农村学校的教育教学水平。因此，应该加强长期交流的方式，制定长期交流教师的各项补助、福利政策，妥善处理好教师长期交流的善后工作。

要与办学体制改革相结合，采用学区一体化管理、手拉手、名校办分校、学校联盟、乡镇中心学校教师走教、对口支援、教育集团等等办学模式和手段，加强城乡义务教育阶段优质教育资源的融合与流动。

二、完善教师补充机制

（一）完善教师准入制度

以“按需设岗、公开招聘、按岗聘用、双向选择、定岗服务”为原则，建立“全省统筹、考聘分离、分工合作、相互配合”的“国标、省考、县聘、校用”的教师补充、管理和运行方式，加大对教师统招统分管理力度，创新农村优秀教师补充机制。新增优秀师资向农村边远贫困地区和薄弱学校倾斜，为农村学校特别是农村边远地区学校培养大批“下得去、留得住、干得好”的骨干教师。

现阶段我国农村教育中教师队伍一方面存在着相对能力素质较差的“先天不足”，另一方面又存在着农村教师补充困难的“后天畸形”。由于我国农村教师与城市教师在待遇、福利、发展前景等方面相差甚远，每年农村教育中，中小学教师退休、流出等自然减员与优秀教师涌入城市二者共同作用，造成了农村教师“供不应求”的现状。

近年来，我国大部分地区对于教育资源紧缺的农村地区采用了义务支教、特岗教师以及骨干教师向下流动的单项补充机制，这些措施在一定程度上增强了农村地区的义务教育教师素质，但这并不能从根本上改变农村偏远地区薄弱学校教师资源紧缺的困境。这种单纯“授人以鱼”的“输血”模式并不能真正改变农村偏远地区薄弱学校教师资源“造血”能力不足的现状，很难使农村偏远地区薄弱学校的质量产生根本上的改变。

因此，要健全农村中小学教师补充长效机制，以农村教师编制、教师减员缺额情况、学校用人需求等等现实条件为依据，制定招聘计划，招聘农村教师，通过不断地“造血”来对农村中小学教师数量进行及时的补充。要使得贫困偏远地区能够长期地持续地对教师资源尤其是优秀教师资源形成吸引力。让优秀教师资源愿意且乐于到农村偏远地区薄弱学校工作，使农村义务教育教师资源能够得以长效补充。

落实好国家《乡村教师支持计划（2015—2020 年）》，拓宽乡村教师补充渠道。通过实施国家和省级“特岗计划”，引领教师补充机制的建立，吸引大批优秀高校毕业生进入城乡中小学教师队伍，扩大农村优质师资来源。农村偏远地区可以采取特殊政策，吸收有专长、有能力、有意愿从事教师工作的非教师身份人员进入教师岗位。鼓励城镇退休的优秀教师到乡村学校支教讲学。有条件的地方要加强同师范院校的联系，着力争取师范生“顶岗实习”指标，缓解师资不足压力。

可通过社会考试招聘渠道，为农村小学选聘全科教师。凡是申报小学教师岗位的，加试小学教育特殊技能测试（音、体、美课程可任选一项），并以此作为农村小学师资招聘的依据。同时，倒逼高等师范院校的课程改革。

（二）改革教师培养体制

改革教师培养体制，建立以政府为主导、以高等院校（含师范院校和综合性大学）为主体，基层优质小学深度参与的中小学教师培养体制。强化地方政府培养小学教师责任，加强本土化培养，扩大定向培养规模。地方政府统筹规划本地区中小学教师队伍建设，科学预测教师需求数量和结构，使教师需求与高等学校教师培养工作有效对接。师资培养高校要优化整合内部教育资源，在小学教师培养、培训工作中以提高教师专业素质为目标，贯彻中小学教师专业标准，为城乡义务教育培养优质师资。

由于整体上教师的社会地位和经济地位偏低，师范院校的优秀生源减少，导致师范毕业生的专业思想、教育理念、教学技能等教师素养明显降低，优秀中小学教师的后备力量明显不足。为鼓励更多的优秀青年报考师范专业、保障优质生源、培养优秀教师、营造尊师重教的浓厚氛围，政府应扩大免费师范生规模和层次。省市属高校全部承担免费师范生培养任务，使该项政策惠及所有师范院校及其学子。各级政府要确保免费生上岗就业后续政策按时全面落实到位，将党和国家优先发展教师教育的战略决策落到实处，这是当前河北省教师教育制度改革迫切需要解决的课题。

实施“小学全科教师免费培养计划”，大力培养小学全科教师，并通过定向委托培养等多个渠道，扩充农村优质师资来源。目前河北省高学历师资的培养模式主要是以学科专业为主，比较适合城市或县城拥有多个教学班、学生数量较多有一定规模的学校，却不适合农村的小学和教学点。师资的匮乏造成许多农村学校、教学点不能全面正常开设国家规定的课程。引导培养小学师资的高等院校开展全科教育，一方面，改革目前高校学科专业教育的课程设置，在适当突出专业特色的同时，兼顾其他学科，涵盖音体美、计算机等学科知识，使其毕业后除能胜任本专业教学外，还能胜任其他学科教学工作；另一方面，鼓励开设小学全科教育专业，针对小学教学的实际，各学科方向均衡发展，能适应各学科教学需要。

传统师范院校近些年出现了明显的综合化、去师范化的倾向，教师教育的专业课程被削弱。因此，要推进师范院校改革，建立教师教育学院，突出教师职业特色，强化教师职业能力、专业思想的培养。

三、加大待遇倾斜　健全激励机制

依法保障并逐步提高教师工资待遇。城乡支教政策是为贯彻落实“城市支持农村、工业反哺农业”的重要方针，其目的是为了优化教师资源配置，促进义务教育均衡发展，提高贫困地区基础教育水平，但是只靠“城乡支教”是不会缩小城乡之间差距的。为了贫困地区的中小学教育快速发展，国家的财政部门应增加农村教育资金的投入，提高广大贫困地区农村教师的待遇，改善农村的办学条件，特别是农村教师的福利待遇应逐渐向城镇教师看齐，并有明显倾斜。只有在足够教育资金投入下，贫困地区的农村中小学的硬件和师资达到城乡学校的水平，城乡各级学校的均衡发展才能真正实现，对于农村教育实施城乡支教只是治标不治本，不能从根本上解决农村教师配置问题。①

全面落实义务教育学校教师绩效工资，发挥薪酬的激励作用，探索符合学校特点的薪酬分配方式，充分调动广大教师的工作积极性和创造性。

① 参见刘蕾：《贫困地区农村中小学教师资源优化配置研究》，河北大学教育学院 2011 年硕士学位论文。

全面落实县域内教师平均工资水平与当地公务员平均工资水平大体相当、县域内农村教师平均工资水平与城镇教师平均工资水平大体相当的政策措施。

对长期在农村和艰苦边远地区参加支教、教师交流的教师，在工资方面实行倾斜政策，完善津贴补贴标准。全面落实集中连片特困地区乡村教师生活补助政策，依据学校艰苦边远程度实行差别化补助标准，加大对农村边远地区教师的补贴力度。对于未纳入集中连片特困地区的乡村教师，应比照集中连片特困地区标准，由各级政府出台政策并出资予以补助。只有建立“越往基层、越是艰苦，地位待遇越高”的激励机制，使得偏远贫困地区的教师待遇明显高于城镇教师，这些地区的教师岗位才能真正地具有吸引力，逐步形成“下得去、留得住、教得好”的局面。

同时，不断改善教师的工作、学习和生活条件，加强教师公租房、周转房建设，改善教师工作和生活条件，并确实解决农村教师的实际困难。要在农村教师在城镇购房、子女在优质学校入学等方面，采取优惠性的措施，解决他们的后顾之忧，让农村教师真正感觉到生活得有尊严。

完善教师管理制度，建立健全教师考核激励制度，促进教师可持续发展。“建立以能力和业绩为导向、以社会和业内认可为核心、覆盖各类中小学教师的评价机制”,[①] 严禁简单用升学率和考试成绩评价中小学教师，使绩效工作分配更好地体现教师的实际业绩和贡献，同时，探索实行学校、学生、教师和社会各界多元评价办法完善绩效工资制度，吸引优秀人才长期从教、终身从教。

改革中小学教师职称制度，建立统一的中小学教师职称制度。增加中小学高级职称教师比例，设置正高级教师职务，并完善职称（职务）评聘条件和程序办法。在职称评聘的条件和比例上，切实向农村偏远地区教师倾斜。同时，设立政府专项奖励基金，大力表彰在农村长期从教的优秀教师。

---

① 《国务院常务会议决定扩大中小学教师职称制度改革试点》，新华网，http：//politics. people. com. cn/GB/1024/15556053. html，2011 年 8 月 31 日访问。

四、强化干部交流与培训　提升综合素养

管理干部，特别是教育行政部门领导和学校校长的素质提升是推进学校内涵发展的关键。没有领导干部的内涵发展，也就谈不上学校的内涵发展。

要更新干部培训理念，规范培训标准，建立更加完善的保障机制，分层次、分批次、多形式地对教育行政干部和校长进行培训，使他们树立正确的政绩观和教育观，更新教育思想和管理理念，优化办学能力和治校策略，提升人文底蕴和人格修养，从而建设一支高素质、专业化的教育管理干部队伍。

（一）改革校长交流制度，提高校长交流的有效性和针对性

城乡校长交流可以促进校长的专业发展，提高校长的领导力，对学校发展具有至关重要的作用。目前，校长交流正在如火如荼地进行。但是，校长交流的效果并不尽如人意。有关部门需要采取措施为校长提供更多的交流机会，保证校长交流的有效性和针对性。

第一，为了更好地促进城乡校长的有效交流，教育主管部门应该为城乡校长提供更多的轮岗机会。目前，校长交流的次数不够，交流周期较短，无法满足校长特别是农村校长的需求。没有量的保证，便不可能有质的提高，要提高校长交流的有效性，必须首先保证交流的频数和时间，在不断的交流和学习中，校长才能切实感受到交流的重要性和有效性，实现自身知识和技能的飞跃。同时，还需推进城乡校长的挂职和调动作为轮岗的辅助形式，其中，可以为城镇的校长提供较多的挂职机会，为农村校长提供一定的调动机会。

城镇校长的交流不能囿于县域内部流动，应促进城市校长和农村校长之间的交流，为农村校长提供更多在城市学校学习和实践的机会，并促使城市校长把城市学校的先进理念、成功案例和有益经验带到农村学校，整体提升县域内校长的能力层次。

第二，更应该提升城市校长帮扶农村学校的理念和意识，提高城市校长自觉、自发去农村学校交流的主动性。多向农村校长提供在城市学校长期交流的机会，让农村校长有充足的时间学习城市学校先进的理念和丰富的经验。

第三，有关的教育行政部门应在充分调查研究的基础上，适时地改革和完善校长交流制度，提高校长交流的针对性，即根据城乡的具体情况，因地制宜，对症下药，使校长们的各方面素质通过校长交流，得到切切实实的提高。① 同时，以外因与内因相结合为原则，通过扩大学校自主权、有助于自我价值的实现等手段，来提高校长们参与交流的主动性和积极性。

（二）形成特色鲜明的区域培训机制，提高校长培训质量

培训是校长专业发展的主要途径，是校长教学领导力的有效改进的重要方式。校长培训开展多年，为校长的发展作出了很多的贡献。但是，我们也应该意识到，校长培训的内容、理念、主体、形式等都是随着社会和学校校长的发展不断变化的，我们也应该与时俱进，在调查研究的基础上，为校长培训注入新鲜的血液，提供校长满意的培训，切实提高校长培训的质量。

在培训主体上，应选择更多的有实践工作经验的优秀校长。此外，各行业管理专家、社会知名人士、文化学者等也都是很好的培训主体的选项，他们可以从不同侧面提供各种信息，丰富校长们的思想内涵。应立足学校管理实际和改革与发展的新特点，立足校长的实际需求和薄弱点，开设模块化、专题化的课程，真正深入人心，改变思维方式，转变思想观念，解决实际问题。因此，应该增设一些关于学校战略管理、组织与制度建设、课程与教学和教师专业发展的相关内容，城乡校长应该根据自身的实际需要，选择自己需要的培训内容。在培训形式上，多采用专家驻校诊断、研讨与反思、师带徒（如名校长工作室）、挂职锻炼等形式，同时，注重培

① 参见张亚星、林存银：《北京市校长人事制度城乡对比研究》，《中小学校长》2015 年第 7 期。

训形式的多元化与灵活性。我们应该摒弃“纸上谈兵”式的校长培训，将校长培训从抽象的理论中解放出来，理论与实践相结合，为校长们真真切切地解决在学校管理中遇到的问题。

农村校长、镇区校长、城市校长对培训主体、培训内容、培训形式等方面的选择都大不相同，据此应该打造不同区域的培训套餐，形成区域特色鲜明的教育培训机制。只有这样才能提高校长参与培训的积极性和主动性，使校长培训发挥更大的作用。

（三）健全校长评价标准，提高校长评价的客观性和实效性

校长评价可以有效地促进校长领导水平提高、提升校长领导素质，是促进校长专业化进程的一项必不可少的战略性措施。校长评价为校长们提供及时的反馈信息，使校长明确自身工作的优点与不足，为校长制定下一步的工作方针与计划提供参考，可以说是校长发展的警示牌和指示灯。调查中发现，当前的校长评价方式对于城乡校长的专业发展起到了一定的作用，但是校长评价机制仍不理想，还需要进一步改进，更有效地促进校长专业发展。一方面，教育行政部门应该开展调查研究，并依据实际情况，在现行的校长评价标准的基础上进行合理的改革，健全校长评价标准，丰富校长评价方法。另一方面，我们在校长评价中可以采用多元的主体和评价方式，来弥补现今校长培训制度的缺陷。调查显示，校长们认为最有效的评价方式多集中在教职工代表集体评议、学校行政人员考察校长的具体工作、反思与自评、家长和社区代表集体评议等四个方面。我们应该采用这些多样的主体和方式实施校长评价，来切实提高校长评价的客观性和实效性。

五、强化在职培训　促进教师专业发展

全面实施“人才强教”战略，围绕教师的师德修养、教育理念、教育教学能力和信息素养等方面，整合培训师资，开发培训课程，丰富培训方式，满足教师个性需要，注重培训质量监控，提高培训的针对性和实效性，

促进教师综合素质和教育教学能力的提升。

（一）建设完整的教师培训体系

整合各级各类培训机构，建立政府主管部门、高等学校、市县级教师发展中心、远程培训机构、校本培训“五位一体”的培训体系，形成协同培训新机制。教育主管部门负责培训的顶层设计、规范的制定和监督管理工作，高等学校、教师发展中心、网络远程培训机构和基层学校分工负责、协作开展在职小学教师的培训工作。

按照“地方负责、分级管理”的原则，建立以财政拨款为主的保障机制，落实学校公用经费5%用于教师培训的规定，设立教师培训专项经费并纳入财政预算。保证中小学教师五年一周期360学时的全员免费培训，并纳入政府考核。对教师业务培训、科研合作、交流互动提供经费支持，加大对师资培训体系建设的经费支持，为培训师资队伍建设提供经费保障。

大力推进市县教师发展中心建设和教师发展学校建设，充分发挥教师发展中心和校本培训的作用，加强培训队伍建设，提高培训者业务水平，推进区域内资源的整合，逐步实现优质教师教育资源的共享。县级人民政府要重视县教师发展中心建设，整合县级教师进修学校、教研室、电教馆、仪器站等机构，形成促进教师专业发展的合力，发挥教师培训的整体效益，将县教师发展中心建设纳入政府督导内容。

以教师发展为本，以教师需求为导向，实施分层、分类、满足教师不同需求的培训计划，在课程开发、培训方式、内容要求和考核评价等方面紧密结合课程改革和教学实践。教师培训从全员参与的基础性培训转向分层分类的订单式、个性化培训，满足不同教师群体各自的专业成长需求。各市县制定教师培训规划，以农村教师为重点，开展分层分类分岗培训；根据教师队伍年轻化的特点，深入推进以练好基本功、减少低效性、上好常态课为重要内容的教师业务培训；根据教师从教时间、专业发展程度实施分层培训，按照教师工作岗位开展分类专业化培训，进一步提高教师培训的针对性和实效性。

要着力解决基层教师培训条件不足、动力匮乏的问题，进一步加大教师在职培训力度，紧紧抓住“国培计划”“信息技术能力提升工程”等国家项目，整合高校、教师培训机构和中小学的优质资源，大力推广省市县级名师工作室、教研协作体等区域性校本研修模式，扩大送培到县、送培下乡规模。全面实施校本研修和网络研修的有机整合，充分利用现代信息技术，实现小学教师培训全员覆盖。着力推行短期集中面授、网络跟进研修和跟岗实践相结合的协同培训新模式。

要进一步发挥区域内名师、教学骨干等优秀教师对于改进学校教学工作的作用，完善校本培训协作机制，在校内和校际层面采用多种方式培训教师，通过联片教研、成立名师工作室来提高教师质量。另外，可以返聘退休优秀校长和退休优秀教师，成立指导团指导薄弱学校发展，通过师徒结对指导教师发展。①

重点提升农村教师素质。把农村教师作为重点培训对象，建立省会学校、设区市学校接纳农村教师学习、参观、培训、实习、交流及课程研究制度，为他们搭建专业成长平台。指导各县（市）建立区域研训和校本研训制度，积极开展专业引领、专题研讨、教学技能比武、教学互访等形式多样的研训活动，促进教师专业成长。

（二）进一步完善“国培计划”的教师培训体系

“国培计划”的实施对实现县域城乡义务教育一体化是十分有益的，也是十分重要的。通过“国培计划”一方面提高了农村义务教育教师的教育教学能力和农村教育的师资力量，另一方面也为农村义务教育的发展注入了高等学府的科研新活力，为培养新一代科研型农村教师提供了一个很好的契机。

但在实际运行过程中，也还存在教师参训率偏低、部分教师学习积极性不高、培训内容的针对性不能完全满足基层教师需求等诸多实际问题，影响培训工作的发展和质量的提高。

---

① 参见褚宏启：《教育制度改革与城乡教育一体化——打破城乡教育二元结构的制度瓶颈》，《教育研究》2010 年第 11 期。

2014年4月，河北省以“国培计划”的参训率、满意度和教师培训需求为主要内容，对参加过“国培计划”的基层教师进行了一次网络问卷调查，为进一步改进“国培”工作，提供了重要的参考依据。

调查发现，短期集中培训项目的参训率较置换脱产培训和远程培训项目低。其中幼儿教师参训率最低，一般缺额在30%左右，中小学教师在15%左右。就培训项目满意度而言，虽然在培训目标、培训内容、培训形式、培训支持、培训效果等方面，都获得了非常高的满意度（均达到90%以上），但培训内容所获得的满意度要显著偏低。

在培训需求方面，对培训内容的需求，普遍集中在教学实践能力、教育科研能力和现代教育技术运用能力的提升三个方面。但不同教师也各有侧重。青年教师倾向于教学实践能力的提升，而41—50岁的教师则更着眼于现代教育技术运用的能力提升；农村教师看重教学实践与现代教育技术，而城镇教师则更看重教学实践与教育科研能力的提升。对于培训方式的需求，教师普遍认为最有帮助的培训方式为现场观摩、经验交流和案例分析。在观摩教学中，最为认可“同行介绍经验、教学展示、共同研讨、交流对话”等活动内容。但是，年龄较大的教师和幼儿园教师更喜欢专家报告的教学形式。

“国培计划”对学员而言，最大的问题就是工学矛盾突出和学校支持不够，特别是农村和乡镇学校的教师反映更为强烈。

针对上述困难与问题，2014年，河北省“国培计划”创新培训模式，推进教师培训重心下移，按照“政府协调、高校引领、进校（县教师发展中心）组织、学校参与”的原则，实施“送培到县”项目，构建由政府、高校、县教师发展中心和远程培训机构共同组成的教师培训协作共同体，取得了明显成效。

河北省“送培到县”项目，打破以往参训教师在高校集中进行培训的模式，而是在项目实施过程中，建立高等院校、区县教师培训机构（教师发展中心）、中小学幼儿园和远程培训机构分工合作机制。县教育行政部门组织管理参训教师，协调项目培训机构间的工作关系；高等院校根据县培训机构提供的教师专业发展信息制订培训方案，确定培训课程，组织培训专家，保证培训经费，指导县教师培训机构；县教师培训机构（县教师发展中心）提供培训场所、设备和本地教师专业发展信息，参与项目培训方案的修订，组织辅导教师全程参加培训；远程培训机构根据培训方案的要求提供后续的教师培训服务，为教师的专业发展创设网络环境。

“送培到县”项目在明确培训主题的基础上，通过采取名师示范、现场诊断、同课异构、交流研讨等方式，实现了“把脉式”培训，送“先进的教育理念”，送“精彩的课堂范例”，送“典型的成长经验”，解决农村一线教师的实际问题。“送培到县”项目计划培训 6100 人，实际参训率达到 100%，合格率达到 97.84%，培训满意度也较以往其他项目高很多，取得了多方共赢的突破性效果。

今后，要进一步优化“国培计划”教师培训体系，创新培训模式，调动各方面培训力量的积极性，着力好以下工作：

第一，培训重心下移，缓解了教师工学矛盾。所有“送培到县”项目集中培训时间都尽量安排在周五、周六和周日，既减少学校课务安排上的麻烦，也减少教师调课带来的各种负担，使培训与工作实践相结合，有效缓解教师工学矛盾。将“学习”“观摩”“反思”“实践”融为一体，使“教师转变”落到实处，提高培训的实际效益。

第二，降低参训教师和所在学校的培训成本。虽然教师参加“国培计划”培训，并不需要缴纳学费和住宿费，同时还享受一定的生活费补贴。但是，由此产生的交通费、生活费以及一些其他开支等还是要由参训教师所在学校或个人承担的，这对于工资收入微薄的农村偏远地区的教师们来讲，也是不小的负担，影响其参加培训的积极性。因此，应尽量扩大“送培到县”项目的覆盖面，采取最经济和高效的培训形式，有效地减轻学校和教师的负担。

第三，进一步调动县域教育行政部门积极性。明确各市县教育行政部门职责，全程参与项目申报、评定，参训教师和培训基地的遴选及管理等工作，使得他们更深入地参与到从学员的食宿到场地准备、多媒体教学设备，再到参训教师的组织管理等培训的各个环节，从以前的旁观者变成参与者，充分调动各市县教育行政部门的积极性，保证教师的参训率。

第四，推动高校与地方合作，形成了教师专业发展共同体。明确双方职责，促使承办高等院校与各项目县教育行政部门和培训机构积极合作，开展调研，对培训对象、培训需求进行认真分析，明确培训主题，制订培训目标、培训内容与形式，并互助合作，异质互补，根据各方的优势，细化分工、明确职责、落实任务到具体的负责人。承办高等院校主要负责实施方案的修订、课时安排、专家团队选聘和接待、学员所需资料配备、研修任务安排、授课质量评价、学员研修成果验收等工作。项目县培训机构主要负责参训教师和授课教师的食宿、参训教师管理、落实培训场地、选定实践学校、提供后勤保障和开展训后跟踪服务等工作。为高等院校与县教师培训机构的合作提供良好的平台，高等院校长期服务基层的基地建设问题也能够得到解决。

第五，推动县级教师培训机构管理和办学水平的提升。“送培到县”项目更深层次的价值不仅在于使参训教师的教育教学能力得到了提升，通过“送培”，为基层教育行政部门和学校提供一个可以借鉴、参考的培训样本和模板，以便他们在更大范围内开展更加优质高效的教师培训。同时，为满足项目需求，促使各市县对区域教师培训机构（教师发展中心）的建设给予高度重视，充实基础设施，改善办学条件，为区域教师培训机构（教师发展中心）建设赢得良好的发展机遇。

第六，更有针对性地设置课程。要根据参训教师的区域特点、年龄特点、能力结构和工作环境实际，更加有针对性地设置培训课程。

（三）构建一体化的“实习——支教——培训”体系

“顶岗实习支教”与“影子研修”融合，构建一体化的“实习——支教——培训”体系。“影子研修”，又被人们赋予了“影子工作”“跟岗培训”“体验培训”“贴身培训”等等不同的名称，但其内容是一样的，即按照一定的研修方案和目标，参训的农村骨干教师成为城市优秀教师的“影子”，“如影随形”地跟随城市优秀教师参与到日常教学活动中。在真实的日常教学活动中，农村骨干教师这一“影子”通过观察体会城市优秀教师的教学活动与班级管理活动，总结教学经验、学习教学思想、体会教学艺术，从而深刻地感受到自身与优秀教师之间的差距，并充分发挥参训教师的主观能动性，促进自身教育教学能力的提升。“影子研修”是一种能够实实在在提高农村教师教育教学能力，促进参训教师将教育教学理论知识转化为实践教学能力，帮助参训教师发现自身不足从而促进他们启迪教育智慧、改进教学行为的培训组织方式。它顺应了现阶段我国农村教师素质有待提高的现实大背景，也奠定了“影子研修”在“国培计划”中的重要地位。可以说，“影子研修”成为了现阶段“国培计划”的重点与热点。

“影子研修”如果要想取得良好的效果，需要多方面的合力。首先，参训教师应当端正心态，真正把自己从“好为人师”的错误心态中解放出来，虚心为学，真正把自己当作一个学生，去听、去看、去想、去总结，从而让自己有真正的提高。其次，城市优秀教师应当不吝赐教，真正将自己当作一个治病救人的医生，用自己的“父母心”去医治已经“生病”的农村教育。最后，各影子基地学校应当认真完成其自身在“国培计划”工作中所承担的任务，立足于“国培计划”所倡导的谋求学校新发展的思想高度上，积极配合项目承担者的工作，把参与“国培计划”、承当“影子研修”、培养优秀人才作为学校的光荣使命，才能激发影子基地学校参与“国培计划”、参与“影子研修”的积极性。

“影子研修”在实际实施的过程中取得了十分重大的成绩，获得了良好的口碑，也收获了十分甜美的果实。但其实施又必须有一个前提条件，即“影子教师”能够有时间参与“影子研修”。多年来，由于农村学校教师短缺，农村教师的教学任务十分繁重，使得他们在完成教育教学任务的同时抽出时间进行脱产培训就变得十分困难。因此，如何将农村教师的时间“解放”出来就成为“影子研修”的一大难题。

而实际上，在“影子研修”如火如荼开展之前，“顶岗实习”的活动已经在中华大地上展开了。其渊源可以追溯到2005年10月28日发布的《国务院关于大力发展职业教育的决定》中规定的“2＋1”教育模式。而将“顶岗实习”这一方式发展为“顶岗实习支教”工程，则应当追溯到2006年的河北师范大学。2006年，河北师范大学在全国高校中首创了“顶岗实习支教”的教育模式。这种模式即高等院校的高素质师范生下乡支教，在其自身得到锻炼的同时，也在一定程度上缓解了农村教育的“人才荒”。师范生下乡支教的同时，置换出大量的农村教师，使他们的时间得到“解放”。河北师范大学就将“解放出来”的农村教师集中到河北师范大学进行为期一个月的集中脱产培训，使得农村教师得以接触教育科研的最新研究成果，获得在高等院校学习充电的机会。

可以说，“顶岗实习支教”是在“影子研修”风行之前便已实施的扶植农村教育行为。而且从逻辑上讲，“顶岗实习支教”与“影子研修”可以说是天作之合。“顶岗实习支教”置换出来的农村教师在集中学习理论知识的同时，也参与到“影子研修”中，成为“影子研修”的学生。而“这些影子研修”出来的“学生”又回到自身的学校成为老师，一方面授予学生科学文化知识，另一方面也成为师范生的“老师”，更好地帮助师范生得到锻炼。

“顶岗实习支教”与“影子研修”相结合的路才刚刚开始，很多理论和实践的结合还不成熟，因此，“顶岗实习支教”与“影子研修”相结合应该怎么做，以什么样的比例进行置换，应当以怎样的流程进行等方面仍需要一个系统的体系进行规范化建构，因此，构建融“顶岗实习”与“影子研修”为一体的“实习——支教——培训”体系是十分重要的。

第五节　推进内涵发展　提高教育质量

教育作为一种特殊的劳动，一方面需要资金投入进行保证，另一方面又不仅仅是增加投入能够解决的问题。其真正起作用的是软件设施建设，也就是说，真正起作用的是师资建设、特色课程建设、资源开发等等方面。教育硬件设施为教育教学工作提供保障性作用，没有一定程度的硬件设施为基础，教育教学工作无法开展。而硬件设施归根结底依然是教育发展的外因，真正起作用的是教育内涵建设这一发展的内因。硬件设施建设的程度再高也要通过内涵建设的运用才能真正地发挥其作用。提高教育教学水平，应当将更多的目光投入软件建设，跳出硬件设施建设的政绩思想，向软件建设进行大力倾斜，真正从教育的内涵上进行提升。

一、深化课程改革与教学研究

（一）构建校本化课程体系

农村教育要达到的发展应当分为两步走，第一步，面对现阶段城乡义务教育存在的差距与不平衡，顺应城镇化发展的需求，以教育公平为导向，进行城乡义务教育均衡化发展，大力提高农村教育的教育水平，弥补现阶段业已存在的城乡义务教育差距。当农村教育发展到一定程度时，便可进行第二步的发展，即根据农村特有的教育资源和教育生态系统，发展农村特有的课程体系、教育教学组织方式、教育管理模式等方面，构建农村教育特有的教育体系，与城镇教育形成优势互补、各具特色、和而不同的一体化发展。

学校教育改革的核心是课程改革。新课改在实施中比较突出的问题是城乡之间课程实施水平差距较大。提高农村教育质量，关键在课改，必须把课程教学改革确立为现阶段农村义务教育发展的战略重点。[①] 要加大课程改革力度，充分关注农村地区自身的地域条件，创新学校课程内容，从各地区实际情况出发，因地制宜强化学校办学特色。利用农村地区接近自然的显著特点，创办学校校本课程，构建新型的农村教育课程体系，进一步形成品牌特色，实现教学的本土化与特色化，实现城乡学校之间共享交流，促进城乡教育共同发展。

我国是一个幅员辽阔、人口众多的大国。与此相对应的，我国在如此辽阔的疆土上，每一个地区都有自身独有的特色。从另一个角度上说，如果将全国的农村和城市相比较而言，农村有很多的教育资源是得天独厚、城市无法拥有的。当城市的学生需要去动物园、植物园体会大自然的奇妙时，农村的学生在自身的生活环境中便已可以取得大量的素材去完成这个

---

① 参见余丽红：《关注农村教育发展　提高农村教育质量》，《中国教育学刊》2009 年第 1 期。

课程目标，甚至可以说要比城市的学生享有的资源更多；当城市的学生在音乐、美术教室中陶冶情操时，农村学生在其独有的自然风光、鸟鸣虫叫中也可以获得大量的教育资源，如果加以利用，也可以说在教育资源的享有中不逊于城市的学生；当城市的学生义务劳动培养劳动能力的时候，农村学生在帮助父母进行农业种植的过程中早已完成了这些课程的学习，这也是占有的一种教育资源。城市有城市的教育资源，农村也有农村独有的优势，这些教育资源并不是不能够被加以利用，只是现阶段的课程体系太过于倾向于城市化和标准化，缺乏与农村相配套的农村课程。怎样让农村教育资源得到充分利用，怎样让农村教育内容与学生原有经验相结合，校本化课程成为解决这一问题的重要方法。

现阶段我国义务教育阶段教育活动实施的纲领性文件是新课标，也就是说国家规定了教育活动的课程标准。在统一的课程标准的引领下，不同的地区根据自身的教育现状，采用不同的教材教法进行教育活动，其最终能够达到统一的课程标准就视为完成教育教学任务。我国现行的人教版、苏教版、粤教版、湘教版、沪教版、冀教版、西师版、北师大版、语文社——S 版、语文社——A 版多个版本共行的状态正说明的国家要求的是课程标准，而不是硬性要求课程内容。因此要继续完善三级课程体系，发挥地方课程、校本课程作用。在国家课程的基础上，城乡学校要根据自身的特点，结合当地人文历史地理环境等教育资源，彰显城乡不同的课程资源优势，开发不同特色的校本化课程，彼此形成“和而不同”的课程体系。

开展各种课外及校外活动，开发实践课程和活动课程，特别是要做好国家课程标准校本化工作，努力提供适合不同学生群体发展需要的教育。要建立城乡课程资源开发、共享机制，加强城乡课程资源的交流与沟通，促进优质教学资源的开发、利用和共享，提高教育质量。

深化教学改革，促进教学方式与学习方式的转变。坚持“守正出新”的基本原则，以学生发展为本，推进教学理念和教学方法改革与创新。要以科学的态度，沉下心来，实事求是，持续推进教学方法改革，力避浮躁，使教育教学从功利化、形式化的误区中回归到对教育本质规律的探寻中来。

要从当前“运动式”的争创教学模式、追求花样翻新的不正常的状态中走出来，紧紧围绕学生发展和学习内容、学习目标的需要，创新教育教学方法，探索多种培养方式，倡导启发式、探究式、参与式教学，让学生学会学习。要正视城乡学生差异，因材施教，推进分层教学等教学制度改革，让学生得到充分发展。加强城市学校与农村学校的双向交流，传播先进的教学观念、方法和模式，整合优质教育资源，缩小城乡差距。

当然，在发展农村特有的课程体系时，应当注意不能跨过阶段，在不成熟的条件下强行进行。现阶段我国农村教育无论是人力物力财力等等方面资源依旧是欠缺的，经过国家一段时间的大力扶植，农村教育在硬件设施方面得到了很大提升，虽依然欠缺但欠缺的程度有所缓解。而与此相对应的，我国农村教育的教师资源无论是数量上还是质量上依旧存在着巨大的不足。所以现阶段我国县域城乡义务教育一体化发展整体上依旧应以教育均衡化公平化为发展方向，在有条件的地区，教育发展到一定程度的基础上，再去追求校本课程的发展，不能在条件不成熟的情况下“为了校本而校本”地过分“追新”“求奇”，浪费教育资源。

（二）改革教研制度，建立跨城乡的区域性教研平台

为了促进农村教师开展教研活动，促进农村教师专业发展，教育行政部门一方面要通过城乡共同教研、联片教研等区域性教研方式为农村教师提供平等的培训和教研的机会；另一方面通过信息化平台促进教研方式的多样化。同时教育行政部门要从资金保障、组织协调和监督评价等各个阶段为农村教师教研提供保障。

第一，加大投入，为保障农村教师教研活动提供资金支持。一方面为区域教研的开展提供支持，邀请骨干教师或专家对农村教师的教育教学进行指导，开展培训。另一方面，建设信息化教研平台，开展网上集体教研、集体备课等。

第二，加强组织，定期开展针对农村教师的教研活动。教育行政部门应牵头组织开展城乡一体教研，划分片区，开展城市、城镇学校对农村薄弱校的帮扶工作。在政策上倾斜和支持农村薄弱学校。改革教研制度，建

立跨城乡的区域性教研平台与相关机制，加强城乡教师的教研交流，改进农村学校校本教研制度，提高校本教研水平，为提高教学质量、缩小城乡教学质量差距提供智力支持。①

第三，注重监督评价，为促进农村教师教研提供制度保障。注重对区域教研的监督评价，将城乡教研作为对学校进行评价的重要指标，对在教研中有突出表现的教师进行奖励。

二、推进教育信息化进程

河北省经过多年的探索和实施，教育信息化进程已有长足发展。在硬件基础设施建设方面与“三通两平台”网络工程建设和对人教版、冀教版教材数字化课程的系列研发方面为河北教育信息化的跨越式发展奠定了较为良好基础。但是在实际应用层面，其预期效果还未完全显现，仍然存在着一些亟待解决的问题。

第一，河北投入教育信息化建设资金不少，但教育信息化硬件与软件投资比例不协调，“重建设、轻管理、轻培训、轻资源、轻应用、轻维护”的现象尤其突出。重硬件设施建设，轻软件和资源建设的现象严重，实际运用效果欠佳。

第二，地区教育信息化发展极不均衡，如唐山市、石家庄市等几个经济发展比较好的地区在教育发展和信息化建设方面的水平较高，有的已达到了国内乃至于国际先进水平，而在张家口、承德等几个经济相对落后的地区，在教育发展和信息化建设的水平较低；同时，在同一区域内，由于城乡经济社会和教育水平不同，致使区域内部城乡学校之间也存在较大差异，偏远地区农村学校教育信息化发展程度仍然很低下，而且缺乏正确的政策、技术和教育的引导，以为信息化即为使用计算机或上网而已，优质资源得不到共享且重复开发严重，导致极大浪费。

---

① 参见褚宏启：《教育制度改革与城乡教育一体化——打破城乡教育二元结构的制度瓶颈》，《教育研究》2010 年第 11 期。

第三，当前权责界限不明确，成为制约河北教育信息化发展的一块绊脚石，导致河北教育信息化发展的整体系统规划与管理有效机制的缺乏。简单地说，教育信息化管理与决策部门存在多重领导、职责不清，各自为政现象严重，一个管理部门要求一个样，形不成一个统一的规划细则，致使教育信息化发展比较混乱。①

基于此，在推进城乡义务教育一体化过程中，对于教育信息化工作，要从管理体制、投融资机制、投资结构、平台建设、资源开发、教学科研应用等各个方面，进行全面系统的改革，打破各种体制制度障碍，提高应用效率，以使大量的资金投入，不仅仅成为漂亮的摆设和表面的政绩，更要真正促进办学条件的改善和教学质量的提高。

（一）政府主导多主体参与的创新机制

第一，要将教育信息化工作纳入区域信息化发展规划和教育发展规划，根据经济社会发展状况和城乡教育发展需求，整体布局教育信息化的发展方向、规模、速度、重点，特别是要保证教育信息化与城乡经济社会信息化的同步、互通与互融，保证城乡教育信息化的均衡与协调。

第二，根据农村学校的学校布局、办学条件、师生水平等特点，在保障经费重点向农村偏远地区倾斜的基础上，有针对性地设计硬件标准、建设配套设施、配备相关人员、做好资源开发，优化教育信息化资金的投入比例和投资重点，限时完成全省中小学的“班班通”工程。设立现代教学装备维护专项经费，保证设施设备的正常运行，提高资金和设施设备的使用效率。

第三，积极探索体制创新，特别是政府不同主管部门之间的协调配合。建立省、市、县分级投资机制，鼓励和调动多方面参与教育信息化建设的积极性。政府为主导，综合运用行政、经济和法律手段，学校、教育行政部门、企业、信息化主管部门多主体参与，采取更为灵活的方式，整合各种投融资渠道和形式，继续加大教育信息化的投入，加快教育信息化步伐。

---

① 参见田润芙、杨旭：《河北省教育信息化现状分析研究》，《电子世界》2014 年第 5 期。

（二）建立远程培训平台，提升教师素质

教师是教学质量提升的关键因素，城乡教育水平的差距主要是教师。而教师水平较低的一个主要原因就是缺乏学习提高的资源和机会。充分发挥教育信息化的优势，建立教师远程培训平台，是当前提升农村地区教师素质的一项重要且有效的举措。远程培训平台首先要促进教师信息化应用能力的提升。当前，很多新配备的信息化装备不能投入使用的一个重要因素就是教师不会用，或者只会简单的操作，根本达不到在教学中正常运用的水平。其次，要提升教师的教学理念和教学水平。通过远程培训和自主学习平台，为农村教师提供接受继续教育的机会。打破时间和空间限制，使教师能够更好地处理"工学矛盾"，更加灵活合理地调整自己的时间和进度。最后，要搭建立体化的区域教研平台，整合区域内优质资源，使不同地区、不同条件的教师能够自由交流，开阔眼界。可以通过网上名师工作室、学习共同体、信息化学习室等形式，将有共同学习兴趣的教师联系在一起，共同提高，从而更快地实现城乡教师水平的均衡。

（三）打造区域教学中心，丰富教学资源

教学质量的提升很大程度上取决于教学资源的丰富程度。由于受办学条件的影响，大部分农村学校即使是配备上标准化的信息化设备，也缺乏合适的教学资源，这又是影响教育信息化效果的另一个重要原因。近几年，国家为此也投入了大量的人力物力，力图解决这一问题。然而，受限于我国幅员辽阔、地区经济社会发展不均衡的基本国情，各地义务教育无论是在区域环境、办学条件，还是教学内容、教学方法都存在着巨大的差异，因此需要摆脱全国型教学中心的设置理念。因为建立集中信息数据库反而会增加数据中心的流量，从而影响学习者的学习质量。而应分层级、分区域建立适应区域经济社会特点的区域教学中心。这些中心集中区域的优质教学资源为地方教育服务，同时又位于全国统一的教学资源网站中，这样既可以回避区域间的巨大差异，分流服务器的数据流量，又利于教师和学

生快捷地获取教学资源，提高教学和学习效率。[①]

当前，应重点加强省级教育资源平台建设，建立省级教育科研网和基础教育课程资源库，实现省级平台与国家教育信息资源平台、教师信息化能力提升工程及配套的远程培训平台的互联互通，整合全省乃至全国优质教育资源，运用同步授课、远程直播、慕课平台等方式，建立多种形式的网络学习共同体，做到资源共享，实现省内优质教育资源全覆盖。

（四）改变教学方式，促进师生发展

在进行硬件、软件建设时，应当注重对于硬件、软件设施的应用。不能出现先进的设施实际应用性差，或应用性强但投入使用后，无人懂得使用的情况。尤其是在农村地区，存在着较大程度的劣势，加快农村教育信息化步伐，以信息化促进一体化更是势在必行。

在提升教师信息化能力和丰富教学资源的同时，着力做好运用信息化手段促进教学观念和教学形态转变的工作。

首先，要通过对教师的培训，将信息化教学手段的应用作为教学改革重要环节，改变单一的“粉笔＋黑板”的授课方式，采用多媒体手段，形象直观地展示教学内容，激发孩子的学习兴趣，提高教学效果。其次，通过让学生掌握信息化手段的应用，转变学生的学习方式，使学习不再是课堂之中枯燥乏味的被动听讲，而成为形象生动、灵活自主、合作探究的快乐过程。最后，更为重要的是，通过信息化的手段，让工作学习在偏远乡村的师生，走出封闭乡村，走向开放城市，走向更为精彩的世界，开阔眼界，探索新知，从更深的层次，改变思维方式，丰富内心的自我，实现人的发展。

三、加强学校文化建设与特色建设

学校办学条件的改善不仅仅是指学校物质条件的改善，还包括学校精

① 参见王缘缘、杨义、杨金梅：《河北省城乡义务教育均衡发展策略研究——以教育信息化为中心》，《科技向导》2013 年第 35 期。

神条件的发展。教育界有句名言：一流学校管理靠文化，二流学校管理靠制度，三流学校管理靠校长。有了学校文化，才能使学校的长期持续发展成为一种必然。要充分认识到校园文化发展的重要性，积极熏陶和启迪全校师生的思想意识，将素质教育贯彻其中，注重打造特色学校文化。

关于学校文化，学术界存在着不同的概念和内涵界定。目前较为普遍的观点认为学校文化包含物质文化、精神文化、制度文化和行为文化。通俗来讲，学校文化可概括为物质文化和精神文化两个方面。物质文化是以具体物质形态存在的，主要包括校园环境、花草树木、建筑设施、服饰装束、标语展牌等。精神文化是凝结在人身上的以精神形态存在的，包括教育思想、价值观念、学校管理、课程内容、教学方法、师生行为、人际关系等。

学校的物质文化和精神文化是一个统一体，两者相辅相成、密不可分，而且都在变化、发展和积淀当中。学校物质文化是精神文化的物质外显形式，校园中看得见、摸得着的具体物质本身不是文化，它只是人们思维方式和价值观念等精神因素的物质载体；学校精神文化才是真正意义的学校文化，作为学校组织成员的人的共同的思维方式和价值观念是学校文化的灵魂与核心。正如校园中漂亮的雕塑、醒目的标语、宽敞的建筑本身并不是真正的文化，而导致人们将雕塑胡乱摆放、对标语视而不见、建筑好看不实用等行为的那种头脑中内隐的思维方式和观念，才是真正的校园文化。

因此，当前学校物质文化不是以校园是否开阔、绿化美化是否豪华、建筑是否漂亮、标语是否响亮等为标准，而是以学校建设是否符合当地经济发展条件、学校发展是否符合教育发展需要、建筑设施是否安全和经济实用、绿化美化是否整洁与和谐且有特色等为标准。学校精神文化水平的高低不是以制度严厉与文本健全、师生行为整齐划一、考试分数名列前茅等为标准，而是以教育理念是否科学、核心价值是否正确、管理方式是否民主、人际关系是否融洽、师生精神是否愉悦、课程建设是否合理、学校氛围是否宽松和谐、教育质量是否全面等为标准。①

① 参见周新奎：《基础教育学校文化建设之我见》，《当代教育科学》2007 年第 8 期。

要从美化校园环境、规范言行举止、健全规章制度、树立良好校风等方面入手，鼓励既有较深的文化底蕴，又有浓厚地方特色的校园文化建设，创建学校共同的价值理念和文化特征，构建有品位、有特色的书香校园。总体上，形成城乡学校和而不同、各具特色、百花齐放、异彩纷呈的学校文化。

（一）着力提升校长和教师的文化底蕴

校长的精神状态和领导水平、能力对学校文化的个性具有相当大的影响作用。校长的思维方式、办学理念、工作方法、人文底蕴直接影响着学校文化的形成。学校文化建设中各种不合时宜的做法与表现，大部分都是校长个性的直接体现。可以说，没有文化的校长，带不出有文化的学校，没有底蕴的校长，就带不出有底蕴的学校。当前，广大基层中小学校长的敬业精神毋庸置疑，但整体文化底蕴偏低、内涵不够也应该是一个不争的事实。

同时，学校文化个性的形成，不仅要求校长有办学理念与文化追求，还要有全体师生和学校所有教育活动的精神融通方能形成。它既是精神的又是实践的；既是个人的又是学校群体共有的。具体地说，学校文化个性的形成取决于学校领导对自己学校历史中形成的文化传统的把握和辨析，对当代社会变化和学校大文化使命的把握，以及对目前学校师生状态以及他们不同生活背景中形成的文化特征的把握，并在此基础上，提炼、形成体现和适应本校办学理念的文化追求。①

（二）形成相对稳定的物质、制度和行为的外显形式

校长和教师们的文化底蕴不应仅仅停留在内心素养的提升上，更要外显落实于学校的一切方面。学校在明确了文化建设目标、设计出共同愿景基础上，要细化为具体的行动方案，如形成体现文化特点的校训、校风、教风、学风以及学校形象标识，整体设计校园环境，要从建筑外观、结构

① 参见叶澜：《试论中国当代学校文化建设》，《教育发展研究》2006 年第 8 期。

布局、内外装修、墙面布置、橱窗展示、花草绿地等等各个方面都体现鲜明的文化特点。这是当人们走进校园时能够直接感受到的最为表层的以物质为载体的学校文化。

同时，要及时形成统一的制度文本，规范约束人们的言行。要对学校整体的运行机制、分工合作、程序方法、言语行为、奖励惩罚、报酬福利等做出系统的规范，使以文化底蕴为基础的共同的思维方式和价值观念外显于人们日常工作、学习、生活的言行举止中。通过制度的规范，使师生在约束下形成的外显的行为方式逐渐成为自主自觉的无意识状态的行为方式，这就是学校文化逐步进入深层次的阶段。

学校文化最为深层次的表现是在师生的精神面貌、心理状态、行为举止、人际关系以及各种学校活动的过程和处理各种教育事件的方式方法上，体现在师生的学校生活、工作和学习的细节之中。它也是学校文化个性形成中最富有活力和能将文化精神转换成真实的教育力量的构成。

（三）人本化管理达成心理认同

文化要渗透到学校管理的各个方面，形成更高水平的文化层面的管理。学校管理的对象包括人、财、物、时间、空间和信息，其中首要的因素就是对人的管理。而对人管理的核心是激励，是最大限度地满足人的合理期望，调动人的积极性，而不是靠设置各种条条框框和严管重罚来实现的。教师是一个特殊的职业群体，他们从事的工作是无法用像工厂的计件工资制那样的管理方法实现的。严格地讲，教师的工作无法全面、客观、科学地进行考核评价。教师的工作是个良心活，是靠良心工作的，是用自己的心灵去点燃孩子心灵的工作，是个“心”的职业，也只有触及心灵的管理才是最有效的管理。调查中老师们有一句著名的“牛论”——“领导拿我当人，我就拿我当牛，领导拿我当牛，我就拿我当人”，说得非常形象，这也充分说明了学校管理的特殊性。

因此，学校归根结底要实现人本化管理，学校领导的思维方式、人格特点、文化追求和办学理念要在心理层面获得全体师生的认同，从“领导赶着我干、领导牵着我干”到“我要跟着领导干、我自觉自愿地这样干”，使学校文化的核心理念转化为师生个体思维和行为方式的一部分，自觉地创造性地体现在各自日常的教育教学和学习实践中。

（四）突出个性，形成特色文化

学校文化的最高层次是能够以学校及其所在区域环境的历史文化特点为基础，准确把握教育改革与发展的趋势，形成科学的办学理念与目标，创造性地形成独具特色的文化个性。这也是城乡教育一体化背景下对各个学校的一个理想化的要求。也只有这样，才能形成“和而不同”、互补互融的城乡一体。

但是，也要注意到，学校的特色文化定位不应是盲目跟风，也不是凭空想象，它必须是根据当地的文化历史，本校的办学历史，学生发展需求以及社会用人需求等方面综合考虑后最终确定的，偏离于学校实际的特色文化是难以形成的，终将走向形式主义，浮于表面、流于形式，难成气候。

紧紧围绕学校人才培养目标和标准，以中华传统文化为引领，以课程和教学建设为核心，充分挖掘区域特色，发挥全体师生员工的积极性和创造力，让教师与学生参与到形成和完善学校文化个性建设目标的过程中。在这一过程中，通过春风化雨、润物无声的方式逐渐形成师生员工共同的价值追求，达到一种“集体无意识”状态，形成与组织目标一致的共同愿景和行为方式，最后形成独具特色的学校文化。

四、农村学校要注重乡土文化建设

乡土文化是在农村特定的社会环境中孕育的产物。乡土文化随着民族和地区的不同而幻化出不同的风情与色彩，是构成传统文化多样性不可或缺的重要部分。相对于经典文化来说，乡土文化被广泛地认为是一种植根于农村社会的民间文化传统，是中国传统文化多样性与独特性的具体表现，有很强的民间影响力。①

依据乡土文化的形态可将乡土文化可分为物质性和非物质性乡土文化两种类型，前者主要泛指乡土生活中必备的各种具有地方特色的显性的文化载体，如河北邢台的灵霄山寨、历史名桥豫让桥，河北井陉县井陉古瓷窑遗址等；后者则涵盖了富有民间特色的各种艺术活动、价值观念、独具一格的民俗等各种隐性的文化表现形式，如河北乐亭皮影、大鼓，保定高碑店的白沟泥塑等。

非物质性的乡土文化则涵盖了民间文学、价值观、风俗习惯、仪式以及传统的手工艺技能等非物质的文化形式，乡土文化的各要素间相互渗透、相互转化，时时刻刻影响着人们精神文化生活的各个方面。它集物质文明、精神文明、生态文明为一体，发挥着传承、教化、娱乐、审美等功能。

乡土文化教育是基础教育不可缺少的重要内容，是推进农村基础教育改革的重要方式。乡土文化教育是培育人们认同乡土、热爱乡土、尊重多元文化的一种教育形式。在现实生活中，学生是生活在乡土文化氛围中的群体，是乡土文化的观赏者，又是乡土文化的实践者。乡土文化与学生的日常生活融为一体，学生的学习离不开他们所生活的社会环境。农村学校通过富有乡土特色的教育，着力培养农村中小学生的自主独立性以及创新精神和实践能力的发展，这是素质教育的理性呼唤。

农村学校要特别注重乡土教育，要立足于现实生活，在富有趣味性、知识性、情感性和实用性的教育教学中，促进学生发展。要帮助学生将课本上死知识转化为生活中的活知识，帮助学生主动地、积极地建构乡土有关的知识、技能和态度、理念。要将学生情感、态度、价值观的培养植根于活生生的现实之中，培养学生的本土观、世界观和民族精神。

（一）明确多元文化的培养目标，促进文化融通

面对农村城镇化的进程，学校教育应明确培养目标，只有这样，学校

① “乡土文化建设”这部分内容，节选自田宝军、朱曼丽：《农村中小学乡土文化教育的缺失与改善》，《教学与管理》2016 年第 11 期。

课程、教材、活动等才会有明确的方向。中小学学生既需要汲取乡土文化中的宝贵养分，也需要吸收城市文化中的先进文化。农村中小学应主要培育学生对农村积极的情感依恋与农村生活的基本自信。[①] 农村中小学教育应多与学生生活结合，从物质性和非物质性乡土文化当中汲取养料，使学校教育与乡土文化充分融合，有效地引导学生认同自己的家乡，热爱乡土文化，促成中小学生形成正确的价值观。

乡土文化教育并不是排斥以城市文化为代表的现代文化，农村中小学也需要培养学生在现代社会生存发展所应具备的意识和精神。未来农村社会的人在形成对自己乡土文化认同的同时应兼具从容接纳城市文化的开阔胸襟，具备良好的跨文化交流和生存的能力，最终实现乡土文化与城市文化的融通。

（二）结合区域乡土文化创新课程内容，提高学习兴趣

课程内容主要体现在教材上，利用统编教材进行乡土文化教学是有益的、可行的。但是，统编教材的篇目数量、文章的水平的限制不能完全满足乡土文化教育的需要。所以，我们要紧紧依托统编教材，并进行深入挖掘；要对当地乡土文化资源进行系统、全面的调查，进行课程开发，巧妙创新地引入学生学习生活中。农村乡土课程资源无时无刻不在学生身边，广大教师要善于去引导学生积极地开发与利用，尊重学生的主体性。学生主动去发现、探索的学习效果远远高于老师的说教，使学生发现家乡的美，了解当地乡土文化，对家乡产生浓浓的爱意。

乡土文化教育是充满人文关怀的，运用实物教学教导学生认识周围生活，认识实物，不但可以教导学生获得实际的生活经验，还可以拉近学生与乡土的距离，进而对乡土产生认同情怀；乡土文化教育强调学生主动地、积极地建构与乡土有关的知识、技能和态度、理念，合乎认知发展理论。

---

① 参见唐开福：《城镇化进程中乡村文化的传承困境与学校策略》，《湖南师范大学教育科学学报》2014 年第 3 期。

（三）充分发挥青少年组织的作用，提高活动质量

青少年组织是中小学学生的群众组织，中小学校内青少年组织主要有少先队和共青团。充分利用青少年组织的作用，开展有关乡土文化教育的系列活动。青少年组织在进行乡土文化教育过程中，要抓住小接口组织符合青少年年龄特征的活动，多体验少形式，让青少年真真切切地在活动中感悟学习。活动的质量与教师的专业化有很大的关系，所以组织教师要提高自身专业化，结合自己学校乡土文化教育和组织活动的基础、特色，整合利用好地区、社会的乡土文化特别资源，因地制宜、因校而异，创新谱写青少年组织的乡土文化教育新篇章。

乡土文化教育的活动是学生实践体验和情感体验的过程，在活动组织策划中要及时听取学生的意见，发挥学生主体性，带动全体学生积极参加乡土文化活动，主动发现乡土文化教育的意义，弘扬社会主义核心价值观。

（四）加强乡土文化阵地建设，营造独特校园文化

乡土文化的阵地建设大致可以分为组织教育类和宣传教育类。学校乡土文化的组织教育，可设置乡土文化学习交流室，文化室的布置可由学生出谋划策，使其充满乡土文化气息；还可在教室内、教室外走廊布置乡土文化角，文化角是一种学生常见且喜爱的组织教育阵地，便于建设和开展相关活动。文化角的建设要充分利用教室的一个角落，某一墙面，灵活运用文字、图画、实物、照片等便可形成文化角。学校乡土文化的宣传教育主要是以媒体为中介，校报（板报、墙报、自编小报）、广播站、电视台、校网站、阅报栏、展览窗等都是乡土文化宣传教育阵地。校报用丰富多彩的画面、优美的文字内容深深地吸引着学生；广播中优美的歌曲、幽默诙谐的对话，丰富着学生的课余生活；而电视台、网站则以生动活泼的画面和反映乡土文化的镜头赢得了孩子们的欢迎。在运用媒体时可注意运用新媒体的功能，比如微信平台的使用。学校可建设微信公众号，及时发送乡土文化学习的内容，也可开设线上线下相结合的课堂，便于家长和学生课下的亲子学习。

良好的校园文化具有调节心境，陶冶情操、塑造性格等功能，它以有形和无形的文化环境弥散于师生中，无处不在，无时不有。具有乡土文化氛围的校园文化环境有着强大的内在力和明确的指向性，它以特有的形象向师生公开地灌输着热爱家乡、认同家乡的思想，更以独特的象征符号熏陶着师生。

城乡教育一体化，既是一场贯穿于整个教育领域和社会其他领域的深刻变革，也是一项牵涉众多利益相关者的系统工程，既牵涉政府和教育行政部门的利益，也涉及学校、教师、学生的利益，更涉及家长及社会各方面的利益，依靠任何一个单一的主体都是难以完成此项重任的，只有各方共同努力，形成合力，整体推进，才能早日实现城乡教育一体化。

参考文献

图书类

21 世纪教育研究院：《农村教育向何处去——对农村撤点并校政策的评价和反思》，北京理工大学出版社 2013 年版。

［英］埃比尼泽·霍华德：《明日的田园城市》，金经元译，商务印书馆 2010 年版。

陈大斌：《中国农村改革纪事》，四川人民出版社 2008 年版。

范国睿：《教育生态学》，人民教育出版社 2002 年版。

靳希斌：《教育经济学》，人民教育出版社 2001 年版。

康少邦、张宁：《城市社会学》，浙江人民出版社 1985 年版。

［美］卡尔·多伊奇：《国际关系分析》，周启朋等译，世界知识出版社 1992 年版。

雷万鹏：《中国农村教育焦点问题实证研究》，华中科技大学出版社 2007 年版。

李强：《社会分层十讲》，社会科学文献出版社 2008 年版。

李少元：《农村教育论》，江苏教育出版社 2000 年版。

李慧勤：《教育脱贫研究》，云南教育出版社 2000 年版。

罗明东：《教育地理学》，云南大学出版社 2003 年版。

马和民：《教育社会学》，华东师范大学出版社 2001 年版。

［苏］霍姆林斯基：《帕夫雷什中学》，赵玮等译，教育科学出版社 1983 年版。

唐松林：《中国农村教师发展研究》，浙江大学出版社 2005 年版。

［英］亚当·斯密：《国富论》，陈敬年译，陕西人民出版社 1999 年版。

余永德：《农村教育论》，人民教育出版社 1999 年版。

《马克思恩格斯全集》第一卷，人民出版社 2002 年版。

周喜平：《分享课改——改革路上的行与思》，中央编译出版社 2012 年版。

论文类

顾建军：《建国以来我国农村教育发展与改革历程的回顾》，《江西教育科研》1990 年 6 月。

何春月：《城乡一体化视角下县域义务教育阶段教师流动机制研究——以河北省 X 县为个例》，河北大学教育学院 2015 年硕士学位论文。

胡昕：《童谣声声唱文明》，《衡水日报》2014 年 6 月 25 日。

冀飞宇：《农村乡镇中学教师生存状态的实证研究》，河北大学教育学院 2010 年硕士学位论文。

李秉中：《实现 4% 教育经费的路径建议——2004—2009 年中央财政教育支出比较分析》，《中国教育报》2010 年 9 月 21 日。

李值：《基于职业生涯规划的青年教师专业发展策略研究》，河北大学教育学院 2013 年硕士学位论文。

刘蕾：《贫困地区农村中小学教师资源优化配置研究》，河北大学教育学院 2011 年硕士学位论文。

刘路路等：《供给侧视角下河北省县域城乡义务教育一体化研究——基于河北省三县的调查》，河北大学管理学院 2016 年大学生调查报告。

陆斌：《农村教学点办学条件的问题与对策研究》，西北师范大学教育学院 2013 年硕士学位论文。

任嘉熠：《县域城乡义务教育一体化发展研究》，河北大学教育学院 2015 年硕士学位论文。

孙亮：《农村寄宿制小学留守儿童教育管理研究——以易县 S 乡中心小学为例》，河北大学教育学院 2013 年硕士学位论文。

义来：《以改革创新提升质量内涵　我市推进基础教育均衡发展做法在全省推广》，《石家庄日报》2015 年 3 月 11 日。

巴志鹏：《建国后我国工农业产品价格剪刀差分析》，《临沂大学学报》2005

年第 2 期。

毕德旭、李玲:《城乡一体化背景下的国家教育体制改革:原因、思路、方法》,《教育导刊》2011 年第 6 期上半月。

蔡亮亮:《“以县为主体制”对农村义务教育管理的挑战与对策》,《教育科学研究》2013 年第 7 期。

陈军亚:《西方区域经济一体化理论的起源及发展》,《华中师范大学学报(人文社会科学版)》2008 年第 11 期。

褚宏启:《城乡教育一体化:体系重构与制度创新——中国教育二元结构及其破解》,《教育研究》2009 年第 11 期。

褚宏启:《教育制度改革与城乡教育一体化——打破城乡教育二元结构的制度瓶颈》,《教育研究》2010 年第 11 期。

范魁元、王晓玲:《城乡教育一体化背景下的教育管理体制改革研究》,《教育科学研究》2011 年第 6 期。

范先佐:《“流动儿童”教育面临的问题与对策》,《当代教育论坛》2005 年第 4 期。

顾明远:《因材施教与教育公平》,《现代大学教育》2007 年第 6 期。

郭彩琴、顾志平:《城乡教育一体化的困境与应对措施》,《人民教育》2010 年第 20 期。

郭福昌:《深化城郊农村教育综合改革推进城乡一体化建设》,《人民教育》1994 年第 2 期。

贺晋秀:《我国基础教育非均衡发展的原因分析》,《内蒙古师范大学学报(教育科学版)》2007 年第 12 期。

胡荣:《农村学校布局调整的政策过程》,《生活教育》2013 年第 1 期。

姜萌萌:《城镇化背景下农村小学办学困境与对策研究》,河北大学教育学院 2016 年硕士学位论文。

蒋花:《基础教育城乡发展不均衡的成因探讨》,《经济研究导刊》2010 年第 27 期。

李广舜:《国内外城乡经济协调发展研究成果综述》,《地方财政研究》2006 年第 2 期。

李洪娟:《影响河北省城乡居民收入差距因素的计量分析》,《经济研究导刊》2007 年第 3 期。

李玲、宋乃庆等：《城乡教育一体化：理论、指标与测算》，《教育研究》2012 年第 2 期。

李瑞光：《国外城乡一体化理论研究综述》，《现代农业科技》2011 年第 17 期。

李胜利：《强内涵 提质量 促公平 扎实做好新常态下的基础教育工作——在 2015 年度全省基础教育工作会议上的讲话》，《河北教育（综合版）》2015 年第 5 期。

李振村、梁伟国：《为了每一个孩子的幸福成长——山东省寿光市教育均衡发展透视》，《人民教育》2002 年第 3 期。

梁永丰：《珠江三角洲城乡一体化与教育发展模式的构建》，《现代教育论丛》2001 年第 5 期。

刘海峰：《我国城乡教育一体化改革的若干理论问题》，《教育理论与实践》2011 年第 11 期。

刘善槐：《进城务工人员随迁子女公办学校入学机会问题探讨》，《教育发展研究》2009 年第 12 期。

邵泽斌：《理念变革与制度创新：从城乡教育均衡到城乡教育一体化》，《复旦教育论坛》2010 年第 5 期。

沈红、陈腊娇、李凤全：《城乡一体化研究现状与展望》，《国土与自然资源研究》2005 年第 4 期。

石忆邵：《城乡一体化理论与实践回眸与评析》，《城市规划汇刊》2003 年第 1 期。

石中英：《教育机会均等的内涵及其政策意义》，《北京大学教育评论》2007 年第 4 期。

孙绵涛：《教育体制理论的新诠释》，《教育研究》2004 年第 12 期。

孙绵涛：《中国教育体制改革若干重大理论问题的探讨》，《华南师范大学学报（社会科学版）》2010 年第 1 期。

孙绵涛：《我国城乡教育一体化体制改革与机制创新研究》，《教育理论与实践》2011 年第 8 期。

孙绵涛、康翠萍：《教育机制理论的新诠释》，《教育研究》2006 年第

12期。

孙绵涛、康翠萍：《教育体制改革与教育机制创新关系探析》，《教育研究》2010年第7期。

孙雪莲、马思腾：《北京城乡一体化教育体制改革的实证研究》，《中小学校长》2015年第9期。

唐开福：《城镇化进程中乡村文化的传承困境与学校策略》，《湖南师范大学教育科学学报》2014年第3期。

田宝军、朱曼丽：《农村中小学乡土文化教育的缺失与改善》，《教学与管理》2016年第11期。

田润芙、杨旭：《河北省教育信息化现状分析研究》，《电子世界》2014年第5期。

邬志辉：《城乡教育一体化：问题形态与制度突破》，《教育研究》2012年第8期。

邬志辉：《当前我国城乡义务教育一体化发展的核心问题探讨》，《教育发展研究》2012年第11期。

邬志辉：《城乡教育一体化的制度束缚与破解》，《华南师范大学学报（社会科学版）》2013年第1期。

王丹莉：《统购统销研究述评》，《当代中国史研究》2008年第1期。

王克勤：《论城乡教育一体化》，《普教研究》1995年第1期。

王晓玲、范魁元：《学生培养模式转变：教育发展方式转变的核心内容》，《教育发展研究》2012年第5期。

王缘缘、杨义、杨金梅：《河北省城乡义务教育均衡发展策略研究——以教育信息化为中心》，《科技向导》2013年第35期。

王露露：《县域教师培训存在的问题及对策研究》，河北大学教育学院2013年硕士学位论文。

文军：《西方多学科视野中的全球化概念考评》，《国外社会科学》2001年第3期。

吴凯之：《论中国农村改革的政治与经济起源》，《社会科学论坛》2012年第9期。

旭东英、邢顺林：《义务教育发展不均衡的现状及对策研究》，《西藏大学学报（社会科学版）》2011 年第 4 期。

薛海平、李岩：《中国城乡义务教育均衡发展预警机制研究》，《首都师范大学学报（社会科学版）》2013 年第 2 期。

薛晴、霍有光：《城乡一体化的理论渊源及其嬗变轨迹考察》，《经济地理》2010 第 11 期。

叶澜：《试论中国当代学校文化建设》，《教育发展研究》2006 年第 8 期。

游永恒：《深刻反省我国的教育“重点制”》，《新华文摘》2006 年第 14 期。

余丽红：《关注农村教育发展　提高农村教育质量》，《中国教育学刊》2009 年第 1 期。

余茂辉、吴义达：《国内城乡一体化的理论探索与实践经验》，《乡镇经济》2009 年第 7 期。

杨东平：《实事求是、因地制宜推进城乡教育一体化发展》，《中国党政干部论坛》2016 年第 8 期。

杨瑞毛：《安徽农村改革的起源》，《党史纵览》1996 年第 1 期。

杨卫安、邬志辉：《城乡教育一体化制度建设：共识与问题》，《当代教育与文化》2014 年第 5 期。

张海涛等：《为了 900 万孩子的幸福——河北省加强学校体育工作纪实》，《河北教育（综合版）》2014 年 Z1 期。

张寄文：《从城乡一体化的要求看户口政策对上海农村教育的影响》，《上海教育科研》1989 年第 4 期。

张梦辉：《农村中小学布局结构调整研究》，河北大学教育学院 2011 年硕士学位论文。

张旺：《城乡教育一体化：教育公平的时代诉求》，《教育研究》2012 年第 8 期。

张旺、郭喜永：《城乡一体化背景下乡村义务教育学校布局调整问题研究》，《教育探索》2011 年第 11 期。

张晓阳：《我国农村中小学布局调整政策：历程与影响》，《湖南师范大学教育科学学报》2013 年第 6 期。

张亚星、林存银：《北京市校长人事制度城乡对比研究》，《中小学校长》2015 年第 7 期。

郑磊：《财政分权、政府竞争与公共支出结构》，《经济科学》2008 年第 1 期。

《中国共产党第十六届中央委员会第三次全体会议公报》，《党的建设》2003 年第 11 期。

周贝隆：《关于建国以来教育发展的反思和对策》，《辽宁教育研究》2000 年第 2 期。

周茂荣：《论 80 年代中期以来的国际经济一体化趋势》，《世界经济》1995 年第 8 期。

周庆国：《试论公平、公正、正义的基本含义》，《学术问题研究（综合版）》2009 年第 1 期。

周新奎：《基础教育学校文化建设之我见》，《当代教育科学》2007 年第 8 期。

周志忍、陈家浩：《政府转型与制度构建——中国教育资源配置的政治分析》，《政治学研究》2010 年第 4 期。

后记

县域城乡义务教育一体化是中国当代义务教育改革与发展的重要命题，也是极具中国特色的研究内容。而书稿的完成恰恰是在大洋彼岸美国中北部的艾奥瓦城（Iowa City），这是一个很有意思的现象，也从一个侧面反映出本书写作过程的一波三折。

我自小生活在农村家庭，就读于农村学校，“农村”二字已深深地融化在血液之中，对农村教育的关注也成为自己永远抹不掉的情怀。但是，这又与自己多年来所从事的工作形成了强烈的反差。身为大学教育学院的副院长，主要精力要放在大学教育教学的研究与管理之中。同时，自己又曾长时间担任北师大株洲附属学校的校长，也不得不投入相当的精力来考虑一所优质的设在城市的十二年一贯制学校的管理，这使得自己对农村教育的研究一直停留在一种若隐若现的碎片化的思考之中。

2012 年，“县域义务教育城乡一体化研究——基于教育质量提升的视角”获批教育部人文社科研究一般资助项目，为实现自己多年的夙愿提供了重要契机，也迫使自己开始站在一体化的视角来审视城乡义务教育。然而，此后的研究过程又充满着反复。学院管理事务繁多，很难抽出精力对课题进行系统的研究，往往是刚有零星想法，瞬间就在脑海中消失。本打算利用假期时间，能够静下心来做做学问，但往往也是事与愿违。

回想起来有些事情倒是觉得很可笑。本书的总体思路和写作提纲是在监狱之中完成的。2009 年始，每年都要有一段时间被隔离进监狱参与河北省某大型考试的命题工作。几乎是与世隔绝的生活，恰恰给自己在完成工作之后，提供了一个好好思考问题的机会。但是，一走出高墙，刚刚成形的想法几乎又被放在了脑后，仅仅一个四级提纲就用了将近两年的时间。

好在多年的积累还是为本研究奠定了一些基础的。2007 年开始，我带的部分研究生就将研究领域定位在了农村教育上。他们从农村教师生存状态、专业发展、流动机制到新型城镇化背景下的城乡教育一体化、农村学校的办学困境等方面为本研究积累了不少素材，提出了一些有价值的观点，这也使我对农村教育的关注并未中断。

2015 年 4 月开始，本研究出现了一个重大转折。我有幸参加了河北省政协“城乡教育公平”调查组历时两个多月的调查。我们深入邯郸、衡水、张家口、承德、石家庄 5 市 18 个县（市、区），通过实地考察、座谈协商、问卷调查等方式，广泛接触了各市县领导、教育行政部门负责人、校长、教师以及学生和家长代表，获取了大量的资料。同时，我作为主要执笔人起草了调查报告的初稿，这也使得自己系统地思考了河北省义务教育城乡一体化过程中的经验、问题及深层次的矛盾，并向省委、省政府提出了改革建议。此后，再加上我多次到基层已经收集的各种资料，本书稿的主要脉络基本形成。但是，由于工作和个人的诸多原因，以后的写作过程又几乎陷于停顿。

2016 年 8 月 8 日，我到美国艾奥瓦大学（University of Iowa，也译成“爱荷华大学”）做半年的访问学者，暂时离开了繁重而烦琐的学院工作，才能够在完成访学任务之余，有时间来思考本书的写作。这是一段非常美好而充实的生活。爱荷华大学教育学院（Lindquist Center）和艾奥瓦城公共图书馆的幽静环境和学术氛围使得自己再一次沉浸在对于中国城乡教育的思考之中。断断续续四个月，终于完成了本书的初稿。在顿觉放松之余，又不免有些怅然。如果没有这次出国访学带来的片刻安宁，本书能否完成，可能还是个问号。

本书的完成，得到了诸多老师、领导、朋友和同学的帮助，回想起来，历历在目，在此，要真诚地表达自己的感谢之情。

感谢我的老师，北京师范大学博士生导师、北京市教科院副院长褚宏启教授。本书不仅大量参考和引用了褚老师的研究成果，还得益于老师的亲自指导和提供的大量第一手资料。

感谢河北省政协刘永瑞副主席、卢晓光副主席，河北省政协研究室的王冠军主任、徐凤娟处长，感谢河北省教育厅的李胜利副厅长，基础教育处曾超敏处长、魏亚副处长，感谢省政协“城乡教育公平”调查组的全体成员以及为调查提供了大量资料的各位领导和老师。

感谢原保定市教育局刘恒副局长、定兴县教育局郭建军副局长、保定市竞秀区教育局张国栋副局长以及为本书提供大量帮助的教育行政部门领导、学校校长和老师们。

感谢河北大学教育学院宋耀武教授、朱文富教授、何振海教授、刘奉越教授。他们在本书的前期设计、后期修改和资助出版等各个环节都提供了大量的支持与帮助。

感谢河北省教育厅基础教育处裴朝久老师。他不仅参与了“城乡教育公平”调查组的调研，还为本研究提供了大量的统计数据和政策文件，解决了写作过程中诸多资料匮乏的问题。

还要感谢多年来先后参与本课题研究的我的学生们，他们的调研成果为本书的完成提供了有力的支撑。展翔、高攀、李燕在写作后期，对书稿做了校对和修改工作。

最后，也要感谢在美访学期间我的同事范宁博士和高丹阳副教授以及我的爱人，感谢他们在学习、生活各方面对我的关心和照顾，使我能够安心地完成本书的写作。

本书的调研、写作和出版过程也得到了“河北大学高等教育与区域发展研究中心”的资助，在此一并致谢。

书稿虽然完成，但自己深知水平有限，存在很多问题。如理论深度不够，对现实问题分析得比较浮浅；时间比较仓促，文献梳理以免挂一漏万，实证材料的组织也显得比较松散；对策建议吸收了大量前人研究成果和各地的实践经验，自己独到的见解显得不足，等等，这都是以后研究中需要进一步完善的地方。在此也衷心希望各界朋友不吝赐教，批评指正！

田宝军
于美国艾奥瓦州艾奥瓦城公共图书馆
2016年12月5日